建言丛书

高质量发展研究
（综合卷）

薛　峰 ◎ 主编

河海大学出版社
·南京·

图书在版编目(CIP)数据

高质量发展研究. 综合卷 / 薛峰主编. -- 南京：河海大学出版社，2025.5. --（建言丛书）. -- ISBN 978-7-5630-9527-8

Ⅰ. F127.531

中国国家版本馆 CIP 数据核字第 2025TN5801 号

书　　名	高质量发展研究・综合卷 GAOZHILIANG FAZHAN YANJIU・ZONGHE JUAN
书　　号	ISBN 978-7-5630-9527-8
责任编辑	俞　婧
特约校对	滕桂琴
封面设计	槿容轩
出版发行	河海大学出版社
地　　址	南京市西康路 1 号（邮编：210098）
电　　话	(025)83737852(总编室)　(025)83787476(编辑部) (025)83722833(营销部)
经　　销	江苏省新华发行集团有限公司
排　　版	南京布克文化发展有限公司
印　　刷	广东虎彩云印刷有限公司
开　　本	718 毫米×1000 毫米　1/16
印　　张	14.625
字　　数	255 千字
版　　次	2025 年 5 月第 1 版
印　　次	2025 年 5 月第 1 次印刷
定　　价	108.00 元

目录
CONTENTS

加快发展新质生产力　培育经济强市新动能 …… 001

加速公共数据开放　以数据生产力赋能新质生产力 …… 015

面向区域的动力引擎：推动宁杭生态经济带建设 …… 024

推动南京夜经济高质量发展的对策建议 …… 030

南京市庭院经济高质量发展路径探索研究 …… 037

抢占数字经济"新蓝海" …… 049

面向竞争的动力主体：重点培育专精特新企业 …… 058

聚焦"专精特新"　聚力"数字赋能" …… 065

积极打造软件信息产业联动先行示范区　推动南京软件信息产业联动发展 …… 073

促进南京区块链技术应用和产业发展的思路与对策 …… 078

南京建设重大科技创新平台的对策建议 …… 090

大力发展城市农业　建设食物生产性城市 …… 097

加快南京都市农业数字化赋能的对策研究 …… 104

加快沿江农业绿色发展示范带建设的调查研究 …… 117

加快南京预制菜产业发展的调研与思考 …… 128

面向质效的动力特色：发力健康产业　构筑生命屏障 …… 136

厘清条块职责边界　健全网格化管理机制 …… 143

探索联审新机制　提质增效促规范 …… 149

推进功能区空间资源整合　加快打造面向新时代特大城市 …………… 157

新发展阶段南京重点城镇建设研究 …………… 164

关于推动南京市轨道交通高质量可持续发展的几点建议 …………… 174

关于进一步增强南京人口吸引力的对策建议 …………… 179

关于促进南京人口高质量可持续发展的建议 …………… 188

南京打造现代化宜居宜业都市研究 …………… 195

南京文化消费制约因素及对策 …………… 203

关于南京市打造Z世代旅游首选目的地城市的研究和建议 …………… 212

关于运用虚拟现实技术推动南京市研学旅行产业发展的研究和探析 ……… 219

加快发展新质生产力　培育经济强市新动能

——南京与广州、杭州、合肥等城市经济发展比较分析与建议

习近平总书记在2024年参加十四届全国人大二次会议江苏代表团审议时强调，要牢牢把握高质量发展这个首要任务，因地制宜发展新质生产力。要以科技创新为引领，统筹推进传统产业升级、新兴产业壮大、未来产业培育，加强科技创新和产业创新深度融合，巩固传统产业领先地位，加快打造具有国际竞争力的战略性新兴产业集群，使江苏成为发展新质生产力的重要阵地。2023年我国经济顶住外部压力，克服内部困难，全年国内生产总值突破126万亿元，比上年增长5.2%，实现回升向好。各大城市更是实现突破式发展，广州、杭州分别迈上3万亿元、2万亿元新台阶，合肥规上工业增加值增速超过10%，位居全国前列。南京经济虽实现整体好转，但对标先进地区做法，仍存在一定差距，需找准经济发展薄弱环节，持续加大创新力度，培育壮大新兴产业，超前布局未来产业，进一步增强发展新动能、塑造发展新优势、掌控发展主动权。

一、南京与广州、杭州、合肥的经济发展比较分析

2023年南京总体上取得不俗的成绩，科技创新取得新突破，产业强市迈出新步伐，经济运行回升向好，高质量发展扎实推进。但对标发展较快城市，南京仍需自我加压，寻找新的突破。

（一）经济综合实力比较

发展新质生产力是推动经济高质量发展的现实要求，而雄厚的经济实力则是发展新质生产力的有利条件。对比广州、杭州、合肥，南京虽然有先天优势，但存在后劲不足问题（见表1）。

表1 2023年四城市经济综合实力比较①

城市	经济总量 GDP（万亿元）	增幅（%）	人均GDP 总量（万元/人）	地均GDP 总量（万元/km²）	产业结构 二、三产业占比	常住人口 数量（万人）	增加（万人）
南京	1.742	4.6	18.30	26 446	34.0：64.2	954.70	5.59
广州	3.036	4.6	16.16	40 830	25.6：73.3	1 881.70	9.29
杭州	2.006	5.6	16.11	11 904	28.3：70.0	1 252.20	14.60
合肥	1.267	5.8	13.01	11 074	36.6：60.4	985.30	21.90

（1）南京经济实力稳居全国前十，但增幅放缓，与重点城市的比较优势正在缩小。从经济总量看，南京的GDP排名在广州、杭州之后，在合肥之前，南京、广州、杭州、合肥分列国内城市排名第10、第4、第8、第20。2023年全国GDP排名前十的城市中，有4座城市实现了"升级"，其中广州跨越3万亿元大关、杭州跨越2万亿元大关，目前仅剩南京还在2万亿元城市之外。广州、杭州经济总量领先南京的幅度较2022年有所扩大，分别扩大了1 002亿元、791亿元；合肥与南京的差距正在缩小，较2022年缩小了146亿元。从增速上看，南京与广州持平，低于全国增速，与杭州、合肥相差1个百分点左右，在26个万亿城市中位列第10。南京经济增速放缓的原因，主要是工业经济恢复较慢，战略性新兴产业支撑作用不够，投资和消费潜力还没有得到有效激发。南京近几年经济增速属于中位均衡状态，在全国同类城市中保持一定优势，这是南京高质量发展的基石，但向上增长的新动能仍略显不足。

（2）南京人均GDP具有一定优势，三产结构趋于合理，但服务业特别是生产性服务业还有较大提升空间。一般而言，城市人均GDP越高，发展质量越高。在4座城市中，南京人均GDP最高，在全国大中城市中位列前10，广州和杭州处在同一水平，而合肥最低，说明南京发展质量效益更优。从产业结构来看，南京二产结构（34.0%）与合肥（36.6%）相当，高于广州（25.6%）、杭州（28.3%）。但南京产业结构偏重三产，二产对南京经济贡献度偏弱，二产增加值仅占34%。南京三产占比64.2%，低于广州（73.3%）、杭州（70.0%），差距比较明显。以现代服务业为核心的三产对南京经济总量增长贡献较大，生活性服务业恢复较快，住宿和餐饮业营业额分别增长34%、

---

① 相关统计数据均来源于各市官方统计结果，因数据来源不同或四舍五入，存在一定偏差，特此说明。

21.3%。但南京生产性服务业占比不高,部分生产性服务业增长趋缓,未来还有较大提升空间。

(3) 南京教育资源丰富,但人口净增数量最少,人才集聚度偏弱。从常住人口总量看,南京最低(954.70万人),常住人口数量由高到低依次为广州(1 881.70万人)、杭州(1 252.20万人)、合肥(985.30万人),南京不占优势。从人口结构看,截至2023年底,南京常住人口中老年人口持续扩张,65岁及以上人口占比升至16.01%,高于杭州(13.7%)、合肥(12.82%),已进入深度老龄化阶段。从人口增速看,2022年南京常住人口新增6.77万人,2023年新增5.59万人,预测到2028年南京将进入人口负增长阶段。而杭州、合肥2023年常住人口分别增加14.60万人、21.90万人,仍保持快速增长。2010—2020年,杭州年均增长32.36万人,人口年均增速3.21%,数值均是南京(年均增长13.11万人、人口年均增速1.53%)的2倍多。2021—2023年,合肥净增常住人口持续攀升,由2021年的9.5万人、2022年的16.9万人,提升至2023年的21.90万人,反映合肥对人口、人才的吸引力不断增强。杭州、合肥两市人口净增保持较高水平,得益于数字经济和战略性新兴产业的快速发展为更多人才提供了高质量的就业机会。相比而言,南京人口增长速度放缓,已影响到人才的集聚度。从高校毕业生来宁留宁数量看,近几年已呈减少趋势。

(二) 经济创新活力比较

发展新质生产力的核心是创新,源自基础科学研究的重大突破和对原有技术路线的根本性颠覆,关键在培育经济发展新动能,重点是形成新产业、新业态。南京创新基础好,但基础研究和高新技术企业主体创新能力还不够强,成果转化率还不高。

(1) 南京创新型企业总量较大,但高新技术企业数量相对不足,"小巨人"企业和"独角兽"企业还有增长空间。如表2所示,2023年南京科技创新取得新突破,国家创新型城市排名第4、全球科研城市排名升至第5,均高于广州、杭州和合肥。从科技型企业主体看,广州和南京高新技术企业、科技型中小企业总量均超过3万户,科技型中小企业数占优,均超过2万户。杭州二者总量超2万户,合肥接近2万户。单从高新技术企业总量来看,排名由高到低依次为杭州(1.5万户)、广州(1.3万户)、南京(1.0万户)、合肥(0.84万户),南京总量虽超过1万户,但较杭州少0.5万户,仍有较大发展空间。累计培育国家专精特新"小巨人"企业数量由高到低依次为杭州(321家)、广州(248家)、南京(213家)、合肥(188家),南京"小巨人"企业较杭州少100多家。2023年"独角兽"企业数量由高到低依次为广州(25家)、杭州(19家)、南京(12家)、合肥(8家),南京与广州、杭州差距明显。

表2 2023年四城市经济创新活力比较

城市	创新能力		高新技术企业		研发投入强度	数字经济核心产业		科技型中小企业
	国家创新型城市排名	全球科研城市排名	总量(户)	新增(户)	占GDP比重(%)	增加值(亿元)	占GDP比重(%)	总量(户)
南京	第4	第5	10 062	3 596	3.89	2 887	16.5	>23 000
广州	第7	第8	13 171	5 835	3.43	3 946	12.8	>21 000
杭州	第5	第13	>15 000	3 195	3.86	5 675	28.3	>8 000
合肥	第10	第15	8 406	1 994	3.91	<1 774	<14.0	11 045

(2) 南京研发经费投入强度逐年增长,但科技创新投入总量不高,科技成果转化率、创新环境活力有待增强。加快发展新质生产力的关键在于科技创新。南京科技创新策源能力突出,创新人才规模也具有较强优势。2023年4个城市研发投入强度均超过3%,由高到低依次为合肥(3.91%)、南京(3.89%)、杭州(3.86%)、广州(3.43%),南京位列第2。从研发经费投入总量看,由高到低依次为广州(1 043.0亿元)、杭州(786.4亿元)、南京(677.7亿元)、合肥(506.4亿元),南京居第3,与广州相差370多亿元。从研发经费投入结构看,南京基础研究占比最高,高校研发投入排第1。从企业研发投入占总研发经费比重看,由高到低依次为广州(93%)、杭州(78%)、合肥(70%)、南京(64%),企业主体的研发投入还需加大力度。2023年4个城市发明专利授权量由高到低依次为广州(3.6万件)、杭州(3.2万件)、南京(2.8万件)、合肥(1.5万件);同比增速由高到低依次为广州(31.6%)、合肥(21.2%)、杭州(6.2%)、南京(1%),南京发明专利授权总量位列第3,而增速垫底。

(3) 南京数字经济保持稳定发展,但与杭州仍有较大的差距。赛迪顾问发布《2023年中国城市数字经济发展研究报告》,从数字产业化、产业数字化与数字经济发展活力三大维度进行城市评价,其中北京、上海、深圳、杭州、广州位列前5,南京位列第8、合肥位列第9。4个城市数字经济发展基础良好,产业数字化和数字产业化全面铺开,因地制宜打造个性化数字经济"新名片"。数字经济核心产业增加值总量由高到低依次为杭州(5 675亿元)、广州(3 946亿元)、南京(2 875亿元)、合肥(1 774亿元),数字经济核心产业增加值占GDP的比重依次为杭州(28.3%)、南京(16.5%)、合肥(近14%)、广州(12.8%),杭州遥遥领先。按产业类型看,杭州数字经济核心产业占GDP比重接近30%,数字内容产业占比20%以上,电子商务产业占比11.5%;以机器人等为代表的数字经济核心产业制造业增加值增速4.5%,也高于规上工业增速(2.4%)。

(三) 产业竞争能力比较

新质生产力的形成和发展,会全方位提升产业发展质量。提升产业"含新量",发展战略性新兴产业、培育未来产业,是加快形成新质生产力的重要抓手。对比其他三市,南京产业特色还不够鲜明,优势产业还不够强,离质优还有一定差距。

表3　2023年四城市产业竞争能力比较

城市	规上工业增幅(%)	战略性新兴产业增加值占规上工业比重(%)	未来产业重点发展领域	民营经济增加值占GDP比重(%)
南京	3.6	41.4	新一代人工智能、第三代半导体、基因与细胞、元宇宙、未来网络与先进通信、储能与氢能	46.4
广州	1.4	51.0	人形机器人、人工智能、无人驾驶、生命科学、蓝色能源	40.5
杭州	2.4	45.6	视觉智能、生成式人工智能、人形机器人、元宇宙、量子科技、合成生物、脑机接口、未来网络	61.2
合肥	10.6	54.7	生物医药、高端装备、光伏及新能源、新材料、绿色环保、新兴服务业	54.4

(1) 南京规上工业保持稳定增长,但增幅位列26个万亿城市第18,增速趋缓。2023年南京规上工业增加值增长3.6%,高于广州(1.4%)、杭州(2.4%),但与合肥(10.6%)差距较大。南京受市场需求尚未恢复、传统产业转型压力大、工业品价格低迷等因素影响,10项重点行业中仅3个行业实现增长。其中,高技术产品增势较好,集成电路、工业机器人、新能源汽车等产品产量分别增长61.6%、27.6%、7.2%。广州坚持"制造业立市",新能源汽

车、太阳能电池、风力发电机组产量分别增长110%、80.0%和38.2%;工业机器人、服务机器人、显示器、集成电路等产品产量分别增长47.1%、43.8%、29.3%和21.6%。杭州工业机器人、锂离子电池、太阳能电池产量分别增长118.6%、39.8%和147.2%。合肥新增百亿产值工业企业6户,总数达22户;新能源汽车和智能网联汽车产业链产值已超1 700亿元,光伏及新能源产业链产值超1 300亿元。各地工业侧重点各有不同,相比而言,南京有特色的工业产业增幅相对较低。

(2) 南京战略性新兴产业支撑作用不足,成为产业发展中的一块短板。目前,南京产业偏传统、战略性新兴产业支撑作用不足,2023年南京战略性新兴产业占规上工业总产值比重为41.4%,低于省内苏州(47.6%),也低于合肥(54.7%)、广州(51%)、杭州(45.6%)。其中,汽车产业前期错过了新能源汽车的整车布局风口,2023年新能源汽车产量同比增长18%,产量(20万辆)与合肥(74万辆)、广州(65万辆)差距明显。智能装备产业链总体规模预计在全省排第3(位列苏州、无锡之后),在轨道交通规划设计、工业机器人等领域缺少有影响力的龙头企业和领军企业。集成电路产业企业247家,其中IC(集成电路)设计业173家,产业规模总体偏小,在全省排第3(位列无锡、苏州之后),低于合肥,虽然有中兴光电子、五十五研究所、台积电等龙头企业,但行业头部企业数量仍偏少、储备项目不足。生物医药产业规模在全省排第4(位列苏州、泰州、连云港之后),企业创新性强,但规模偏小,缺乏有强带动性的核心龙头企业,成果转化不充分。新型材料产业产值低于苏州、无锡,位列省内第3,特色不明显。

(3) 南京具备未来产业发展的良好基础,但受不确定性因素影响较大,发展领域仍不清晰。2023年上海中创产业创新研究院发布《未来产业潜力指数报告》,综合评价全国GDP排名前25的城市未来产业发展潜力,其中北京、上海、深圳居前3,位列榜单前10的城市还有广州、杭州、苏州、南京、武汉、成都和合肥。总的来看,南京在25个城市中排名第7,比GDP排名(第10)高出3位,反映南京未来产业发展具有较好的潜力优势。南京产业创新策源能力、企业成长潜力和孵化加速能力表现较好,但产业硬核能力较弱,国家级战略性新兴产业集群数、国家级企业技术中心数在全国分别排名第20和第18,南京企业成长潜力不及杭州,产业硬核能力不及合肥。在经济实力上,合肥未来产业发展具有非常突出的潜力,比GDP排名高出10位。合肥产业硬核能力指数排第4,拥有新型显示产业、集成电路、人工智能3个国家级战略性新兴产业集群;量子科技、新能源汽车、智能语音、半导体、新型显示等硬核产业快速发展,其中量子科技领域全球城市排名仅次于纽约,位居第2,为未来产业发展提供了坚实支撑。

(4)南京民营经济增速放缓,市场主体占比不高,创新不足,转型乏力,贡献能力逐步减弱。南京民营企业整体呈现出平稳的发展态势。全国工商联2023年度"万家民营企业评营商环境"调查结果显示,南京、广州、杭州、合肥均在省会及副省级城市营商环境排名前10、最佳口碑排名前10。2023年末,南京民营经济增加值占GDP比重达46.4%,高于广州(41.5%),低于杭州(61.2%)、合肥(54.6%),与杭州差距明显。南京民营经济创造了55%的税收,高于广州(40%),低于杭州(71.7%)、合肥(59.5%)。南京民营经济创造超90%的新增就业岗位,低于杭州(95%),高于广州(90%)、合肥(80%)。南京民营经济市场主体占比为90%,低于杭州(95%)、广州(95%)、合肥(97%)。南京民营经济行业主要集中在批发、零售、商务服务行业,占新增民营企业的一半;除软件和信息服务产业外,制造业实体新增民营相对较少。在"2023中国民营企业500强"榜单中,南京有8家,而杭州有42家(位列全国第1),广州有8家,合肥有2家。杭州500强民企不仅数量多,且龙头企业多,规模实力更强,阿里巴巴、荣盛控股跻身全国前10强。总的来看,南京民营经济增加值占GDP比重低于杭州、合肥,更低于苏锡常,低于全省(57.9%)超11个百分点。大企业数量低于无锡与苏州(都是26家),与杭州的差距不断拉大。

(四)经济发展动力比较

投资、消费、出口"三驾马车"是经济增长的动力源,也是经济保持韧性和活力的主要体现。对比其他三市,南京投资、出口下滑,消费增幅低于其他三市,显得发展后劲不足,经济增长乏力。

表4 2023年四城市经济发展动力比较

城市	发展潜力排名	固定资产投资总量(亿元)	增幅(%)	消费品零售总额(亿元)	增幅(%)	出口总额(亿元)	增幅(%)	市场经营主体总数(万户)	净增(万户)
南京	第7	5 764	-1.9	8 201	4.7	3 333	-11.8	180	24.5
广州	第4	8 624	3.6	11 013	6.7	6 503	5.8	340	26.2

续表

城市	发展潜力排名	固定资产投资 总量(亿元)	固定资产投资 增幅(%)	消费品零售 总额(亿元)	消费品零售 增幅(%)	出口 总额(亿元)	出口 增幅(%)	市场经营主体 总数(万户)	市场经营主体 净增(万户)
杭州	第5	—	2.8	7 671	5.2	5 339	3.7	187.5	—
合肥	第11	—	3.0	5 271	5.0	2 327	1.2	169	17.6

(1) 南京固定资产投资呈现负增长,特别是工业投资增速缓慢、差距明显。从全国来看,固定资产投资规模扩大,创新领域投资增势较好。受多重因素影响,多地房地产开发建设仍相对低迷。2023年南京完成固定资产投资5 764亿元,下降1.9%,低于全省7.1个百分点,低于广州(3.6%)、杭州(2.8%)、合肥(3.0%)。特别是南京工业投资增长缓慢(1.5%),低于广州(21.4%)、杭州(29.9%)、合肥(16.7%),差距较大。南京服务业投资(-2.9%)、基础设施投资(-8.8%)下滑明显。相反,广州、杭州工业投资增长较快,其中杭州连续36个月保持两位数高增长,合肥工业投资则创近6年新高。另外,广州高技术制造业投资增长19.2%,更多向新兴领域倾斜。杭州高新技术产业投资增长24.5%,企业家对杭州未来产业发展拥有向好预期。合肥高技术产业投资增长13.7%,创近8年新高;数字经济投资增长17.1%,同比提高2.4个百分点。而南京高新技术产业投资增速7.7%,与以上城市存在一定差距。

(2) 南京消费增速略低于同类城市,特别是在汽车销售、零售业龙头企业发展方面还存在一定差距。2023年,全国消费市场回升向好,部分升级类和大宗商品销售良好,餐饮类、旅行类和文娱类消费快速增长。2023年南京实现社会消费品零售总额8 201亿元,增长4.7%,低于广州(6.7%)、杭州(5.2%)、合肥(5.0%)。南京限上餐饮收入同比增长20.5%,低于广州(23.3%),高于杭州(12.8%)、合肥(17.5%)。南京限上社零汽车类别占比下降,而广州、杭州、合肥新能源汽车零售额实现快速增长,增幅分别达35.1%、18.9%、58.2%。各个城市汽车销售占社零比重有逐步扩大之势,而南京占比却在下降,值得重视。

(3) 南京出口下降明显,"新三样"出口仍落后于对标城市。从出口看,我国今年货物出口呈现"低开高走再回落"局面,上半年出口额增长3.7%,全年出口额增速降至0.6%。在大量城市出口额下跌的情况下,广州、杭州、合肥等城市全年出口额均保持增长,增速分别为2.5%、3.9%和1.2%;而南京出口总额3 333亿元,下降11.8%。南京新能源汽车、锂离子蓄电池、太阳能电池等"新三样"出口增幅不断扩大,同比增加21.2%;而杭州市"新三样"出口额增长72.8%,拉动出口明显;广州增长90%以上,其中汽车出口形势较好,同比增长1.9倍;合肥则抢抓汽车产业风口,全年整车出口额增长30%、汽车零部件出口额增长73.5%。

(4)南京发展潜力与城市实力总体保持一致,而合肥发展后劲十足。2023年任泽平团队发布了《中国城市发展潜力排名:2023》,研判城市发展潜力的关键在于研判人口趋势。人口决定需求,产业决定城市兴衰,产业聚则人口聚。从榜单看,南京发展潜力位居第7,而广州、杭州、合肥分列第4、第5和第11。合肥的发展潜力远远超过其综合实力。从人口潜力指数排名看,一线城市北上深广居前4,杭州、成都、南京、重庆、苏州、武汉位列第5至第10。"人随产业走",区域经济实力、产业和创新以及公共资源,直接决定区域人口潜力大小。城市发展的核心在于把握产业发展和人口集聚的规律。另外,市场主体也是经济发展的重要支柱。2023年南京市场经营主体总数接近180万户,与杭州(187.5万户)、合肥(169万户)相当,但与广州(340万户)仍存在较大差距。

二、加快推动南京产业强市、培育新质生产力的建议

当前,经济发展的不确定性和不可预见性越来越大。世界银行将2024年全球经济增长预期下调至2.4%,低于2023年的2.6%;中国经济增速将降至4.5%。在这一全球经济下行压力下,南京的经济发展,需要立足现有产业基础,从实际出发,先立后破、因地制宜、因业而异、分类指导,瞄准未来科技和新兴产业,提前谋划、超前布局,推动新产业、创新新模式、培育新动能。

(一)坚持向"新"而进,加快打造全球创新策源地

推动新质生产力加快发展,必须紧紧扭住科技创新这个"牛鼻子"。要以技术自主可控之新,推动关键核心技术攻坚;以创新能力提升之新,突破科技成果转化瓶颈;以组织方式变革之新,放大数实融合优势,不断蓄积新质生产力发展优势。

一是围绕关键核心技术开展突破性创新。集中优势创新资源拼强项补短板,集聚跨学科、跨领域、跨部门的科技力量进行引领性、颠覆性科技攻关行动。组织实施一批支持创新政策,遴选和设立一批大型科技攻关项目,建

设一批协同创新平台,兴建一批原始创新策源地,推广一批产业化应用项目,培育发展一批新兴产业集群。聚焦人工智能、超大规模算力、新一代通信、新型材料、生物医药、新能源等领域,构建从基础研究、技术应用、产品研发到产业化的创新链,推进科技创新向新质生产力转化。

二是加快促进企业科技成果转化步伐。强化企业创新主体地位,下大力气解决创新供给与企业需求错位发展问题,推动企业与高校、科研院所互动,建设高质量科技成果转化公共平台,畅通科技成果转化对接渠道。让高校提前介入企业应用需求,提前谋划布局,开展应用技术研究,提高科研成果转化率。积极培育成果转化中介市场,加强对技术服务市场的宏观管理和指导,完善技术转移从业人员的准入机制,加大对科技成果转化政策、环境和平台的宣传推介,推动更多科技成果从"书架"走向"货架"。

三是深入推进政府投入方式创新。建立稳增长的财政资金投入机制,尤其是对基础研究重点项目要进行长期滚动支持。创新财政激励政策,鼓励科研院所、企事业单位开展特色科学研究。健全多元化的社会资本投入机制,发挥财政资金引导撬动作用,积极引导全社会加大研发投入。探索实行"一企一策"支持方式,综合运用无偿资助、贷款贴息、后补贴等方式,出台更多针对性的"从1到10"科研成果产业化阶段扶持政策,进一步激发企业自主创新活力,进一步拓宽新技术、新产品的市场渠道。重点培育一批具备知识产权运营、法律、财务、企业管理、商业洽谈等方面业务能力的中介服务机构。

(二)坚持向"实"而立,加快打造科技成果转化首选地

改造提升传统产业,培育发展新兴产业,促进传统与新兴产业全产业群高端化、智能化、绿色发展,加强科技创新和产业创新深度融合,巩固传统产业领先地位,加快打造具有国际竞争力的战略性新兴产业集群,成为发展新质生产力的重要阵地。

一是巩固传统产业领先地位。南京市四大支柱产业是南京经济的基本盘、财政收入的重要来源、吸纳就业的主要渠道。电子信息产业重点发展信息通信、集成电路、新型显示等,攻关一批核心电子元器件技术,形成一批技术储备、场景供给、应用需求,提升产业能级。汽车产业重点优化结构、提升品质,持续增强产业链、供应链自主可控和配套能力,在电池、电机、电控以及上下游加大布局力度,开拓国外市场,将传统汽车产业优势转化为新能源汽车集群优势。石化产业加快向下游高端产品链延伸发展,建设循环化工产业

体系。钢铁产业重点调整优化技术装备和工艺流程,推动高端化、智能化、绿色发展。

二是增强两大优势产业集群全球竞争力。软件和信息服务、新型电力两个产业已入选首批国家先进制造业集群,是南京名片产业。目前实现软件业务收入超8 000亿元,位居江苏第1、全国第5,下一步重点聚力基础软件、工业软件底层技术,加快构建开源体系,持续夯实通信、交通、能源领域行业应用软件优势,打造具有数据优势、生态引领能力的产业互联网平台领军企业。新型电力产业继续保持新能源智能接入、智能输变电、智能配电、调度自动化、智能通信、智能变电站系统及智能设备等关键环节整体实力全国领先。

三是拼夺战略性产业国内制高点。战略性新兴产业代表新一轮科技革命和产业变革方向,也是"脖子保卫战"的关键领域。新能源汽车产业应重点围绕动力电池、汽车零部件、智能化等高附加值领域进行拓展。聚焦智慧型城市轨道交通、智能测控装备制造、工业母机、高档数控机床、重大成套设备制造、机器人与增材制造等领域,加强前沿和关键核心装备攻关,提升高端装备研发制造和配套能力。大力提升芯片研发设计水平,加快发展5G通信、人工智能、智能终端、物联网、汽车电子等高端芯片,加快攻关EDA领域关键核心技术。聚焦化学创新药、中药创新药、大分子药物及衍生物、影像设备、医疗高值耗材等细分领域,壮大生物医药产业规模。重点发展化工新材料、先进金属材料、高性能膜材料、电子信息材料等新型材料领域,提升产业整体竞争力。航空航天产业以飞行运营为核心,推动优势产业向产业链上下游延伸拓展,加快推进低空智联网和无人机基地建设,不断扩大低空经济产业规模。

(三)坚持向"数"而行,加快打造全国未来产业之城

未来产业代表着新一轮科技革命和产业变革方向,以颠覆性技术和革命性创新为本质特征,有望发展成为新兴产业乃至支柱产业。前瞻布局未来产业是塑造南京在全国竞争优势的必答题,开辟未来产业新赛道,让新质生产力成为最强城市IP。

一是支持建设"未来产业之城",增强未来产业引领优势。统筹谋划南京未来产业发展蓝图,把南京打造成"未来产业之城"。积极争取上级部门的政策支持,构建一批面向未来产业的创新主体、创新平台和创新载体。在每个重点领域形成南京未来产业发展的"一张技术路线图",推动重大科创平台、区域科技创新中心、重大科技基础设施项目落地,支撑未来产业重大科技创

新突破。积极创建人工智能国家级实验室、工程技术中心,形成国际一流人工智能基础理论和前沿理论研究高地。引导南京大学、东南大学等开展"新工科"等交叉学科建设,推动跨学科间交流。前瞻布局若干未来技术学院。

二是布局未来产业先导试验区,搭建场景创新与迭代示范。统筹南京未来产业先导试验区布局,基于高新区、经开区、麒麟科技园等建设基础与未来发展,兼顾中心城区与江北新区、江宁园区等协同发展,系统性部署建设南京未来技术创新策源地、创新成果转化试验地、未来场景应用引领地、未来产业发展集聚地,强化南京未来产业科技创新融合发展。打造一批面向未来网络、智能汽车、未来能源、生命健康领域的应用场景,建立未来产业测试验证设施环境与平台,建设测试试点示范区。

三是加快产业创新主体引进培育,形成产业集聚优势。培育若干生态主导型企业及专精特新企业,推动产业链条不断完善。鼓励科技领军企业向南京优势领域和未来产业领域布局,培育创新生态的主导型企业,推动重点领域至少打造"一个产业链条"。支持领军企业应用新技术新模式,加大面向未来产业的技术创新投入力度,促进前沿技术向未来产业链条的转化。探索"学校+重大科技基础设施""学校+龙头企业"合作模式,实施优秀科技创新人才培养专项项目,面向未来产业培养拔尖创新人才。在高校科研院所设立未来产业发展先导专项和项目支持基金,进一步聚集和培育未来产业发展的人才、PI(首席项目负责人)、领军团队。

(四)坚持向"强"而为,加快打造民营企业向往地

民营经济是加快发展新质生产力的生力军,是高质量发展的重要基础。要进一步创造条件、优化服务、厚植沃土,着力推动民营经济做大做优做强,加快形成大企业"顶天立地"、中小企业"铺天盖地"的良好局面,让民营经济释放澎湃动能。

一是多措并举帮助民营企业降本增效。降低制度性成本:积极实施留抵退税,对中小微企业、科技型初创企业实行普惠性税收免除,确保政策快落实、真落实;严格实施收费清单管理,确保涉企行政事业性收费只减不增、能减则减;进一步规范涉企中介服务市场。降低生产性成本:在用地上推行先租后让、租让结合、弹性出让等多种方式,灵活保障民营企业重点项目和优质项目用地;在用工上大力开展行业招聘、专场招聘,重点帮助企业解决通用技术用工和高层次用工的"双难"困境。降低创新性成本:对新增规上工业企

业,将超过全市平均增幅的增量部分以适当奖励形式返还企业,推动更多有潜力的中小企业加快成长为骨干企业、规上企业。

二是多措并举优化民营企业发展环境。加快政府数据对民营企业有序开放,打造公共数据开放平台,促进民营经济发展新旧动能转换。建立国家重大科技基础设施和大型科研仪器向民营企业有序开放制度,推动高校科研院所与大中型民营企业合作申请国家重大科技专项。提高政府监管的公平性、规范性、简约性,避免政策执行"一刀切"。建立健全民营经济投诉维权平台,推行告知提醒劝导等执法方式,加快建设中国(南京)知识产权保护中心、知识产权维权援助专家智库,构建集海关、司法、行政、仲裁、调解多位一体的知识产权保护新格局。集中打击一批侵占民营企业物质产权和知识产权的典型案件,强化民营企业胜诉权益兑现的工作力度。

三是多措并举促进民营企业转型升级。推动民营企业走"专精特新"方向发展,细化制定专项扶持政策,大力支持优质中小企业发展,进一步扩大专精特新企业的规模;大力支持民营企业深度参与新基建,前瞻布局数字技术、智能技术等新兴产业,拓展民营企业的产业升级空间,推动民营企业新老产业的升级更替。推动民营企业加快数字化转型;进一步鼓励民营企业加强数字化基础设施建设,尤其是要构建以新一代信息技术为依托、适合企业业务特点和发展需要的基础数字技术平台。一方面,引导民营企业加快推进产业数字化,积极推动产品和服务的数字化创新;另一方面,大力支持民营企业加快推进数字产业化,推动民营企业发展数字技术应用的新业态,促进民营企业发展平台经济,拓展民营企业发展空间。

(五)坚持向"质"而育,加快打造人才集聚新高地

人是生产力中最活跃的因素,也是最具有决定性的力量。应准确把握人口发展规律及趋势,坚持改革创新、不断优化结构,充分挖掘新时期人口红利,实现人口高质量发展,全面提升人力资本,为加快形成新质生产力提供人才保障。

一是建立人口信息平台。继续推进民政、公安、人社等领域人口数据互联互通,整理、公开历次人口普查、人口调查及各类人口动态监测数据,开发系统性的、口径可比的、覆盖全市的人口数据库。开发在线数据分析和可视化工具,方便政府工作人员、科研人员、企事业单位及公众利用人口数据。落实国家生命登记管理制度,加强人口监测,基于生物、医学、经济、社会、统计

等学科视角,建立覆盖全人群、全生命周期的人口动态监测体系。

二是优化人才培育机制。推进就业结构调整,以及其与产业结构的适配度,积极开展工作技能培训,鼓励发展新就业形态,创造良好职业环境,吸引和留住更大规模的流动性人才。探索跨区域一体化人才共用共享机制,构建区域发展一体化下的人力资源市场体系。完善人才价值实现机制,在依托引智项目吸引人才的同时,提升人才服务保障水平,强化人才配套体系建设,构筑与高质量发展相适应的人才治理体系。推进人才公共服务标准化、便利化,着力提升人才公共服务水平,加快营造"近悦远来"的人才发展生态。

三是全面提升人力资本。将人才作为突破性创新的重要引擎,打造一批战略型人才,培育和引进一批领军型人才,重点培养一批应用型人才,为发展新质生产力服务。实施有利于高素质人才成长的制度和政策,在科研经费、试验设备、工作生活环境等方面创造条件,吸引科研人员乐意创新、专心创新、大胆创新。从产权承认、收益分配、个人所得税减免、社会地位、成果评价与认定等方面给予特惠政策,激励科研人员创新。鼓励科研人员解放思想,支持他们减少非必要的社会活动,把更多的精力和主要时间投入专业领域,从事创新工作。

(作者:华彦玲)

加速公共数据开放
以数据生产力赋能新质生产力

　　南京市在政务数据共享基础上建设的数字政府质量高、服务能力强,走在全国前列,但释放数据要素价值还需要高水平公共数据开放。南京市公共数据开放利用潜力有待进一步挖掘,存在大量公共数据开放空间有待进一步扩大、公共数据利用效果有待进一步提升、开放平台权责分配有待进一步优化等问题,因此亟需扩大南京市公共数据开放广度和深度、打造数据要素流通交易生态体系、提供供需双方安心的数据开放平台,从而以数据生产力赋能新质生产力。习近平总书记在2024年3月5日参加十四届全国人大二次会议江苏代表团审议时强调,要牢牢把握高质量发展这个首要任务,因地制宜发展新质生产力。2024年的《政府工作报告》中也把"加快发展新质生产力""深入推进数字经济创新发展""健全数据基础制度,大力推动数据开发开放和流通使用"作为2024年政府工作任务。《中共中央 国务院关于构建数据基础制度更好发挥数据要素作用的意见》("数据二十条")、《"数据要素×"三年行动计划(2024—2026年)》、《关于印发〈关于加强数据资产管理的指导意见〉的通知》等国家政策,正大力推动数据要素发挥乘数效应,释放数据要素价值。在新一轮科技革命的背景下,数据已成为驱动数字经济发展的关键生产要素,加速公共数据开放是释放数据要素价值的必然要求,数据生产力是数字经济时代的新质生产力。从已有的公共数据开放利用案例来看,公共数据开放可以激发公益与公共服务创新、助力科学研究、推动公共信息服务创新以及衍生商业化活动。长期来看,它能够提升政府治理能力和公共服务水平、推动数字经济发展、激发新的经济增长点。

　　需要指出的是,公共数据开放与政府信息公开不同。政府信息公开制度是为了保障公民享有的知情权,通过信息公开促进政府工作更加透明。而公共数据开放是为了挖掘数据价值,让更多的主体参与大数据资源挖掘,从而创造更多的资源价值。公共数据开放不仅强调"公开",更强调"利用"。许多国家采取"Open Data"这种并不对数据本身的属性进行界定和划分的数据开放政策,而我国则采取从"政务数据共享"(政务部门因履行职责需要使用其他政务部门的政务数据,或者为其他政务部门提供政务数据)到"公共数据开放"(政务部门和履行公共管理、服务职能的企事业单位将在依法履职过程中采集和产生的各类数据资源向公民、法人和其他组织依法开放的行为)的区分开放政策。截至2024年7月,我国已上线的省级和城市的"公共数据开放平台"(含政务数据开放平台)达243个。

虽然南京市在政务数据共享基础上建设的数字政府质量高、服务能力强,走在全国前列,但释放数据要素价值还需要高水平公共数据开放提供支撑。为助力南京市公共数据开放事业追赶到全国较高水平,课题组围绕"南京市公共数据开放利用"开展调研,综合分析南京市公共数据开放利用情况及存在的问题,并结合先进地区经验措施,就提高南京市公共数据开放利用水平提出针对性建议。

一、政务数据高质量共享利用助力南京政务服务保持高水平

在南京市城市数字化转型的整体规划下,南京市高质量的政务数据共享与利用,极大地提高了南京市政务服务能力和水平,推动了南京市数字政府高质量建设。根据国务院办公厅电子政务办公室2023年发布的《省级政府和重点城市一体化政务服务能力调查评估报告(2023)》,南京市数字政府服务能力评估结果为"优秀级",连续多年被列为全国标杆。南京市12345政务热线服务中心的数据分析应用案例在2023年全国政务热线评选中被评为"十佳治理典范"和"数智升维典范"案例。在2023年第七届全国12345政务服务便民热线大会上,南京12345热线运行质量位列副省级城市和省会城市组第一名,并获得"2023年十佳治理典范单位"称号。

(一)政务数据共享利用法治化水平高

南京市委、市政府高度重视政务数据安全保障,编制《南京市整体推进城市数字化转型"十四五"规划》,建立了四大保障体系,即集组织领导、多级联动、统筹管理的一体化工作推进体系;针对项目建设、数据资源、服务流程等形成系统化标准规范体系;覆盖数据安全、网络安全、基础设施安全、运营安

全等全方位安全保障体系;资金保障、人才培训、对外合作等的导向性政策环境体系。制订《南京市政务数据管理暂行办法》,对作为数字政府高质量建设和城市数字化转型基础要素的政务数据,提供了持续发展并开放共享的法治化保障。推动了政务数据的高效整合;规范了政务数据的目录管理;明确了政务数据的分类开放;统筹了政务数据的安全保障。

(二)政务数据归集量走在前列

南京12个市区级数据链路已全部打通,政务数据共享交换平台挂接国家级、省级、市级数据目录20多万条,向各市级部门、行政区共享490多个数据接口。建成人口、法人、电子证照、公共信用、投资项目、社保和纳税等23个数据共享库,归集数据268亿条。南京的政务数据归集数量领跑全省、领先全国,为后续江苏省推进全省政务"1+13"架构布局(1个省级核心节点和13个市级骨干节点)的"一朵云"建设提供了重要支撑。

(三)政务数据应用成果丰硕

南京市聚焦大平台共建、大系统共享、大数据共治,通过云、网升级,数据汇聚治理攻坚,全力构建"不打烊"的数字政府,让群众办事少跑路、监管治理智能化,推动"互联网+政务服务""互联网+监管"等工作走在全国前列。通过利用共享政务数据,一大批南京市重点应用涌现出来。"不见面审批、不见面交易"已成为南京市政务服务的改革名片。"宁企通"等数字化手段优化了企业服务流程,人社、公安、医保、市场监管等部门的"跨省通办、全城通办"办件量全省名列前茅,越来越多的"零跑腿""零纸张""零见面"案例表明,"数字南京"建设成效明显。特别是"我的南京"APP实现了民生服务信息化全覆盖,汇聚了80余家政府部门和企事业单位提供的260多个应用场景、超4 000项在线服务功能,应用场景覆盖医疗、交通、房产、金融、教育等17个主题。截至2024年1月底,"我的南京"APP实名注册用户已达1 093万人,月度活跃用户峰值达798万人,用户总量和用户活跃度排名均居全国城市APP前列。

二、释放数据要素价值亟需加速公共数据开放利用

虽然南京市数字政府和政务数据共享利用质量较高,但亟需加快迈向高质量公共数据开放利用的步伐。数据局限在政务部门之间,无法释放数据要素价值,要让数据向全社会开放,在社会上自由流动,可供不同领域和行业的

组织根据其应用场景获取。数据资源只有在社会生产和经营活动中为持有者、加工使用者、经营者带来经济效益,才能称之为数据要素。复旦大学每年发布"中国开放数林指数",对各地公共数据开放从保障层、服务层、数据层、利用层四个维度评价排名。数据显示,江苏省在该评价体系下直到2022年才进入省域前10名,南京市从未进入城市前50名,青岛市则长期保持在城市前列,杭州市则从2020年上半年的第20名快速发展到2023年的第1名。该排名一定程度反映出南京市在公共数据开放利用上还有很大提升空间。

(一)大量公共数据开放空间有待进一步扩大

截至2024年3月8日,南京市政务数据开放平台共开放数据集3 223个,虽然涵盖南京市31个部门,但市交通局开放数据集占72.9%。相比之下,青岛市公共数据开放平台开放数据目录3 938个,数据接口1 000个,涵盖青岛市40个部门和1家企事业单位共计16.5亿条数据。南京市开放的数据总数相对较少,政务数据共享中归集的268亿条数据绝大多数未开放。南京市公共数据开放主体暂不包含公共企事业单位,已开放的数据主要集中在道路交通领域,交通部门以外的政府部门开放数据较少,数据开放的范围还不够全面。

(二)公共数据利用效果有待进一步提升

南京市公共数据开放利用短板明显。截至2024年3月8日,南京市政务数据开放平台访问次数约3万次,平台注册用户数2 558人(需注册才能下载数据),下载调用次数1.1万次,暂未发布相关利用成果。相比之下,青岛市公共数据开放平台访问量约468万次,注册用户3.83万人(无须注册即可下载数据,实际用户数量远多于注册用户),数据下载量88万余次,接口调用量27多万次,发布典型应用成果40个。另外,青岛市还上线了公共数据服务平台,运用市场化手段推动公共数据与社会数据融合应用,吸引了231家企业入驻,其中2/3是外地企业。青岛市提供1.15亿条数据供企业在数据沙箱环境和隐私计算环境下使用,解决了在城市公共数据不流出前提下的数据要素自由流通难题。南京市"以公共数据运营撬动数据要素市场"则刚刚起步,依托南京市公共资源交易平台,吸引了31家数据商和第三方专业服务机构入驻,仅上线3个交易产品,于2024年2月才完成首单数据产品成交。由此可见,南京市数据利用率还有待提高,数据要素市场还有巨大潜力。

(三) 开放平台权责分配有待进一步优化

《江苏省公共数据管理办法》《南京市政务数据管理暂行办法》等公共数据开放利用立法属于促进型立法，公共数据供给方不承担违反数据开放义务的法律责任，也不承担因数据开放造成的损害。课题组通过对包括南京在内的多个城市的公共数据开放平台发布的服务协议内容进行研究，发现平台通过格式合同的方式，约定了自己的权利主要涉及6个方面：数据归属的确认权、服务过程管理权、用户管理权、数据开发成果审查管理权、平台追责权及平台免责权。相对应的平台责任主要有：用户信息保护责任、服务协议变动提示责任、用户意见回应责任。而数据利用主体的权利可以归为：数据资源使用权、增值收益获取权、个人资料管理权及用户意见表达权。相对应的数据利用主体责任有6个方面：平台运营秩序遵守责任、数据合法使用责任、声明责任、同步调整责任、个人账号与资料管理责任以及反馈责任。可以看出，总体上公共数据开放平台与利用主体双方的权责分配偏向于减轻平台责任、增加利用主体义务。在这些协议中，平台免责权往往是重点，几乎所有的平台都过度扩张自我免责的权利，将风险从平台转移到用户身上。

三、加速公共数据开放的经验可资借鉴

(一) 青岛：以公共数据运营撬动数据要素市场发展

青岛市不断扩大数据开放范围，深化数据要素市场化配置改革。首先是确立"以开放为常态，不开放为例外"的原则，由承担公共管理服务职能的部门和单位推进数据开放工作。立法明确公共管理和服务机构是公共数据质量责任主体，建立完善公共数据治理、质量核查和问题反馈机制，确定相应法律责任。其次是构建一套数据开放目录。梳理政务信息资源目录，明确每项政务信息资源目录的责任单位、数据提供方式、共享开放类型、更新周期等，同时明确开放类数据的场景、领域等属性，方便后期分类。组织各部门、各区市依照政务信息资源目录挂接数据、更新数据，并依据开放类型形成公共数据开放目录，经脱敏、审查等流程后面向社会开放。通过"数据保险箱"为不同运营场景和应用提供"原始数据不出域、数据可用不可见"的数据服务。再次是以公共数据运营试点为突破口，构建集供数、治数和用数于一体的"1＋1＋N"（1个一体化大数据平台＋1个公共数据运营平台＋N个场景应用）公

共数据运营体系。探索形成"以公共数据运营撬动数据要素市场"的发展模式,推动培育数据资源化、资产化、产业化全链条数据要素生态,为数字经济发展注入新动能。

(二)温州:持续推动数据资源向数据产品转化

温州市创新谋划了一批社会效益好、群众获得感强的优质应用,助力市域治理现代化。在第五届(2023)数字政府特色评选结果活动中,"温州市公共数据授权运营域"案例荣获"强基赋能示范奖"。比较有代表性的应用案例如下。①信贷数据宝。该应用的服务对象为金融机构和贷款需求人,目前具备普惠金融贷款申请、贷款审批和贷款发放及管理等功能,预计将为温州40余家金融机构及融资担保公司提供数据服务。②无忧背调。该应用设置了简历投递、简历筛选(核验)、企业邀约、面试评估、入职背调、职员管理等功能模块,通过人力资源管理一站式SaaS服务,帮助中小型企业及其他社会企业精准定位企业人才。③安诊无忧。该应用可为用户匹配精准的综合护理服务,现已开发的三大功能模块包括:为门诊用户,尤其是年龄较大、腿脚不便的就诊人群提供陪诊服务;为住院用户提供陪护服务;面向长期卧床并且需要定期换药的人群提供上门护理服务等。④癌症早筛AI服务。该应用通过利用脱敏后的肺癌影像资料与诊断结果构建和训练肺癌早筛AI模型,并将模型部署上线到温州医学影像平台及温州市域各医院的放射科信息系统(RIS)。用户授权"温州个人数据宝"后,平台调用模型对影像进行AI识别,并将早筛结果在5分钟内反馈至医院与用户本人,其中对于肺结节定性诊断的精确度达96%以上。这种模式也可以拓展至其他医学学科,以公共卫生数据的深入应用促进公共卫生事业发展。⑤爱心帮扶宝。该应用通过获取求助者本人授权的个人公共数据,如不动产抵押信息、个人车辆信息、个人社保参保信息、残疾人信息、低保信息、信用信息等数据,结合工商部门的企业股东信息和法院的个人未履行生效判决信息,将数据划分为基本生活类指标、安全稳定类指标、发展类指标和社会价值类指标,并通过构建扶病募捐风险评估、扶病募捐需求预测两个主要分析模型,建立求助者用户画像,打造了一款集可信度高、复制性强、部署迅捷、操作简便等优点于一体的智能众筹产品。

(三)上海:用系统连贯政策法规确立数据要素发展方向

一方面,上海市不断完善公共数据开放立法,于 2016 年制定《上海市政务数据资源共享管理办法》,规范和促进政务数据资源共享与应用,推动政务数据资源优化配置和增值利用;于 2018 年制定《上海市公共数据和一网通办管理办法》,促进公共数据整合应用;于 2019 年制定《上海市公共数据开放暂行办法》,在全国范围内首次明确将水务、电力、燃气、通信、公共交通等领域的公共数据纳入开放范围;于 2021 年制定《上海市数据条例》,规范数据处理活动,促进数据依法有序自由流动,保障数据安全,加快数据要素市场培育,推动数字经济更好地服务和融入新发展格局;于 2022 年制定《上海市公共数据开放实施细则》,细化公共数据开放操作细节;于 2023 年制定《上海市促进浦东新区数据流通交易若干规定》,明确了"数据三权"内涵,推进统一登记。另一方面,上海市不断完善权利救济。一是建立健全异议核实与处理机制。根据《上海市公共数据异议核实与处理管理办法(试行)》,畅通开放数据的异议核实处理渠道,确保后台数据与开放数据同步更正,做好数据更正后的反馈与通知。自然人、法人和非法人组织认为公共数据开放与利用侵犯其个人隐私、商业秘密等合法权益的,可以通过开放平台告知数据开放主体,并提交相关证据材料。二是建立日常公共数据管理工作监督检查机制,对公共管理和服务机构的公共数据质量管理等情况开展监督检查。按规定组织开展公共数据的质量监督,对数据质量进行实时监测和定期评估。对未履行公共数据质量管理义务的给予处分。三是规定对于违反《上海市数据条例》规定处理个人信息,侵害众多个人的权益的,市人民检察院、市消费者权益保护委员会,以及由国家网信部门确定的组织,可以依法向人民法院提起公益诉讼。上海的数据要素产业立法早、规范性强、基础牢固,政策整体性、联系性强,可以从数据产品、企业、品牌、服务、人才、标准、政策、交流合作等方面,全方位构建数据要素良好生态环境。

四、加速南京市公共数据开放利用的对策建议

(一)扩大南京市公共数据开放广度和深度

一是巩固扩大政务数据共享优势。南京作为中国政务云的第一批实践者,已经在政务云上沉淀了海量的政务数据。应根据用户反馈进一步优化政

务服务体验,在政务服务数量和质量上扩大领先优势。二是推动政务数据分级向社会开放。对已归集的海量政务数据做到"应开放尽开放";对需要脱敏的数据脱敏后开放;对数据安全和处理能力要求较高、敏感的数据附条件开放;对不适合开放原数据的数据开放需求,基于提供方式、适用场景等维度建立数据隐私分级模型开放。三是建立公共数据开放责任清单。建立开放责任清单,督促各供数主体按要求开放数据,并定期开展数据质量监督、检查,强化数据动态更新维护。将更多公共企事业单位的数据吸收进来,把南京市政务数据开放平台升级为南京市公共数据开放平台。

(二)打造数据要素流通交易生态体系

一是用好政务数据应用的技术沉淀。南京通过政务云等技术共享数据,各部门开发了一大批便民、提高办事效率的应用。加快利用该技术积累在公共数据利用中培育成果,对供需双方的应用场景进行深入挖掘和引导培育,鼓励在政务应用开发中同政府机关合作的企业开发面向市场的成果。进一步增加公共数据价值的认知度和使用度,激励多方主体积极参与数据要素开发利用。二是借鉴其他地区数据利用成果。当前青岛、温州等城市已经开发出一部分优秀的公共数据利用成果。南京可充分利用在宁高校和科研院所数据人才库,引导各方充分认识和借鉴这些成果的价值、研发理念和设计思路。举办高水平的数据应用大赛,吸引全国各地的数据人才参与南京的公共数据开放利用,产出更多高质量应用成果,聚集更多技术型、服务型、应用型数据商,培养数据要素型企业。三是探索成本补偿与收益分享机制。建立免费开放与有偿开放相结合的公共数据开放制度、数据利用成果收益分享制度,激发南京政务部门和公共企事业单位的供数热情。探索建立南京都市圈公共数据共享机制和公共数据支撑平台,成立南京都市圈数据交易市场,加快区域一体化节奏,加速统一大市场建设进程。完善政策供给,优化平台功能,集成基础设施,开展分类培训,共同打造数据要素流通交易生态体系。

(三)提供供需双方安心的数据开放平台

一是拓宽数据侵权的救济渠道。借鉴上海完善救济途径的经验,南京应建立健全异议核实与处理机制,畅通开放数据的异议核实处理渠道。对因数据脱敏不足、数据格式、数据质量、数据更新缓慢、平台本身问题等造成数据侵权的,纳入行政救济范围。二是合理分配平台与用户之间的权责。南京公共数据开放平台应承担更符合比例的风险,避免过度使用免责条款。在格式条款之外,允许双方对未尽事宜签订补充协议,增加相应的沟通、协商机制。更合理、更明晰的权责协议,能够减轻公共数据利用主体的使用成本,提升社会大众利用南京公共数据资源的意愿。三是探索更多的技术手段保障数据安全。利用数据交换监控技术、数据加密脱密技术、敏感信息匿名化等技术创建起受隐私保护与安全防护约束的公共数据授权运营平台。建立数据开放共享过程的安全防护通道,为入驻用户训练应用模型、测试应用系统提供安全可信的运行环境,实现以"原始数据不出域、数据可用不可见"的方式开放公共数据。

总之,公共数据开放是我国建立数据要素市场中的核心环节,也是激发海量数据要素潜能,打造典型应用场景,更好培育和发展新质生产力的必然要求。南京应结合自身产业优势和特点,加速公共数据开放步伐,赋能智能制造、智能电网、智慧医疗、智慧城市等优势行业领域,构建具有南京特色的典型数据运营场景应用,以数据生产力赋能新质生产力。

(作者:袁忠岩、郑琼洁)

面向区域的动力引擎：
推动宁杭生态经济带建设

2004年，时任浙江省委书记习近平同志专门批示，"有关专家建议，江浙联手繁荣宁杭城市带，应引起注意，可作为融入长三角的新举措"。宁杭生态经济带建设逐步从构想走向蓝图，从愿景走向现实，取得了较好的实践成果。南京作为宁杭生态经济带的重要一核，系统推进这条对长三角全局发展具有重要影响的经济带建设，打造面向国家生产力布局的核心区，既是服务国家区域协调发展战略的南京担当，也是支撑城市高质量发展的现实需要，更是后疫情时代在更大区域尺度上提升自身发展定位的时代要求。

一、宁杭生态经济带是南京地位提升的重要引擎

从国家版图看，南京"承南接北，承东启中"的区位在全国无出其右者，理应在国家发展战略中处于重要地位。然而，近十几年来在国家、长三角发展格局的转变过程中，南京城市的地位、全国影响力与辐射力总体上有所弱化，目前，不仅在国家经济版图中的地位低于上海、杭州，而且有被合肥超越的趋势。导致南京城市地位呈现这一局面的因素固然很多，但是从城市空间发展战略角度来看，其南部地区没有辐射影响腹地的极核是重要原因。宁杭生态经济带的建设，成为南京改变这一局面的重要契机。

首先，从国家战略布局来看，需要依托宁杭生态经济带，打造面向长三角的城市新空间。经过长期发展，长三角已经形成沪宁、沪杭、宁杭三个城市发展轴。其中沪宁、沪杭两条边较强，城市化和城市现代化水平较高；宁杭一条边相对较弱，沿线产业发展、基础设施建设相对落后，城市规模较小、密度较低。为贯彻落实长三角区域一体化发展国家战略，南京必须在强化弱边上主动积极作为，除发挥南京的科教、交通枢纽服务优势以外，还应在空间战略布

局上主动呼应周边地区的需求,提供更加适宜的空间板块吸引高端发展要素集聚,打造面向长三角的城市新空间,推动宁杭沿线地区成为继沪宁、沪杭发展带之后长三角又一条重要的经济走廊。

其次,从区域发展格局来看,需要面向宁杭生态经济带,建设辐射影响南向腹地的交通枢纽。从安徽发展方向来看,中心城市合肥通过打造东南方向的多条高速通道,沿合芜宣、合芜黄方向直接对接上海和杭州。目前这一方向的高速公路早已建成,合芜黄杭高铁、商合杭高铁已全线运营,沪苏湖高铁也于2024年底开通运营,合肥—芜湖—宣城—上海(杭州)、合肥—芜湖—黄山—杭州,将实现多种快速交通方式连接,皖中和皖南地区受合肥、上海、杭州的影响越来越大。从南京来看,目前宁杭方向高速通道还不完善,宁宣黄高速通道建设十分滞后,宁宣黄高铁三期、宁杭高铁二通道仍处于规划阶段。随着安徽通过皖东南大通道对接上海、杭州的不断深入,势必会进一步降低南京对皖中、皖南,尤其对南京都市圈内芜湖和宣城的辐射影响,使南京巩固和拓展南部的腹地发展水平面临更大困难。加快推进面向宁杭生态经济的大通道和交通枢纽建设,可为巩固和提高南京南部腹地的发展水平提供条件。

最后,从城镇开发重点来看,需要依靠宁杭生态经济带,打造南京未来发展的增长极。城镇重点空间一定是对全市具有带动作用、具有战略意义的空间。经过改革开放以来城市的大规模扩张,南京已迈入资源紧约束时代,不可能重现以往一些时期的城市大扩张现象。从现状的发展基础看,主城区已不具备成片开发空间,仙林大学城、东山副城已基本成型。从未来可能发展空间看,主要城镇建设增量空间在江北新区直管区(目前新区建设框架已经拉开),以及江南以柘塘、禄口等为主体的空港新城。空港新城空间有一定规模,而且具有承载城市级重大功能项目和设施的空间能力和未来潜力。立足宁杭生态经济带建设,加快把空港新城打造成南京未来发展的增长极,将成为有效支撑南京下一个万亿级经济体量和高品质生活的重要载体,并为南京中心城市综合能级提升和空间格局拓展带来新突破。

二、面向宁杭生态经济带的载体建设相对滞后

综上所述,无论是提升南京在国家经济版图中的战略地位,还是让南京在长三角弱边发展上有更大作为,都需要面向宁杭生态经济带,打造一座具有强大辐射影响力的功能载体。以禄口、柘塘为主体的空港新城,无论区位还是交通基础都具备这种条件,但目前其枢纽功能仍难以支撑对宁杭、宁宣

黄方向的有效辐射。

（一）开发空间缺少整合

过去很长一段时期里，南京只把禄口机场作为城市重要交通设施，没有把空港地区作为全市发展的重要板块，空港地区发展的定位相对较低，在空间和产业发展上没有引起足够的重视，导致发展水平没有达到应有的高度。当前，国家批准建设的临空经济示范区横跨江宁、溧水两区，虽然规划对空间进行了统筹，但在实际建设中空间仍缺少有效整合。从江宁、溧水两区的发展重点方向来看，江宁的发展重点仍在东山、滨江等板块，没有更多的精力和资源投向临空地区；溧水区发展重点方向虽在临空地区，但无法对江宁片区进行有效整合，在很大程度上影响了临空地区整体能级的提升。

（二）枢纽建设亟待强化

从前述分析可知，目前空港地区不仅南向对外重大交通设施建设滞后，而且"空铁联运"尚未实现高效畅通，这些交通方式属于不同部门，各个交通枢纽独立运营。例如，高铁站主要位于市区，而作为航空枢纽的禄口国际机场位于江宁区，两个地点距离较远，缺乏高铁、城轨等快速高效对接，机场与区域大交通、主城区之间的快速交通及临空经济示范区内部的交通联系仍然不畅。这些都使得临空经济示范区难以形成对人口与发展要素的强劲吸引，导致空港地区的服务能力、服务质量有限，与南京城市的综合实力、城市地位不相称。

（三）产业集聚度仍然不强

目前，空港地区已初步形成航空制造业、航空物流业、临空高科技等产业集群，但总的来看产业临空指向性弱，发展方向还不够聚焦，普遍存在空间资源利用低效的现象。受行政条块分割、土地供应、前期产业基础等诸多因素影响，临空产业空间集聚度不高、功能差异化发展不足，示范区集聚功能尚未形成，产业集聚优势难以发挥。一方面，航空制造企业布局较为分散，区域产业与航空关联度不高，上下游供应链尚未形成，产业集聚效应未能充分发挥。另一方面，产业分工与功能空间建设有待强化。例如，空港江宁片区和溧水片区聚焦跨境电商产业，分别打造空港跨境电商产业园、大通关基地，导致该产业难以形成强大的聚合效应。

(四)协同推进力度不够

临空地区发展有三个发展主体,即江宁、溧水两区及机场,目前江宁、溧水、机场三大板块间建设仍缺乏有效整合,尤其是作为省管的机场封闭运作,难以发挥有效的协同效应。虽然南京市在2021年成立了南京临空经济示范区建设指挥部,但其协调能力有限,制约了资源的优化整合、产业的集聚提升和管理效率的提高,多年来这些体制机制间的障碍是制约临空地区发展的一个重要原因。另外,南京临空经济示范区管理机构的行政级别仍然偏低,不仅难以发挥协调江宁、溧水两区的强有力作用,更无法在更高层次上与禄口机场、省有关部门进行沟通协调。

三、以临空示范区打造推动宁杭生态经济带建设

从落实长三角一体化国家战略和促进都市圈一体化发展高度来看,应面向宁杭生态经济带,以临空经济示范区为主体,实质性推动辐射影响南向腹地的交通枢纽、城市新空间等建设,加快打造面向国家生产力布局的核心区,使之成为南京未来发展的增长极。

(一)打造大枢纽:加快建设高能级的航空港

要将更多的高铁线路、城市轨道交通等引入禄口机场并实现空港的无缝对接,将禄口空港地区打造成长三角的第二个"虹桥枢纽"。一是建设超级换乘中心。按照"高铁上的国际机场""轨道上的空港枢纽"总体目标,加快推进宁扬宁马城际、宁杭高铁二通道、宁宣黄高铁三期等工程的建设,建议将宁宣黄高铁三期和宁扬宁马城际在T3航站楼实现共线,并设地下高铁站,优化S1机场线、S7宁溧线、S9宁高线的线位和站点,设T3航站楼中转站,与市域快线18号线、高铁站无缝换乘,打造集航空、高铁、地铁等一体化换乘的T3超级枢纽。二是打造超级集散中心。发挥航空、铁路以及公路多式联运汇集优势,加强物流龙头企业发展,探索智慧物流之路,提升区域物流承载力,打造以航空物流、跨境电商、商品流通为主的大型综合现代化临空物流基地。三是完善国际航线。推动扩大包括第五航权在内的航权安排,吸引"一带一路"共建国家和地区航空公司开辟经停航线,打造"空中丝绸之路"。制定国际航线网络计划,加强与全球重要枢纽机场的通航与合作,开辟新航线、完善通航点布局。

(二)建设大都市:加快打造高品质的空港新城

改变机场地区发展思路,积极发挥规划引领带动作用,提升机场枢纽服务能级,聚焦城市核心板块建设,推动"城市的机场"向"机场的城市"转变。一是统筹示范区总体布局。整合禄口、柘塘两个组团,借鉴"临空社区"建设理念,打造以禄口机场为核心、以临空产业为支撑的现代化空港新城。二是完善城市功能配套。布局一批服务新城、辐射区域、特色明显的教育、医疗、文化、体育等高能级设施和优质资源,加快国际社区、国际学校、国际性医疗机构建设,增强新城人口集聚能力,力争实现2035年空港新城人口规模达50万。三是营造优良人居环境。坚持以人本化、生态化、智慧化为导向,做好新城公共中心、开放空间等重点地段的设计,落实公园城市理念,全面倡导绿色低碳的生活方式和城市运行模式,积极探索未来社区建设。

(三)发展大产业:加快打造高水平产业集群

根据禄口机场、临空经济示范区乃至南京市的资源禀赋与优势条件,突出高端化、引领性等产业发展导向,全力推进"大智造、大会展、大物流、大旅游"等发展。一是大智造。准确把握世界科技革命和产业变革新趋势,充分发挥航空运输以及南京产业优势,聚焦智能化、数字化、低碳化,培育发展具有自主知识产权、核心竞争力强并能代表国家参与全球竞争的先进制造业集群。二是大会展。充分利用禄口空港与南京制造业的优势基础,依托空港会展小镇,培育继进博会、广交会、服贸会、消博会等国家级展会之后,具有国家品牌、国际影响的会展产业,努力将南京打造成以产业创新为特色的国家级会展基地。三是大物流。利用禄口机场建设空铁复合枢纽的机遇,重点培育航空物流,加强综合保税区建设,丰富拓展保税物流、保税仓储、保税业务等业务类型,打造国际一流、辐射全国、效率最高、服务最优的国家级物流大枢纽。四是大旅游。立足宁杭经济带丰富的生态文化旅游资源,牵头组织推动宁杭生态旅游经济带规划,大力发展"旅游+"经济,打造依托宁杭生态经济带辐射影响南京都市圈及皖南的旅游集聚区。

(四)构建大机制:加快建立高效能的运行机制

积极争取国家在战略上的支持,将地方临空经济发展、枢纽建设与机场建设有机结合起来,实现地方经济发展与机场建设合作共赢。一方面,要建立有力的推进机制。调整优化临空经济示范区行政区划,建议将禄口街道整体划归溧水区,由溧水区对这一区域内各类资源要素、产业发展与规划建设等进行有效统筹。组建由南京市政府、禄口机场管理集团等参加的"南京临空经济示范区建设集团",按照"市属区管"的模式,以市场化运营为主导,由溧水区负责集团的经营发展。另一方面,要推动省市联动。积极争取省政府支持,协同民航局、海关、边检、航空等相关行业主管部门,打破机场内外、板块之间要素流动、配置的壁垒,形成多元协同、联动发展的局面,推动机场真正参与并融入到临空经济示范区的总体发展体系中去,增强南京地方政府对临空经济示范区发展的主导权。

(作者:曹段冉、杨肖丽)

推动南京夜经济高质量发展的对策建议

——基于电力视角分析

2022年12月召开的中央经济工作会议提出,要从改善社会心理预期、提振发展信心入手,纲举目张做好工作。推动经济运行整体好转,把恢复和扩大消费摆在优先位置。夜间经济是一座城市的名片,是城市经济开放度和活跃度的晴雨表。发展夜间经济,南京有着得天独厚的优势,"夜之金陵"品牌的加速崛起,不仅使其成为拉动内需、促进消费的新亮点,也成为南京城市品牌塑造和推广的新方案。所谓夜间经济,是指当日18时至次日凌晨6时的这段时间发生的各种拉动内需的经济活动。经济发展电力先行,课题组结合南京近三年及2023年截至五一假期的重点领域夜间用电分析,客观反映市民夜间出行、文娱、消费活动情况,分析南京当前夜经济发展现状与存在问题,为激发南京市夜经济活力、促进消费回暖、推动经济高质量发展提出对策建议。

一、南京市夜经济活力分析

(一)"电力+都市商圈"让"夜"亮起来

灯光璀璨,都市商圈的"夜经济"特征明显。国网南京供电公司电力大数据显示:南京市商圈夜经济恢复持续向好。一是用电总量突显一个"大"字。南京五大商圈(新街口、河西、夫子庙、百家湖、桥北)16 000家工商业用户(以下所有分析均只针对工商业用户)2022年用电量已突破20亿千瓦时,近三年年均用电总量均在18亿千瓦时以上。位居榜首的新街口商圈2022年用电量已破7亿千瓦时,较2020年增长20.91%,近三年年均用电量6.42亿千瓦时,用电量高居不下,街市如昼。"后起之秀"的河西商圈2022年用电量也高达6.66亿千瓦时,排名第二,百家湖商圈、夫子庙商圈、桥北商圈用电量均超过同期疫情前用电水平。2023年1—4月，五大商圈用电仍保持高位运行，工商业总用电量已达6.03亿千瓦时，同比增加9.02%。二是用电增速突出一个"快"字。用电数据显示2023年南京市经营消费恢复加速，1—4月，上述五大商圈中桥北商圈商户用电同比增速最快，达18.25%。其次是百家湖商圈(10.52%)，河西商圈(8.12%)、夫子庙商圈(7.39%)、新街口商圈(7.21%)均保持高速增长。三是用电趋势体现一个"晚"字。2023年第一季度南京市五大商圈内180余家重点工商业用户用电量较去年同期增长3.35%，夜间用电量更高，增长达5.26%。商圈内重点工商业用户夜间用电量与白天用电量之间的比值由2022年一季度的61.89%提升至2023年的63.77%，表明南京夜间商户经营及居民消费愈发活跃且时间日趋渐晚。

（二）"电力＋假日旅游"让"夜"动起来

火树银花，假日旅游"夜效应"同样突出。用电数据显示，假期旅游市场为南京市夜经济发展注入强劲动力，主要表现在以下几个方面。一是餐饮业"烟火"旺。2023年春节假期的"排队等号"一直延续到了五一长假。2023年五一假期期间，南京市餐饮业用电规模同比增长62.06%，其中五大商圈餐饮业用电量同比增加36.80%，南京市餐饮企业纷纷通过名店名牌、单品爆款、网红地标等创新形式，加速引流消费，促进餐饮消费回补。从2023年餐饮业整体恢复情况看，1—4月用电增速分别为－16.63%、14.54%、30.59%和34.29%，恢复速度明显加快。二是住宿业"寒潮"散。南京各大酒店"满房"牌屡屡挂出，据南京智慧旅游大数据运行监测平台显示，全市第一季度高星级酒店和部分品牌酒店出租率已达60.93%，同比2022年上升25.27%。南京市酒店平均出租率已超80%，如江苏凤凰台饭店、玄武饭店、白金汉爵大酒店等出租率达90%以上。上述几家星级酒店1—4月总用电量已超728万千瓦时，同比增加27.88%。三是交通运输业"绿色"足。电力数据同样能说明交通运输业的恢复，一方面，作为南京用电大户的南京地铁近三年用电量以6.7%的速度增长，2023年1—4月用电量继续同比增长6.0%，坚强可靠地为800万人次提供绿色安全出行，1千瓦时的电量可以满足2人次地铁出行，为加班晚归、外地旅客出行提供了极大便利。另一方面，实现了电动化的南京公交，深夜充电的频次明显加大，2022年全市每月公交充电量同比增长215.23%，2023年一季度同比也增长180.34%。南京城市律动的背后，有赖于电力交通,为夜经济持续注入绿色动能。

(三)"电力+文化娱乐"让"夜"炫起来

五光十色,南京人"夜生活"绚烂多彩。目前,南京市夜经济已由过去简单的"夜市"发展成为包含"食、游、购、娱、体、展、演"等多元形式的夜间消费市场,消费内容不断升级,向"有品位、人情味、全方位"的三位一体形式发展。一是书香"夜读",南京市民对精神文化的追求从未放慢脚步,2021年南京市居民综合阅读率为96.53%,排名全省第一,数字电子阅读量更是排名全国第七。2023年1—4月,南京市图书馆的用电量已突破165万千瓦时,其中夜间用电占31.56%,且用电量还在逐年提升。二是追剧"夜演"。作为南京都市演艺名片的江苏大剧院,用电量从2023年1月同比下降12.91%,到2、3、4月分别增长4.34%、8.36%和19.18%,表明南京市民走出去的意愿逐步增强,原因也不难查找,2023年2月底开始,江苏大剧院联合出品的民族舞剧《红楼梦》启动了疫情后的首演,一经登台就获得热烈的市场反响,一票难求。此外,紫金文化艺术节、"南京新剧荟"、全国小剧场戏剧"紫金杯"展演等多场演出都座无虚席。三是留恋"夜展"。最具代表性的是南京博物院,2023年一季度用电量同比上升3.41%,其中3月份同比增长20%,五一期间同比增长12.67%。自2020年11月起,南京市博物总馆及下辖"七馆两所"近十家博物馆每周五、六、日延长开放时间至晚上9时,举行"博物馆奇妙夜"等系列活动,虽入夜,展不停,使夜经济散发出另一种独特魅力。

二、当前南京市夜经济发展仍需关注的几个问题

(一)吸引夜间消费主力存在"难点"

国家商务部2022年的统计数据显示,"90后"和"00后"(新生代)已成为夜间消费主体,且新生代夜间文化娱乐活动主要采用线上线下相结合的形式,但更倾向于互联网渠道,占比高达65.5%;新生代夜间线上文娱活动项目主要为看剧、电影及综艺,占比为75.9%,其次是刷短视频,占比为62.1%。这与"走出去"的夜经济内涵背道而驰。课题组调查走访了解到目前南京高校大学生已不满足于大学城周边诸如"月亮饼""梅花糕"式的小夜市。科技新青年也亟需在一天忙碌加班后得到身心的放松。夜间经济的应有之义就

是要抓住"夜的人"来塑造"人的夜"。南京高校云集、科技人才众多,要抓住这一优势,让这些"城市夜猫""科技夜猫"走出家门,主动去休闲、去消费,最怕的是"白天不懂夜的黑,城市不懂年轻人的夜",大费周章做了各种城市的夜塑造,却走不进年轻人的心坎。

(二)文娱场所夜间经营存在"痛点"

除购物和餐饮外,文化消费成为夜经济新的增长点。各地出台的一系列"夜经济"文件中,都将发展培育"夜间文化消费"视为必不可少的措施。但从实际调研情况看,南京文娱经营机构夜间经营有着不小的困难,一方面,文化场馆"有限的参观时间"和"有限的参观名额"制造了夜间文化消费的"饥饿营销"的虚假繁荣。另一方面,一些经营者还表示常态化夜间运营会受到经费约束,因为场馆无论是否满座,只要"夜场"开放,必然会伴随着增加人力、水电等运营成本的投入。不少书店店主认为,一边是深夜看书不买书的"伪需求",一边是承担人工水电的"真成本"。一家书店表示,从晚上9点到第二天早上8点这段时间所产生的销售额,只占一整天销售额的5%左右。南京市文化机构若只是简单地"拉长消费时间"但又缺少经费支持或固定的消费者支撑的话,想要长期续航夜间经济难度极大。

(三)做好夜经济掌灯人存在"堵点"

夜经济表现出的惊喜和潜力有目共睹,但同时也容易引发交通拥堵、商品质量下降、噪音扰民等实际基层治理问题,即"有需求、有人气,但安全、扰民隐忧犹存"。南京夜间经济发展取得的成效有目共睹,政府与市场为了吸引社会营造一定的夜间经济环境,一时的"强行针"可以满足群众多年"被疫情羁押"的消费欲望,但如何长期维持夜间经济的消费活力是需要多主体协同治理发展的。在调研中,不少民众提出目前南京市夜间餐饮卫生、质量有待提高。同时,出行便利程度不高也是民众夜间出行意愿不高的因素之一。可以说,距南京所要建设的人人向往的"消费天堂""夜之金陵"的目标还有一段距离,夜经济治理政策及发展战略也需要加快其专业度和针对性。

三、加快南京市夜经济发展的对策与建议

(一) 青年夜生活需要不断创新形式

一方面是聚焦年轻人的"圈层社交"。灯火展、酒吧社交和朋友小聚已经刺激不了当下的年轻人,他们需要的是爱好导向的"圈层社交",出现了各种因兴趣爱好而紧密联系的"小圈子",健身圈、音乐圈、科技圈……"混圈子"、与同类人一起聚会,才是他们表达个性、追寻自我价值的全新的社交方式。因此,综合体、街区、公园等夜经济载体亟需强化围绕科技、音乐、时尚、电竞、二次元等元素打造常态化主题活动,形成"月月有节庆、夜夜是狂欢"的生动局面。传统景点、网红打卡点要加强创新创意开发,以活动造声势、聚人气,深入挖掘年轻人的夜间休闲资源、场所和项目,参与进来,扩大消费基础。另一方面是聚焦年轻人的"猎奇心理"。"只是看看灯光、逛个夜景,没有点炫酷和个性都不好意思晒朋友圈,宁愿宅在家里刷刷手机看个剧。"这是课题组在访谈中经常得到的反馈。除上述活动的开展外,新业态经济与夜经济的碰撞也是可行的办法。例如,强化"首店经济"对夜经济的拉动,城市首店"争夺战"正转向高层次、高能级的新阵地。随着享誉全球的国际大牌入驻,以及茶颜悦色、茅台冰激凌等人气火爆的潮流网红的加入,南京正成为一线品牌进入中国市场、江苏市场的首选地,新业态、新品牌的培育孵化使年轻人的夜间选择更加丰富。

(二) 文化夜消费需要更新商业模式

文化夜间消费要真正做到实现经济拉动,就必须跳出固有经营思维,创新商业模式。一是要挖掘潜在消费者。首先,可以抓住最有需求的家庭群体。以夜间博物馆为例,博物馆具有"大众学院"属性,要变"白天走马观花式讲解"为"夜间沉浸式体验"。如北京中国古动物馆的"古动物馆奇妙夜"活动,不仅抓住了孩子的心理,更迎合了家长的喜好,让每位家长心甘情愿陪着孩子过夜。尽管价格不菲,但这项活动已成为携程网"北京2日游"的特色定制旅行项目。其次,可以抓住最受关注的名人群体。利用博物馆直播、慈善晚宴等形式,整合潮流时尚、珍贵展品、电视媒体等要素,实现夜间展览"吸睛"更"吸金"的目标。如苏州博物馆就联手"聚划算"及三大时尚女装品牌,打造了一台"型走的历史"时装发布会,推出24款苏州博物馆定制款服饰,唐

伯虎的七律墨迹、吴王夫差的青铜剑等苏州博物馆代表性元素统统可以穿戴上身。最后,可以抓住最愿意消费的粉丝群体,为他们定制高匹配度、可满足强烈心理溢价的"专业深度体验"。注重消费产品背后的文化价值,达到"千金难买我乐意"的效果。二是要打破消费惯性思维。以深夜书房为例,为打破深夜文娱机构的经营困难,北京等地虽出台了一系列补贴政策,但这并不是长久之计。实体书店等在互联网冲击下,亟需转变经营观念,"衍生消费"是可行之路径,即不能让客户只为书买单,必须增加产品种类,创造衍生消费来弥补夜间成本。如东京等地打造的茑屋"图书公寓"、上海的"城市之光"书店住宿计划等,让"深夜书房"变为"床板经济",实现消费的增值。三是要构建产业生态协作模式。以夜间剧场为例,"剧"不是重点,"聚"才是重点。需要摒弃"靠票吃饭"的单一模式,要发挥夜间剧场的集聚效应,有效刺激周边区域产生餐饮、酒店等完整的夜经济产业服务配套的"捆绑规划",最著名的要数北京的"天桥演艺区",构建出了中国的"百老汇",在空间复合功能下不断释放消费潜力。

(三)繁荣夜经济需要精细管理方式

近年来,从"烧烤专列""烧烤公交"到"72小时昼夜修路施工""青年半价入住",顶流"淄博烧烤"凭借着人间真情、极致服务和全力保障,对各项消费产生了巨大的溢出效应。夜间经济的繁荣,同样需要进一步加强整体规划,并对夜间经济发展的城区管理提出的新要求,在安全保障、交通配套、服务设施等方面需进行统筹管理。在治安方面,要加强查验夜间经济的卫生等状况,抽样检查商品、服务,开展环境治理,尤其是要对噪声、油烟、灯光污染及时开展整治。加强对扒窃拎包、吊模斩客、强讨恶要等街面突出治安问题的整治,及时处置突发事件和群众投诉,为夜间经济营造安定祥和的社会治安环境;坚持包容审慎和柔性执法,加强消费诚信建设,健全风险防控机制,营造安全有序的夜间消费环境。鼓励成立夜间经济发展行业组织和市场化运营主体,引导行业自律发展。在交通方面,建议除确保有延时的地铁运营和夜宵巴士外,针对不同夜间商业服务区域的实际需求和道路交通流量情况,个性化制定区域夜间道路交通组织方案;此外,针对市中心夜间消费区域"停车难"问题,采取"错时停车""共享车位"、设置临时停车路段等方式挖潜增能。联合电子招车、共享出行、停车管理等相关企业,为夜间使用场景进行专项优化,从而提供更加安全、优质的夜间交通服务。在保障方面,完善水电气供给和污水、油烟、垃圾处理等设施及服务,突显南京的"城市温度"。如鼓励国网南京供电公司不断丰富能源大数据应用体系,强化夜市区域供电能力,根据排档、摊位用电特征,结合天气状况等,及时健全供电保障机制,加快电能替代,完善应急管理措施,强化"夜间巡视"力度,以"保姆式"服务保障安全用电,促进"电"亮南京夜经济释放新活力。

(作者:姜龙舟、王璞、施萱轩、姜卫民、李锋、郑琼洁)

南京市庭院经济高质量发展路径探索研究

发展庭院经济是实现乡村振兴的重要抓手,是巩固拓展脱贫攻坚成果的重要举措,是实现农村经济高质量发展的重要路径。南京市树立"大庭院"发展观,创新性发展出与传统庭院经济不同的发展模式,拓宽了庭院经济发展思路,使多样化的产业形态成为庭院经济发展的主流趋势。本研究梳理了当前南京市发展庭院经济的"村集体+农户""村集体+龙头企业+农户""村集体+村庄能人+农户""地方政府+企业+农户"四种利益联结模式,从发展思路、项目谋划、政策保障、村集体职能和利益联结等方面开展问题诊断,并针对南京市探索高质量发展庭院经济提出相应的政策建议。

一、南京市庭院经济发展现状分析

南京市有着众多适合发展庭院经济的产业基础,使得周边农村发展庭院经济具有巨大的发展潜力,各区积极探索发达地区庭院经济发展模式和发展路径,呈现出与传统庭院经济不同的新做法与新思路。在南京市和各区庭院经济发展实施方案的引领下,各区在原有的产业基础上引导农户参与庭院经济的发展,目前各试点村已经具备庭院经济发展的基本雏形,其内容涵盖特色种植、特色加工、休闲旅游等多种产业形态,能够充分利用当地闲置资源,带动农户增收。各试点村充分发挥村集体、龙头企业、村庄能人等示范带动作用,通过领办、订单生产、合作入股等多种方式,与庭院经济示范户建立紧密合作关系,构建"村集体+龙头企业+农户"等多种利益联结模式,确保庭院经济项目的持续稳定经营。总体而言,目前南京市各区围绕本地特色产业基本确定了庭院经济的发展方向,通过建立与龙头企业等经营主体相对稳定的利益联结机制,取得了较好的经济效益与社会效益。

(一) 在发展思路上,树立"大庭院"发展理念

传统的庭院经济概念是指农户利用自家庭院及其房前屋后闲置地发展相关产业,同时《国家乡村振兴局 农业农村部关于鼓励引导脱贫地区高质量发展庭院经济的指导意见》(以下简称《国家指导意见》)指出,对于村内无劳动能力或长期在外农户,按照自愿有序原则,动员其规范有偿流转庭院发展庭院经济。对具备良好资源禀赋和生态环境条件的村,通过租赁等方式引进有实力的经营主体,对闲置庭院进行统一规划、改造升级、专业化经营。可见,庭院经济的发展理念应当具备灵活性,不能拘泥于一家一户独立发展的经济形态。南京市在探索庭院经济发展的过程中应打破传统一家一户的庭院经济发展思路,树立"大庭院"发展观。一方面,从村庄整体层面理解庭院概念,着重强调村庄资源的整合和充分利用。传统观念认为庭院经济主要是农户对自有宅基地与房前屋后空置地的利用。南京市在探索庭院经济发展的过程中,通过村集体对村庄土地等资源进行盘点与整合,实现资源的有效利用。如高淳区砖墙镇相北村不仅充分利用村民的庭院以及房前屋后的空置地开展果树栽植项目,村委会更是进行详细的村庄资产盘点,将村庄周边的闲置集体用地进行平整,扩大了太秋甜柿等经济作物的种植规模。另一方面,服务业是发达城市周边农村发展庭院经济的重点方向,但如果依靠一家一户发展乡村民宿等服务业,容易带来服务质量参差不齐、难以形成品牌效应等诸多问题,因此,统一规划、统一经营显得尤为重要。在实践中,南京市探索出一些新的做法和发展思路。经调研发现,一些有条件的村庄通过政府、文旅公司等主体对村庄庭院进行整体设计规划,实现统一规划和经营,打造地方品牌特色,告别传统农户各自为政的局面,有利于庭院经济的可持续发展。以江宁区汤山街道孟墓社区打造的"汤山七坊"项目为例,该项目通过将当地村庄居民整体搬迁后,对原村庄重新设计规划,再将设计的店铺租给本村的居民发展传统特色手工,有助于建筑设计风格、运营模式实现统一化,打造地方特色品牌,使农户户均增收达15万元。再如溧水区洪蓝街道傅家边社区山凹村的庭院经济项目,村民和街道共同成立公司,盘活闲置、老旧民房及荒废院落,打造精品民宿、休闲旅游项目等。公司负责整体的推广运营,具体经营依然由村民负责。据了解,该村全年能够接待游客5 000人次,实现营收120万元,此外还能带动周边村民200余人就业,实现村民福利分红,平均每户村民每年净收入增加10万元。由此可见,在发达地区发展庭院经济,必

须树立"大庭院观",充分利用政府以及社会资源,整体规划布局,进而实现品牌效应和规模效应。

(二) 在产业形态上,形成多元化发展模式

从发展业态上来看,目前各试点村在当地原有资源禀赋的基础上,形成了多样化的产业形态,主要有庭院特色园艺、庭院特色加工、庭院休闲旅游、庭院生产生活服务等模式。其中,庭院特色园艺主要有浦口区江浦街道华光社区栀子花种植、永宁街道东葛社区无花果种植、星甸街道十里村多肉种植;六合区竹镇镇侯桥村金银花种植、龙袍街道东沟中心社区黄心芹种植;栖霞区八卦洲街道中桥村葡萄种植、龙潭街道南中村多肉种植等。庭院特色加工主要有江宁区汤山街道郯坊村手工作坊、六合区竹镇镇竹墩社区青萝卜种植加工、溧水区石湫街道向阳村特色小菜、高淳区古柏街道凤柏村卫生香等。庭院休闲旅游主要有江宁区秣陵街道石塘朱村农家乐、溧水区洪蓝街道傅家边社区的乡村民宿等。庭院生产生活服务主要有江北新区葛塘街道长城村生产生活服务等。

南京市在创新庭院经济发展模式中,探索出发达地区培育庭院经济发展业态的新思路。一方面,传统的庭院经济发展多以种植蔬菜、瓜果为主。鉴于南京市周边地区存在大量的非农就业机会,传统低附加值作物对农户缺乏吸引力,因此,在庭院经济的项目培育上,南京市各试点村结合当地传统种植特点,逐渐转向高附加值作物的种植。如竹镇镇的金银花、星甸街道的精品多肉、八卦洲街道的阳光玫瑰、江浦街道的栀子花等。另一方面,客源市场广阔是南京等发达城市发展庭院经济需要考虑的重要外部环境,鉴于此,休闲、餐饮等服务行业具有巨大的市场需求。在调研过程中发现,南京市庭院经济发展已经逐渐突破了传统种养殖的庭院经济发展模式,逐渐向特色旅游、休闲观光等服务产业转变,如秣陵街道元山社区的非遗文化手工及休闲旅游、汤山街道孟墓社区的"汤山七坊"等。南京市庭院经济从试点向全面推广的过程中,应充分考虑外部市场这一重要因素,提升庭院经济产业发展附加值,实现从传统第一产业向第二、第三产业的延伸。

(三) 在预期成效上,达到较明显增收效果

发展庭院经济的目标是发展特色产业,带动农户增收。由于南京市庭院经济发展正处于起步阶段,一些特色种植项目需要2~3年的生长周期,所以

尚未实现其增收的目标,如高淳区砖墙镇相北村的太秋甜柿等。此外,一些依靠当地原有产业兴起的庭院经济项目目前已取得了一定的收益,并且一些特色园艺类项目,在进入盛果期后仍有很大的增收空间。从收益情况来看,户均年增收低于一千元的有浦口区江浦街道华光社区栀子花种植、六合区竹镇镇竹墩社区青萝卜种植等;户均年增收一千元至一万元的有浦口区永宁街道东葛社区无花果种植,六合区竹镇镇侯桥村金银花种植,栖霞区八卦洲街道中桥村葡萄种植、龙潭街道南中村多肉种植等;户均年增收高于一万元的有浦口区星甸街道十里村多肉种植,溧水区石湫街道向阳村特色小菜、洪蓝街道傅家边社区的乡村民宿等。

(四)在社会效应上,取得良好的生态价值

《国家指导意见》中明确指出,强化庭院经济发展要与自然环境相融合、与乡村建设和乡村治理相结合,促进经济效益与生态效益、社会效益相统一。南京市在探索庭院经济发展的过程中,积极引导农户开展人居环境整治以及"美丽庭院"创建。以栖霞区为例,庭院经济项目的开展为"美丽庭院"的创建起到了巨大的推动作用,目前已创建街道级美丽庭院 379 户,区级美丽庭院 235 户,市级美丽庭院 63 户;已建设美丽乡村 47 个,显著改善新城面貌和群众生活品质。调研中发现,诸多的特色种植类项目,如星甸街道的精品多肉代养、八卦洲街道的"阳光玫瑰"项目、江浦街道的栀子花项目等,在实现农户增收的同时,均实现了庭院增绿,在很大程度上改善了农村的人居环境。

二、南京市庭院经济发展利益联结模式

从现实情况来看,大多数农村家庭从事庭院生产依然处于"自给自足"的自然经济状态,市场化程度低,作为经济体的功能和优势并未充分发挥。"怎么种、怎么做"都是农民家庭或个人的事情,进而形成农村庭院经济各自为政、新旧交织、杂乱无章的局面,更难以形成规模、难以满足市场需求,最终影响农村庭院经济的发展质量。与产业化、规模化、集约化的生产模式不同,庭院经济虽准入自由、经营方式灵活,但基本由一个个体量小的"散户"经营。从自给自足的农作物转为可流通的商品,如何与市场有效对接成为庭院经济发展无法回避的关键问题。一方面,庭院经济的高质量发展需要形成一定的产业规模,需要将分散的农户联合起来。另一方面,庭院经济依托的项目或者产业需要技术、资金及市场等多个要素的嵌入,其他相关利益主体的介入

成为庭院经济高质量发展的必然选择。

构建不同利益主体与农户的利益联结模式成为庭院经济实现高质量发展的重要路径选择。南京市各地区对此开展诸多尝试,其中村集体、龙头企业、村庄能人等利益主体成为庭院经济发展过程中不可或缺的重要组成部分。归纳起来,现阶段南京市各试点村的主要利益联结模式包括以下四种。

(一)"村集体+农户"利益联结模式——侯桥村模式

该模式中村集体承担着重要角色,在庭院经济利益联结模式中处于主导地位,负责庭院经济项目立项与运行管理,以及农户组织协调,适用于村集体组织能力强、产业发展基础好的地区。该模式避免了其他利益主体的违约风险,其利益联结机制的稳定性较好。一般而言,村集体通过自己组建或联合领办相关经营主体(如合作社或企业等)的方式,一方面统一负责庭院经济项目过程中的生产技术、销售渠道等,另一方面负责组织农户从事相关庭院经济项目生产。农户则将庭院参与村集体领办组织并入股,在获得庭院经营收入的同时参与分红。在村集体的统筹下,分散的农户被联合起来,实现规模化经营,由村集体领办组织负责资金、技术、产品质量和市场对接等,形成完整的、良好的运行机制。

该模式最为典型的案例是六合区侯桥村的金银花项目。侯桥村金银花项目的主要做法是:由村集体出资购买金银花苗,向农户免费提供,并向农户提供技术支持,确保产品质量,农户负责金银花的田间管理及采摘,村集体成立的南京祥鼎生物科技有限公司负责统一收购和加工,在实现农户增收的同时,村集体收入也有所增加,有效提高庭院经济发展的稳定性。此外,溧水区石湫街道向阳村的"飞阳小菜"项目采用的也是该发展模式,该村村集体通过对村庄现有资源进行充分挖掘,以本村传统的特色小菜为出发点,打造"飞阳小菜"特色品牌;村集体通过成立农业专业合作社,组织农户利用自家庭院种植辣椒、香菜等经济作物,整合村庄闲置劳动力开展相关产品的加工,取得了良好的经济效益和社会效益。

(二)"村集体+龙头企业+农户"模式——南中村模式

该模式借助龙头企业在生产技术、销售渠道方面的优势,充分发挥村集体联结农户和龙头企业的作用,以村集体为纽带推动庭院经济的发展。农户是庭院经济的生产经营主体;村集体负责联系农户并与企业做好协调沟通,将龙头企业的经营项目交给分散的农户经营；龙头企业借助其优势，为农户提供技术指导并销售产品，使得庭院经济的发展更加满足市场需求，解决农户在技术和销售环节面临的难题。

该模式典型案例为栖霞区龙潭街道南中村的多肉代养项目。南中村村集体通过与江苏立乾农业科技有限公司谈判合作，商定由龙头企业免费提供3万盆盆栽由农户代养，最终由企业统一收回，在该模式运行中农户和村集体均无须投入资金，只需利用自家的庭院进行多肉的日常管理和维护，该项目运行的回报率较高。此外，八卦洲街道中桥村的"一颗葡萄一个梦想"阳光玫瑰种植项目也采用了这一发展模式，由村集体选取有一定能力的低收入农户，在庭院内种植阳光玫瑰葡萄，采取"村集体（提供设施投入和后期管护）→企业（提供种苗和技术指导）→农户（领苗种养和日常维护）→企业（产品回购）"的生产经营模式。需要注意的是，在该模式中，村集体前期资金投入较大，后期管护成本亦较高，其可持续性有待观察。

（三）"村集体＋村庄能人＋农户"模式——十里村模式

村庄能人是乡村振兴战略实施过程中不可忽视的重要力量。村庄能人具备市场经营能力，拥有雄厚的经济实力，在村庄内部具有较高的社会威望，可有效起到组织动员和整合群众的作用。在庭院经济项目推进过程中，充分发挥能人的辐射带动效应，引导其参与庭院经济项目，既解决前期项目选择问题，也解决后期项目运营、市场销售等问题。该模式中村集体在村庄能人和农户之间起到桥梁的作用，由村集体动员村庄能人发展庭院经济项目，同时组织协调小农户参与到村庄能人的经营项目中。通常而言，庭院经济项目是村庄能人自身经营项目的延伸和拓展，村庄能人将自己以往的成功经验，复制到周边小农户，带动他们参与庭院经济生产经营项目；同时为农户提供相关的技术指导，解决后期的市场销路问题。农户则需要根据村庄能人的要求完成产品制作或作物种植管理等。

该模式典型案例为浦口区星甸街道十里村的多肉代养项目。村庄能人在自己的庭院中探索精品多肉种植取得成功之后，通过带动周边农户利用闲置庭院资源，开展多肉种植代养，进而扩大种植规模，拓宽市场份额。在现阶段发展过程中，村庄能人为农户提供免费种苗，在多肉种植过程中免费提供技术指导，并与农户签订收购协议，全面负责农户市场销售问题，农户增收效果明显。这一模式下，通过村庄能人将普通农户纳入多肉产业链，解决了庭院经济发展过程中种苗、技术、销路等诸多难题。

（四）"地方政府＋企业＋农户"模式——山凹村模式

鉴于南京等东部发达城市有着巨大的客源市场和消费能力，发展休闲农业、民宿旅游成为高质量发展庭院经济的特色模式。但这类服务行业往往需要形成品牌效应，才能实现可持续经营。小农户由于资金有限、缺乏统筹规划能力，服务质量参差不齐，难以形成长久的吸引力。因此依托当地文化旅游资源发展庭院特色休闲旅游的村庄，需要地方政府的介入，统一规划安排，引入企业经营管理模式。在该模式中，地方政府负责资金投入，通过成立文旅集团或者与文旅公司合作，对村庄进行统一的规划和打造，实行统一管理，农户与地方政府共同出资对闲置宅基地进行改造，同时负责日常的经营和维护。

该模式典型案例为洪蓝街道傅家边社区山凹村庭院经济项目和汤山街道孟墓社区休闲旅游项目。以山凹村庭院经济项目为例，由街道和农户共同出资 2 100 万元，对村庄的闲置宅基地、旧民房进行改造，打造精品民宿项目。为提高山凹新型民宿村的整体形象，洪蓝街道创新成立全区首个民宿运营管理公司，负责统一定价、客房清理等工作，农户负责民宿日常的卫生、内部风格设计、餐饮安排等，上述模式保证了民宿的服务质量。地方政府主导的整村庭院经济项目，更容易实现品牌效应，该模式为发达城市周边农村高质量发展庭院经济提供了新思路。

三、南京市庭院经济发展的问题诊断

（一）发展思路定位有待进一步明晰

南京市庭院经济发展尚处于探索阶段，各区在探索高质量发展庭院经济方面开展诸多尝试，取得了一定的成绩。但在调研中发现，一些村庄在庭院经济发展过程中，依然存在理解和认识上的偏差，这可能会影响南京市庭院经济的最终发展质量。主要表现在：其一，对庭院经济的范畴认识不准确。《国家指导意见》中对庭院经济有着明确的定义，即农户利用自有院落空间及资源资产，高质量发展庭院经济。但在调研中课题组发现，一些村庄将承包地的特色种植项目作为庭院经济项目，如某村的草莓种植项目，并没有将闲置的宅基地、房前屋后空地有效利用起来。其二，庭院经济项目的推广未做到因地制宜。《国家指导意见》明确指出,庭院经济的推广要在适宜的地方进行。南京市作为发达城市,对周边农村劳动力有着强大的吸引力,同时一些地区"农民上楼"后,已经不具备发展庭院经济的基本条件。因此,这些地区并不适合庭院经济的发展,而应对适合发展庭院经济的地区给予较大支持。

(二)项目谋划选择有待进一步精准

庭院经济项目是庭院经济高质量发展的关键,项目的可行性和可持续性是评判项目好坏的基本标准,可行性主要包括项目的适宜性和经济回报率。调研发现,部分庭院经济项目存在可行性和可持续性关注不足的问题。主要体现在:其一,项目技术要求过高,现有闲置劳动力无法满足项目要求,加之技术服务不到位,产品质量不过关,存在项目设计与实际资源禀赋不匹配问题,造成项目运行效果不佳的后果。通常而言,庭院经济的农户主体人力资本水平较低,项目应选择低技术含量、被动收入型项目或在分工体系中选择低技能职位与之匹配,才能达到实际效果。其二,部分项目运行成本收益不合理,存在"入不敷出"的情况。对于此类项目,地方政府和村集体通常前期投入较大,但从长期的经济效益衡量,经济回报率较低,极大程度影响了公共资金的使用效率。其三,部分庭院经济项目缺乏自主运营和增收能力,主要依靠政府资金投入来维护,如果后期政府一旦减少相关投资,很有可能会影响该项目的可持续运营。此外,部分庭院经济项目完全依托"美丽庭院""绿美村庄"等项目协同开展,在项目选择上往往会缺乏主动性和积极性,更为严重的是项目的适宜性受到影响。随着协同项目的结束,庭院经济的发展可能会面临缺乏资金来源等问题,进而影响到庭院经济项目的可持续性。总而言之,在庭院经济高质量方面应重点关注庭院经济项目的经济效益和可持续发展,这就要求在庭院经济项目发展过程中要算好"经济账",只有"算得过来账"的项目才是有效的项目,只有"小投入大收益"的项目才是好的项目,只有"收益长期稳定"的项目才是优秀的项目。

(三)政策保障体系有待进一步加强

庭院经济发展应坚持政府引导,明确政府定位,重点解决政府"支持什么""如何支持"的问题。庭院经济发展应当以农户为主体,充分尊重农民意愿,政策支持应秉承需求导向,根据庭院经济发展的需要制定相关政策。南京市庭院经济发展尚处于探索阶段,尚未形成独立且完善的政策保障体系,相关政策体系建设仍有待完善。调研发现,庭院经济各方利益主体反馈的庭院经济发展亟需解决的问题集中于缺乏市场销路、缺乏区域品牌、缺乏资金支持和缺乏项目引入等,鉴于南京市经济条件和产业基础较好,其突出的重点问题是市场和品牌问题。由此可知,实现庭院经济的高质量发展需要技术、资金、市场和组织等多个生产要素的嵌入,对应的庭院经济政策保障体系建设也绝非单一的资金支持,应当建立涵盖资金支持、市场销售、技术培训和消费帮扶等多渠道和多样化的政策保障体系。

(四) 村集体职能作用有待进一步发挥

村集体作为政策执行的"神经末梢",在庭院经济项目实施过程中具有明显优势和重要作用。一方面,村集体对村庄的产业基础、拥有的资源和资产情况较为熟悉,能够很好地把握各类项目实施的可行性。另一方面,庭院经济的高质量发展要实现规模化,需要将分散的小农户组织起来,村集体在组织农户的过程中发挥着重要作用。然而,在调研中发现,一些村集体的作用并未得到充分发挥。部分试点村并未在思想意识层面认识到庭院经济的重要性,投入的精力有限,并未对村庄现有的资产(包括土地、资金、产业、人员、市场、社会资本等)情况进行细致的盘点,没有明确的庭院经济发展思路。部分试点村现有庭院经济项目均为村庄原有的一些理发店、餐馆等,试点户经营项目千差万别,缺乏有效的组织,难以形成规模化经营,其发展方式更难以推广。

(五) 利益联结机制有待进一步完善

当前,不少村庄的庭院经济项目主要是依靠相关龙头企业的带动,龙头企业将从事的项目交给农户经营,同时负责农户经营过程中的技术指导以及最终产品销售。但就目前南京市试点村的调研情况来看,这样的模式存在一些不可持续的风险。在庭院经济项目的实施过程中,由于其尚处于探索阶段,专门的庭院经济服务机构和组织还未形成,存在农业技术人员缺乏、服务体系不健全等问题。在庭院经济项目发展过程中,需要龙头企业投入大量的人力、物力,而企业经营的目标是盈利,但调研中不少基层工作人员反馈,目前龙头企业在庭院经济项目中并未盈利,甚至增加了成本和风险。从长期来看,现有模式中相关利益主体的收益无法保障,其对应利益联结具有不稳定性,进而影响庭院经济发展。

四、南京市高质量发展庭院经济政策建议

(一)明确区域定位,找准发展方向

一方面,要明确自身优势,瞄准发展方向。南京市各区有着不同的资源禀赋、市场环境。如六合区、高淳区距离南京市区较远,依然有相当多的农户从事农业生产,因而在这些区域,发展的重点应当以种养殖业为主。而江宁区距离城区较近,客流量较大,更适合发展休闲餐饮、乡村民宿等服务行业。因此,在庭院经济从示范到推广的过程中,各区要明确自身的发展优势,确立重点方向。在距离市中心较近的区域应当以发展休闲旅游、民宿等服务行业为主,而在远离市中心的区域,应当以发展传统种植业、养殖业为主。另一方面,地方政府、村集体、农户等主体应当明确庭院经济的内涵、目标以及具体做法。在项目推广前期,要组织基层工作人员、村集体进行庭院经济相关文件的学习,明确政策总体要求和相关原则,同时介绍当前其他地区的做法和成熟的经验,确保项目符合庭院经济的内涵式发展目标。

(二)明确项目定位,坚持因地制宜

庭院经济项目要做到因地制宜、因人制宜。并非所有村庄都适合发展庭院经济,所以庭院经济不适宜强推,更不应当规定各地区的庭院经济发展数量,在不适宜发展庭院经济的地方,要减少相关的考核要求,为基层减负。庭院经济发展过程中,要充分考虑各地实际情况,制定差异化的发展策略。在适宜发展庭院经济的地区,首先,要做好村庄资源的盘点工作,明确回答村庄在发展庭院经济过程中"有什么、有多少、有何优势、有何短板"的一系列问题,这是做好庭院经济的前提。其次,要做足、做好项目论证工作,在结合村庄产业发展优势、资源禀赋优势和市场需求分析的基础上,强调可行性和经济效益,这是做好庭院经济的关键。最后,要做好项目过程管理,这是做好庭院经济的细节,也决定了庭院经济的可持续发展能力。针对好的庭院经济项目,要打破"一村一品"的僵化思想,充分发挥核心村庄的带动辐射作用,扩大区域推广半径,实现庭院经济项目的规模经营,鼓励在适宜区域突破行政区划、实现联合发展。

(三)明确村级定位,挖掘村级潜能

在庭院经济项目落地的过程中,村集体起着承上启下的作用,关系到项目的成功与否,为此必须强化村集体在庭院经济发展中的作用和职能。首先,在庭院经济项目实施前期,村集体要充分发挥其能动性和积极性,做好村庄资产的盘点工作,明确村庄拥有的土地、资金、人员、社会资本等具体情况,将村庄闲置土地资源、村庄能人和政策性项目等有效利用起来,明确本村庭院经济发展的方案选择。其次,在项目的实施过程中,村集体应当做好组织和协调工作,构建稳定的利益联结机制,与龙头企业、政府部门做好对接工作,在充分尊重农民意愿的基础上,组织农户参与庭院经济。最后,针对村集体制定相关的奖惩措施和监督机制,将庭院经济考核评估结果,纳入村集体工作人员的考核,激发其工作积极性,并实施有效监督,及时发现问题并督促改进。

(四)明确管理定位,完善政策保障

庭院经济的发展和推广离不开政府的引导和支持。一方面,要明确政府在庭院经济发展过程中的定位和职能。南京市各地区已具备一定的产业发展基础,政府在庭院经济高质量发展过程中发挥的主要作用是助推产业发展,而非创造新生产业。另一方面,要解决"如何支持"的问题,即构建多渠道和多样化的政策支持保障体系。政府的支持方式并非只有提供资金补贴这一单一手段,还涵盖拓宽市场销售渠道、强化品牌建设、提供技术培训等多种渠道和方式。首先,对于一些具备发展潜力的项目,应当加大资金的支持力度,鼓励更多的农户参与,进而形成规模效应。由于南京市有着发达的客源市场,休闲旅游、乡村民宿等具有广阔的市场前景,因此,政府要发挥统筹的职能,通过资金投入,统一打造具有地方特色的发展亮点。其次,对于一些新建项目,如多肉等高附加值作物,由于种植难度较大,依靠农户自身可能造成产品质量不过关,甚至绝收等诸多问题。对此,政府要加大技术培训,邀请乡村"土专家"、农科院相关技术人员对整个种植过程进行技术指导,提高农户发展庭院经济的基本技能。最后,对于一些具备优势的庭院经济项目,政府要发挥"锦上添花"的作用,使其做大做强。在相关产品的销售渠道上,政府采购可以适当地向庭院经济产品倾斜。此外,政府应当协助村庄,着力打造区域特色品牌,提升产品的知名度,进而推动庭院经济高质量发展。

（五）明确利益定位，完善联结机制

完善的利益联结机制是决定庭院经济能否持续发展的关键。庭院经济在发展过程中需要借助龙头企业等外部力量，但不应忽视的是，农户才是发展庭院经济的主体。企业经营的最终目的是营利，发展庭院经济不能以企业做出牺牲为代价，更不能让龙头企业损害农户利益。基于此，在项目实施前期，要明确各方在合作过程中的权利和义务，如在产品质量保障上，依据农产品的质量实现差异化的收购价格等，寻求最佳契合点，引导参与双方或多方实现紧密联结、优势互补。此外，村庄要发挥主观能动性，继续培育壮大村庄内部的新型农业经营主体，增强主体实力、提升经营水平，更好发挥带动农户发展生产、对接市场、增加收入的引领作用。

（作者：南京智库联盟课题组）

抢占数字经济"新蓝海"

——南京市数字人产业的调查与思考

党的二十大报告强调"加快发展数字经济,促进数字经济和实体经济深度融合",数字经济已经成为经济高质量发展的重要增量,更是中国式现代化发展的强劲动能。其中,数字人产业作为数字经济的重要环节,发展迅速且市场前景广阔,有望成为数字经济发展"新风口"。南京市发改委火焰研学团聚焦数字人产业新赛道,围绕"摸底数、清问题、明方向、学先进、促发展"等方面,为南京市打造100亿数字人产业和新增100万"数字南京人"提供决策参考。

一、摸底数:数字人产业发展蹄疾步稳

数字人是指采用图形渲染、动作捕捉、深度学习等计算机技术构建,以代码与数据形式运行,并具有外貌、表达、交互等多重人类特征的,存在于数字世界的拟人化形象,人们也称其为虚拟人、虚拟数字人、数字虚拟人等。2022年11月初,工业和信息化部、教育部、文化和旅游部、国家广播电视总局、国家体育总局等五部门联合发布《虚拟现实与行业应用融合发展行动计划(2022—2026年)》,提出到2026年,我国虚拟现实产业总体规模(含相关硬件、软件、应用等)超过3 500亿元。启信宝数据显示,2020年国内虚拟数字人相关企业新增数量为36 080家,2021年达66 293家,发展速度非常迅速。《2022数字人技术与产业发展趋势洞察报告》预测:数字人或将成为5G大规模商用的重要场景,同时,将为数字政府建设提供重要支撑。南京市依托首个中国软件名城的先发优势和品牌效应,数字人产业发展势头和发展潜力强劲,预计"十四五"末产业规模将突破100亿元,企业数量将突破100家,数字人产业将成为数字经济发展重要内容且未来可期。

（一）产业集群初步形成

数字人是通往元宇宙大门的钥匙，同时也是 AI 的具象化形态之一。根据南京大学《江苏省元宇宙产业重点企业分析报告》，截至 2022 年 9 月，江苏省有 143 家企业从事元宇宙及"数字人"有关研究，重点分布在 6 个设区市，以苏州、无锡和南京三市为主，其中南京市 39 家企业入库，占比 27%。39 家企业主要分布在雨花台区、江宁区、栖霞区、建邺区、玄武区、江北新区等区域，经营范围涵盖数字人有关技术、产品、服务和应用等。近年来南京市数字人企业数量快速增长，新增公司数量呈直线上升态势，且南京硅基智能科技有限公司（以下简称硅基智能）、江苏原力数字科技股份有限公司（以下简称原力科技）、南京达斯琪数字科技有限公司（以下简称达斯琪）等企业营收近两年年均增幅均超过 50%，"数字人"产业集群已初步形成，全市创新发展氛围愈发浓厚。

（二）头部企业引领强劲

南京依托雨花软件谷、徐庄软件园等科创载体，利用软件产业优势，培育壮大企业创新主体，孵化出一批数字人主营企业。其中，硅基智能是人工智能领域培育的独角兽企业，最新估值预计近 60 亿元，获得包括腾讯战投、招商银行、国新央企等在内的 8 轮融资近 10 亿元。其开发的"虚拟交互平台"处于全国领先地位，已创造 100 多万"数字劳动力"，投入服务 40 多个行业 4 万多家企事业机构，投资 1 亿元启动"AI 赋能中小企业数字 IP 扶持计划"，为 2 万家企业提供企业线上化数字化营销转型服务。达斯琪专注于全息显示设备研发和创意视觉效果设计，是旋转全息显示这一细分领域的发明缔造者和行业领跑者。南京八点八数字科技有限公司（以下简称八点八数字）致力于系统化地解决 3D 虚拟数字人在文化行业的快速应用，与南京市文投集团共同打造城市代言人"宁好"。原力科技在 3D 数字内容设计、生产、交付、运营全链条发展方面全国领先，研发投入每年超过千万元，设有独立的数字技术研发中心，拥有三项数字人面部动画解决方案等自研技术，拟于创业板上市。

（三）应用场景不断拓展

近年来，数字人应用场景持续拓展，带来新融合、新交互、新视听。南京的数字人应用场景正在不断被激活，从传统金融、办公、教育等"主战场"，陆续"进军"文娱、主播、数字人偶像、数字人导师、数字人陪护等领域。硅基智能的核心产品为 AI 语音机器人和 AI 数字人,公司现有数字人"爱夏"、舞蹈数字人"莫愁女"、数字人健身教练等多种智能人物形象。八点八数字致力于虚拟人引擎产品的研发、虚拟偶像的打造,以及众多行业定制化解决方案的落地。南京艾迪亚动漫艺术有限公司与金轮天地控股有限公司合资成立"开心元语",共同打造高端数字人,在短视频、直播、时尚、传媒等领域进行数字人应用。

(四)产研氛围日渐浓厚

南京市数字人企业的创始人大部分都毕业于南京知名高校且都有海外经历,与高校具有天然的密切联系和合作(如硅基智能、原力科技、达斯琪等企业的创始人都毕业于东南大学)。在宁院校开展数字人方向研究且有影响力的研究团队主要来自五所高校,分别是南京大学、南京艺术学院、南京邮电大学、南京林业大学和南京信息工程大学。南京信息工程大学人工智能学院潘志庚院长牵头组建南京信息工程大学 VR 与智能系统研究团队,取得多项高水平、具有创新性的研究成果,在国内外虚拟现实及多媒体领域有较大知名度,是南京数字人领域研究的代表人物。同时,硅基智能与南京大学等联合开展技术攻关。八点八数字与东南大学成立数字人研究联合实验室,通过校企紧密合作充分发挥协同创新作用,实现产研合作、以研促产。

二、清问题:数字人产业提速需爬坡过坎

(一)规模化落地仍存在难点

数字人迎来爆发增长期主要受用户需求与技术升级的融合、政策支持与资本涌入、计算平台的迭代三级核心力量驱动。虽然商业前景十分广阔,但数字人规模化落地也面临困难。数字人的产业链各个节点相对割裂,不能高效协同,导致数字人在制作和调优上存在较高壁垒,导致目前行业中大多数公司只是制作与运营全流程上的一环或其中几环,高效规模化落地严重受阻。目前南京市数字人产业在数字人解决方案、场景应用等方面涉及较多,但是在硬件设施、计算力等方面较为短缺。

（二）区域化应用尚未形成

目前,南京都市圈正在破除资源流动障碍,促进各类生产要素在都市圈内自由流动,打造具有重要影响力的产业创新高地。南京市数字人企业研发主要在南京,应用场景主要以南京、广州、杭州、苏州、无锡为主。南京市数字人企业目前没能带动都市圈相关产业发展,且在都市圈应用场景较少,比如没能形成南京都市圈数字IP,数字人也未赋能都市圈文旅宣传等。

（三）技术层面亟需攻关

从产业链角度看,数字人产业链上游的基础支撑层面,主要包括硬件设备、开发软件、AI技术与引擎、内容制作和IP策划四个方面;数字人产业链中游的生产和产品服务领域,主要包括数字人产品制作、数字人服务和行业监管等;数字人产业链下游应用层主要是将数字人植入实际应用场景,以创作内容为依托,形成行业应用解决方案。调研企业反映,国外掌握产业链上游核心技术,南京市数字人产业主要在产业链的中下游。此外,仅有部分企业掌握了核心技术,如八点八数字在引擎技术方面有所突破,达斯琪在数字人全息展现技术方面处于全球领先地位,硅基智能在应用技术层面拥有自研核心专利技术。

（四）产业鼓励政策尚需完善

目前,南京市数字人产业适用的多为元宇宙和软件信息的相关政策,针对数字人产业的鼓励政策还没有出台。比如江宁高新区对元宇宙企业及机构给予租金全免补贴和最高500万元装修补贴。目前武汉、成都、苏州正在抓紧布局数字人产业,对头部企业和潜在发展较快的企业给予资金、人才子女安置、场景应用推广等系列支持。南京市数字人企业人才流失较为严重,企业融资主要来自市外,比如原力科技因解决不了高管子女上学问题,很多人才去武汉等地;八点八数字第一批融资来自无锡宝通。加紧出台全市的产业鼓励政策将有助于全市数字经济发展布局。

三、明方向:数字人应用领域方兴未艾

从应用的角度看,数字人主要包括服务型数字人、身份型数字人和表演型数字人三大类。其中,服务型数字人主要为人类提供关怀、陪伴、顾问、事

务处理等多种服务,例如虚拟客服、虚拟导游、虚拟主播等;身份型数字人主要为真人在虚拟世界构建对应形象;表演型数字人是指从事戏剧影视表演、声乐表演、舞蹈表演及各种演艺活动的数字人,包括虚拟偶像、明星数字人等。目前,南京市数字人应用重点集中在影视、游戏、文旅、金融、政务、医疗、教育和直播领域等。

(一)影视游戏里打造数字人物

影视、游戏等领域是数字人雏形最早进入的,以艾迪亚、原力科技、南京网眼软件有限公司(WebEye)、南京甄视智能科技有限公司为代表。打造虚拟偶像、虚拟IP能为企业带来非常好的社会影响力。其中南京楚门数字科技有限公司的"加密者Mia"、八点八数字的"九黎"等,均收获大批粉丝。

(二)现实世界里呈现数字场景

裸眼3D全息投影技术在打造文旅经济方面,有着非常大的竞争力和提升空间。以达斯琪为代表,在线上线下展厅中发挥重要作用。南京灵境引擎科技有限公司打造了虚拟世界里一座1 024层的"无尽之塔",现实世界的博物馆、直播间、学校……都可以在此数字化还原。

(三)各类服务里上线数字员工

在金融政务领域,针对目前可以替代的人工领域,数字人已经广泛涉足。其中,硅基智能通过深度学习,可以复刻打造数字客服经理、数字理财顾问、政务数字员工服务本地生活服务和乡村振兴等。在医疗教育领域,数字仿真技术的应用是数字人的基础。南京睿悦信息技术有限公司的合作伙伴通过应用Nibiru Creator完成对医疗领域的仿真内容开发,彻底解放了医疗领域教师的生产力。在直播领域,很多数字人公司都涉及直播领域,其中瑞来(南京)文化产业发展有限公司已实现让真人通过穿戴设备后秒变数字人,目前可以实现虚拟数字人在线直播带货、才艺表演等。

四、学先进:国内相关政策提供"他山之石"

(一)国家层面政策支持情况

"十四五"以来,国家已在多项政策中提出支持推动虚拟数字人相关技术或应用发展,其中,2021年10月,国家广播电视总局发布的《广播电视和网络视听"十四五"科技发展规划》中指出"推动虚拟主播、动画手语广泛应用于新闻播报、天气预报、综艺科教等节目生产,创新节目形态",首次明确鼓励和支持虚拟人的发展。2022年10月,工业和信息化部等五部门印发《虚拟现实与行业应用融合发展行动计划(2022—2026年)》提出,到2026年,虚拟现实在经济社会重要行业领域实现规模化应用,近眼显示、渲染处理、感知交互等关键核心技术取得重要突破;在工业生产、文化旅游等虚拟现实重点应用领域实现突破,我国虚拟现实产业总体规模(含相关硬件、软件、应用等)超过3 500亿元。

(二)地方层面政策支持情况

目前全国各大城市已开始争先布局数字人或元宇宙行业。北京出台了全国首个数字人产业专项支持政策——《北京市促进数字人产业创新发展行动计划(2022—2025年)》,提出到2025年全市数字人产业规模突破500亿元,建成全国数字人产业创新高地。上海制定的《上海市培育"元宇宙"新赛道行动方案(2022—2025年)》,把数字人全方位提升工程作为元宇宙重点工程之一,提出着力突破高速动态建模等关键技术,改善交互体验,促进数字人在数字营销等多场景的应用。广州市南沙区出台了推动元宇宙生态发展的九条措施,提出规划元宇宙产业集聚区,打造重大研发平台,对元宇宙科研平台、拥有核心技术或自主知识产权的团队给予较大资金支持。《青岛市虚拟现实产业发展行动计划(2022—2024年)》,提出到2024年全市虚拟现实产业总体规模突破200亿元,主要方向为发展虚拟现实VR、增强现实AR等产品形态,加快基础算力、数据中心、渲染中心等新型基础设施平台建设,加快建设青岛虚拟现实产业园。重庆于2022年在渝北区设立元宇宙先导试验区、生态产业园,计划重点打造数字孪生、触觉渲染等产业集群。

(三)对南京市的相应启示

数字人产业已是我国数字经济发展的重要方向之一,当前国家和地方各主要城市发展数字人产业的政策和做法,对南京市产业发展有一定的参考借鉴。

一是注重前瞻布局规划。国家相关部门根据虚拟数字技术发展趋势,及时做出相应布局调整,提出到2026年在虚拟现实核心技术上有重点突破,并在经济社会重要行业领域实现规模化应用；北京、上海等地将元宇宙或数字人产业发展规划到2025年，提出未来要建成全国产业创新高地或产业集聚区。

二是企业培育目标明确。如：北京在《北京市促进数字人产业创新发展行动计划（2022—2025年）》里提到，到2025年，将培育1~2家营收超50亿元的头部数字人企业、10家营收超10亿元的重点数字人企业；上海提出到2025年培育10家以上具有国际竞争力的创新型头部企业和"链主企业"，打造100家以上掌握核心技术、高能级高成长的专精特新企业。

三是要素保障力度较大。部分重点城市瞄准数字产业发展所需，在资金、人才等方面加大协调力度，精准保障要素供给，例如，广州市南沙区提出对数字人科研平台给予最高2亿元资金支持，对拥有核心技术或自主知识产权的团队给予最高1亿元人才补贴；上海已设立数字科创股权投资基金，将聚焦数字孪生等经济产业方面发展；杭州钱塘区提出高层次人才来钱塘区创办"元宇宙（包括数字人）"产业项目，给予最高1 000万元启动资金和研发费用补助、1 000平方米以内的办公场地3年租金补贴等。

五、促发展：推动南京市数字人产业发展的现实路径

目前，南京市在数字人产业发展方面有较好的基础，但是和北京、上海等城市相比，发展仍存在阶段性落后。南京市要抢抓数字经济新机遇，坚持"在发展中规范，在规范中发展"的理念，统筹推进数字人产业发展，力争"十四五"末打造100亿元数字人产业，实现南京新增100万"数字南京人"，成为全国数字人产业创新高地。

（一）聚力协同融合，统筹推进数字人产业发展

一是加大开放合作，推动都市圈数字人产业协同发展。成立南京都市圈数字人协作联盟，推进数字人产业协同发展。推动南京都市圈数字人产业交流，促进南京都市圈数字人产业壮大，围绕"南京为研发总部、都市圈协同发展"，在产业合作、市场开拓、应用场景等方面展开工作，探索产业协作新模式和新路径。

二是强化行业引领，成立数字人产业应用协会。目前，南京市数字人企业分散，协作能力不强，科研机构、高校、企业之间缺乏有效的合作机制。建议由南京艺术学院、硅基智能、八点八数字、达斯琪等牵头成立数字人产业应

用协会以及面向都市圈服务数字人专业性的行业组织,承担数字人领域的企业间协作、技术研发、应用示范推广、技术培训和创业孵化等服务功能。

三是推动多方参与,筹建数字人产业应用基金。按照"政府引导、市场运作、科学决策、服务产业"的原则,筹建南京市数字人产业应用基金,重点支持种子期、初创期企业,在数字人发展战略研究、人才引进、技术研发平台建设等领域给予充分资金支持,推动产业建圈强链,赋能域内产业高质量发展。

(二)聚焦重点领域,培育壮大数字人企业主体

一是培育数字人企业。在现有数字人企业的基础上,按照目前南京市针对瞪羚培育企业、瞪羚企业、独角兽企业的政策,扶持数字人企业发展,鼓励企业围绕数字人细分领域深耕细作,力争 5 年内,培育有核心技术或成长型的数字人企业,打造一批数字人领军企业。

二是建设企业发展梯队。加快推动数字人专精特新企业梯队培育,支持数字人企业参与南京市产业创新中心、企业技术中心等创新平台建设。按照数字人产业链,梳理专精特新企业,支持"小巨人"企业围绕产业链布局,吸引上下游企业在南京落地。

三是建设特色数字人园区。依托"一谷两园",根据南京市数字人产业分布和应用领域,建议在"一谷两园"中科学规划,设立数字人园区,推动相关数字人知名企业入驻,形成数字人产业集群发展。

(三)聚合数字人发展优势,营造良好产业生态

一是加强政策支持。出台扶持数字人产业的专项措施,围绕培育头部企业、校企共建实验室、搭建共性技术平台、打造数字人应用标杆项目、建设数字人园区等方面出台数字人产业专项支持政策,全面推动构建数字人全链条技术和产业体系。

二是加强政企校合作。探索企业联合高校、研究机构建立区块链技术实验室,推动开展协同创新,促进共同攻关区块链应用难题,形成良好的产业创新氛围。建立健全区块链人才梯度培养机制。以区块链企业人才需求为导向,发挥南京科教资源优势,鼓励在宁高校开设区块链的相关教学课程,培养学科交叉、知识融合、技术集成的复合型人才,为区块链产业发展提供智力支持和储备。

三是加强应用场景驱动。打造都市圈数字人 IP,推进数字人赋能南京都

市圈发展,在都市圈"赋起来""活起来""火起来"。"赋起来"就是数字人赋能南京都市圈形象,赋予它性格和特征,赋予它生命和颜值;"活起来"就是将数字人应用到各种场景里去,让它成为都市圈发展的宣传员和直播员;"火起来"就是发挥南京人文之都的优势,利用媒介与传播把数字人变成受众普遍接受的、爱不释手的新"网红"。

(作者:南京市发改委火焰研学团课题组)

面向竞争的动力主体：
重点培育专精特新企业

建议南京市积极创建"专精特新企业友好型发展城市"，以专精特新企业的大发展，强化产业链和供应链的迭代升级，助力打造产业链、创新链、人才链、价值链、资金链深度融合发展的产业链集群，推动形成"头部引领、集群支撑、链式互补"的产业发展共同体，显著提升产业链、供应链的自主安全韧性，稳定和提升制造业增加值在南京城市GDP中所占的比重。

一、南京市专精特新企业发展概述

南京市高度重视专精特新企业发展培育，先后出台了《南京市推动专精特新中小企业高质量发展行动方案》《关于加快发展专精特新中小企业的若干措施》等一系列政策，支持引导全市专精特新中小企业发展。

截至2022年8月，南京市已累计培育国家制造业单项冠军企业17家、国家级专精特新"小巨人"企业106家、省级专精特新中小企业285家，各批次企业数量均位居全省前列，但与全省第一的苏州相比仍有较大差距。后疫情时代，受制于生产要素成本与资源要素成本同步上涨"双制约"、产业数字化与产业低碳化"双升级"、全球产业链区域化与东盟产业链扁平化"双加速"等因素影响，南京专精特新企业存在如下问题：一是与先进城市相比数量仍有差距，培育力度存在一定的不足；二是行业结构需要优化，相关企业主要集中在前端的研究与试验发展行业，后端的科技推广和应用服务行业发展滞后，服务技术应用转换的能力明显不足；三是整体积淀不够，行业深耕积累不足；四是高端科技成果较为缺乏，以发明专利和重要标准制定为代表的高质量创新成果占比较低。

二、对推动专精特新企业发展的新思考

（一）观念需转变：考核指标体系再优化、传统产业价值再定位

考核指标体系再优化。专精特新企业是指产品和服务在产业链某个环节中处于优势地位的优秀中小企业，主要为大企业、大项目和产业链提供优质零部件、元器件、配套产品和配套服务，是产业链和供应链中不可或缺的关键环节，是解决"卡脖子"难题的重要市场主体，其核心评价要素是创新能力强、市场占有率高、掌握关键核心技术、质量效益优良。基于这一认知，培育专精特新企业，应转变固有观念，弱化对中小企业营收指标的硬性考核，强化企业在某一细分领域或关键环节市场占有率的评估。

传统产业价值再定位。不应把工业分出三六九等、忽视传统产业的价值，从需求方面讲，高技术产业的主要客户依然是传统产业，传统产业构成了整个经济的主要部分；从供给方面看，高技术产业中的多数环节，依然需要传统产业提供的产品。传统和"低端"产业带来的大量需求，也是企业冲破"卡脖子"问题的动力所在。

（二）政策需加码：准入门槛提升和淘汰管理机制，对企业培育提出更高要求

推动专精特新企业发展，更加强调城市对于中小型优质企业、高潜力企业的孵化和培育，这需要城市具有一套完善的产业孵化体系，如精准的支持政策、成熟的创业环境、完善的生活配套等。从第四批国家专精特新"小巨人"企业来看，国家对专精特新"小巨人"企业的认定提出了更加细致的指标要求，同时已形成动态淘汰的管理机制。这不仅提升了专精特新企业的准入门槛，也对企业的长久持续发展提出了更高要求。因此，针对不同梯度的专精特新企业，既要出台更加细致的培育扶持政策，也要加强要素持续保障，避免企业出现发展后劲不足的风险。

当前，南京市支持企业发展的差别化政策供给不足，专精特新企业融资难、市场开拓困难、高端人才引进难等问题普遍存在。如：专精特新企业普遍将精力放在钻研技术和创新上，在与资本市场的对接上需要政府进行指导和辅助；多数专精特新企业为保持技术领先而持续投入的研发创新费用使企业成本上升，导致产品在价格上处于劣势，部分专精特新企业不以生产通用型

产品为主,市场容量有限;中小企业与大型企业相比,在市场准入、审批许可、招投标等方面往往需要面对更高的要求和门槛,生产经营压力相应加大。因此,要推进专精特新企业发展,必须打造优良的营商环境,在融资信贷、用地需求、人才支持、知识产权保护、服务资源整合等方面切实满足企业的实际需求。

(三)体系需重构:高校和企业评价体系侧重点不同,导致"产学研"衔接不畅

高校、科研院所拥有人才、平台和成果优势,企业是创新的主体,具备资金、生产和市场能力。然而高校、科研院所追求的是科学指标,绩效考核评价以教师、科研人员承担的科研项目、发表论文和获得奖项等内容为主,而对技术是否形成产能等关注度不高。企业追求的是市场指标,科技成果转化的长期性、不确定性的特点,导致其要承担技术成熟度、市场变化和资金回报等一系列风险。两者之间考核评价体系的不同,导致产学研不能有效衔接,双方难以发挥各自优势,共享各自资源,科技成果难以实现转移转化。因此,推动专精特新企业发展,应优化高校绩效评价体系,引导校企合作,促进产学研创新发展;与此同时,高校的课程、教学和培训也应当以用人需求为导向,构建服务支撑产业重大需求的技术技能人才和创新创业人才培养体系。

三、相关建议

(一)健全梯度培育体系

(1)快速扩大专精特新企业"蓄水池"。通过推荐、大数据查找、高新技术企业库比对等多种方式,全方位寻访专精特新企业培育对象;针对不同发展阶段、不同类型专精特新企业的特点和需求,建立健全分层分类分级的专精特新企业资源库。改革市级专精特新企业评审机制,借鉴国家高新技术企业评审制度,将现有的"名额制"改革为"符合制",符合标准要求即可。对个别指标未达标但整体专精特新特征显著的企业,可先放行后查缺补漏。考虑到细分行业都有出类拔萃的企业,应增加分行业系数评价。

(2)建立健全覆盖企业全生命周期的"孵化—培育—扶持—引导"递进式培育机制。利用大数据等手段开展专精特新企业分类运行的统计、监测、分析,及时掌握企业发展需求,构建从企业孵化生成、成长扶持到发展壮大的全

生命周期、全要素梯度培育体系。

(3) 支持培育若干具有生态主导力的产业链"链主"企业。发挥南京市现有国家级专精特新"小巨人"企业的示范引领作用,强化金融资本支持,链接国内外行业领军企业、科研院所,有的放矢、精准发力,组织管理和经营相关产业链"链主"企业。以高端制造业集群为基础,打造"'链主'企业+配套微企业+服务环境"的产业集群生态圈;加快构建以"链主"企业带动、单项冠军企业跟进、专精特新企业集聚,梯次有序、融通发展的产业生态。

(4) 建立"专精特新—单项冠军—瞪羚—独角兽—领军企业"升级模式。依托现有专精特新企业,集聚创新资源,培育一批成长速度快、创新能力强、科技含量高、竞争优势突出的瞪羚、独角兽企业,打造一批核心技术能力突出、集成创新能力强的创新型领军企业。加快培育千亿级产业集群和细分领域专精特新企业,打造"单项冠军",形成高质量发展强劲引擎。

(5) 激发潜在专精特新企业发展活力。企业家的主动精神和行为习性是企业实现专精特新发展重要的决定因素,多途径宣传、交流和案例分享,有助于发扬"工匠精神",提升企业家对"专精特新"发展模式的认同,引导企业在优势领域专注专精、做深做细,不断促进社会涌现更多专精特新潜在企业。

(二) 强化数字化转型与赋能

(1) 聚焦"数字+制造"。针对专精特新企业的数字化需求场景和特征,为企业进行数字化转型画像,开发匹配度高、适应性强的数字化解决方案和产品,推动数字技术与制造业深度融合,以数字化转型赋能专精特新企业培育。以"数据流"激活"物资流""技术流""资金流",助力专精特新企业在研发设计、生产制造、企业运维等产业链关键环节进行数字化创新升级,夯实"互联网+先进制造业"发展基础。

(2) 夯实数字基础设施。加快5G通信基站、工业互联网、区块链、物联网、大数据中心等新型基础设施建设,为中小企业提供优质高效的网络服务,引导工业互联网平台企业加强与中小企业合作,带动中小企业数字化转型。

(3) 深化生态级协作。加快培育一批面向专精特新企业的工业互联网平台和数字化转型服务商,联合数字化行业领军企业,面向上下游中小企业开放订单、技术、工具、人才、数据、知识等资源,探索共生共享、互补互利的合作模式。

(4) 重视数据要素供给。创建区域数据网络服务中心,形成全国一体化大数据中心枢纽节点,构建数据、算力、算法应用资源有效协同的产业生态,构建具有区域特色的数据服务生态系统。

(三)强化以产业需求为导向的全链条精准服务

(1)针对南京现有和拟培育的专精特新企业,分产业、分行业,分别构建一份产业链图谱和清单、一张产业龙头企业和重点项目表、一套产业链创新体系、一张产业区块或重点园区地图、一份产业链招商清单和工作计划、一个产业链战略支撑机制和综合公共服务平台、一个信息数据共享机制、一套综合评价指标体系、一个政策支撑体系的工作体系。

(2)借助数字化手段,优化企业服务云平台,打造"数字+"服务模式,制定专项服务、精准对接,实现政策的主动匹配、服务的"一站式"获取。

(3)建立企业成长档案,为专精特新企业提供"一户一档"服务,面向企业开展创新能力提升、上市融资辅导、创新成果转化、数字化赋能、法律咨询、政策辅导、资源对接等全方位服务。

(4)建立中小企业风险防范和预警机制,及时为企业搜集国内外市场信息,帮助企业进行市场布局和方向调整,及时发布风险预警,精准化解企业难题。

(四)强化融资服务保障

(1)建立专精特新企业融资需求工作清单,开放设立中小企业领域专业银行,举办专精特新中小企业专场融资对接活动,针对专精特新企业的融资需求提供差异化的金融服务,优化再融资、并购重组、股权激励等制度,提升融资效率。

(2)建立专精特新企业上市培育清单,运用大数据分析判断专精特新企业在远、中、近期挂牌上市的成熟度以及市场定位和要求等,制作企业画像和企业标签,按照"潜在拟挂牌上市企业""重点拟挂牌上市企业""优先支持拟挂牌上市企业"等不同成熟度层次,实施靶向培育。

(3)强化股权与资本市场助推。建立资本顾问机制,搭建产融对接平台,加强对专精特新企业的对接,促进产融合作。支持龙头企业围绕供应链上下游开展股权投资,鼓励社会资本与政府投资基金开展合作。

(4)强化保险与融资助推。鼓励保险公司加强产品创新,为重大技术创新产品的首制首购首用提供产业链上下游配套保险服务。鼓励银行机构同保险机构深化合作,有效发挥保单增信作用,发展保单融资业务,更好满足外贸型专精特新企业的融资需求。

(五)积极构建协同发展模式

(1)充分发挥产业链龙头企业的牵引带动作用,引导专精特新企业主动融入龙头企业供应链。由政府部门牵头,结合企业意愿制定推荐目录,向大型骨干企业定向推荐专精特新企业及其技术产品,推动大企业、龙头企业同专精特新企业的协同创新和融通发展,把产业链断点、堵点变为企业新的利润增长点。引导大型国有企业自觉"瘦身",通过开放市场、创新、资金、数据等要素资源,实现大中小企业相互补位、共同做强的新格局,提升产业链和供应链的稳定性和竞争力。

(2)围绕龙头企业薄弱环节,通过"揭榜挂帅"和"赛马"等方式,组织专精特新企业开展揭榜攻关,解决关键核心和"卡脖子"技术难题,推动供需双向互动。支持专精特新企业围绕产业链布局开展并购重组,吸引上下游企业落地。

(3)支持专精特新企业发起建立产业链企业联盟,根据大企业关键原材料、关键零部件、关键软件需求形成"大企业产品需求清单",全面摸排中小企业主导产品、产能规模、拟配套对象等信息,形成"中小企业产品供给清单",建立对接机制,提升就近配套水平。

(4)围绕专精特新企业分布集中的重点产业链,采取政府指导、平台承办、双向互动形式,常态化组织产业链"链主"企业与上下游专精特新中小企业开展供需见面、路演推介等系列活动。

(六)加大创新要素支持

(1)建立"产业—技术"转化平台及团队,将专精特新企业在产业创新发展中面临的难题通过持续、系统、专业的"翻译"变成高校院所科研团队的技术攻关课题,形成良好的供需互动模式。面向在宁院校和科研院所等征集技术成果转移目录,面向专精特新企业征集技术研发需求目录,做好二者之间的匹配和对接,促进产学研协同创新。

(2)推动争取国家级重大创新工程。鼓励南京专精特新企业面向产业链共性关键核心技术需要,携手南京都市圈相关企业,共同向上争取创建国家级企业技术中心、工程研究中心、地方联合工作实验室等创新研发机构,推进重点项目协同和研发活动一体化。

（3）参与谋划和布局一批符合未来产业变革方向的整机产品。产业链集群化的真正主战场在于一些世界性的、具有万亿美元级别市场规模的耐用消费品。未来已来，围绕抢占新一轮产业变革的制高点，南京可鼓励和引导相关专精特新企业围绕无人驾驶的新能源汽车，家用机器人，头戴式的AR、VR眼镜或头盔，柔性显示屏，3D打印设备等重点产业，积极进行前瞻性布局，主动出击，从符合未来产业变革方向的整机产品入手，打造战略性、全局性产业链，争取"赢在转折点"。

（4）打造更加开放包容的创新生态环境。鼓励技术共享、科技成果延伸使用，支持专精特新"小巨人"企业通过在技术、品牌、市场、场景等领域协作开展模式创新，扩大技术使用范围、提升品牌产品综合市场占有率、增加产品应用场景，培育新的产业生态。

（七）加强知识产权保护

（1）加强对专精特新企业知识产权、商业秘密的管理和保护，严厉打击侵犯专精特新企业知识产权的违法犯罪活动，从根本上对专精特新企业竞争力形成有效保护。

（2）指导专精特新企业以知识产权工具为抓手，对主要产品或研发技术进行全面专利布局，推动形成一批高价值专利成果。

（3）发挥中国（南京）知识产权保护中心作用，深化与各级法院和行政执法部门的合作，完善知识产权纠纷诉源治理联合调解模式，提高知识产权纠纷多元化解能力。

（4）定期向重点企业发送商标抢注监测预警报告，针对存在风险的专精特新企业提供"一对一"应对指导，帮助专精特新企业加强商标保护和维权。

（5）建立和完善重点商标保护长效监管机制，结合专精特新企业具有较高知名度、易被假冒侵权、确需重点保护等商标情况，引导和支持其申报南京市知识产权重点保护单位名录。

(作者：南京智库联盟课题组)

聚焦"专精特新" 聚力"数字赋能"

——南京市专精特新企业数字化转型的调研与思考

专精特新企业是中小企业中的佼佼者,是落实国家创新驱动发展战略、制造强国战略和数字中国战略的重要组成部分,也是增强经济韧性、提升产业链和供应链现代化水平的关键主体。近几年,习近平总书记曾多次作出重要指示,强调"中小企业能办大事""加快培育一批专精特新企业和制造业单项冠军企业"。南京市一直高度重视专精特新企业的培育和发展,出台了一系列政策,以构建"十百千万"梯次发展的专精特新企业群体为目标,推进"六大工程",实施"十条措施"。截至2024年6月底,南京市已累计培育国家制造业单项冠军31家、专精特新"小巨人"企业334家、省级专精特新中小企业1 424家,各批次企业数量均位居全省前列。与此同时,伴随着数字经济的快速发展,南京市专精特新企业在数字化浪潮中乘风破浪,在降本、增效和提质等方面均取得了显著成效。

一、南京市专精特新企业的数字化转型现状与特征

以专精特新企业为代表的中小企业是数字经济发展的主力军,也是数字化转型的主战场。为全面了解南京市专精特新企业数字化发展情况,课题组实地走访调研50家专精特新企业,召开10余场座谈会,设计发放调查问卷158份,对南京市专精特新企业开展深入的调查研究,以期探索专精特新企业数字化转型的"南京路径"。

(一)数字化转型已成为专精特新企业梯队晋升的必备能力

从问卷调查结果来看,南京市专精特新企业数字化转型正从起步阶段向系统变革逐步推进深化,转型领域、支撑体系、生态建设正不断完善升级,各

级专精特新企业数字化转型成效初现。相关数据显示,南京市国家级专精特新"小巨人"企业数字化转型进程明显快于省级专精特新企业,省级专精特新企业则比未被认定为"专精特新"的中小企业整体转型程度更加深入。其中,被调研企业中有19.9%的国家级专精特新企业已进入数字化深度应用阶段,即能够将新一代信息技术与生产经营充分融合,并基于数据分析和模型驱动有效提高企业科学决策水平。而南京市省级专精特新企业则多处于数字化转型的推进实施阶段,这一比例约为56.8%,更多数字企业着手从部分环节进行生产经营的数字化改造,推动设备和工具进行智能化升级,实现了生产数据的采集、分析和可视化。未被认定的中小企业大多仍处于探索起步阶段,对设计、生产、物流、销售等核心环节仅有初步的转型规划及构想,尚无实质性行动。

(二)弹性可拓展平台成为专精特新企业数字化转型的首要选择

目前,南京市专精特新企业主要有三种数字化建设路径:一是自行搭建,二是采购传统标准化信息产品,三是在第三方平台提供的底座上自主构建或购买应用。从统计数据来看,南京市专精特新企业在推进数字化转型上选择第三条路径比例逐渐增多,占比近一半。主要原因是:一方面,在自行搭建数字化路径下,专精特新企业受制于企业IT部门建设不完善、应用开发周期长、个性化开发难度大且费用高等因素,其数字化转型无法匹配自身快速的业务拓展和需求变化。另一方面,在采购标准化信息产品过程中,被调研企业均表示存在难以统一数据出入口、生产数据极易形成信息孤岛、非标准人工介入过多以及高出错率等问题。但在云、数、智、物、链等基础信息技术以及云原生、低代码、微容器等中台技术逐渐成熟的背景下,第三种路径优势明显,即通过提供一个弹性、可拓展的平台,为专精特新企业核心生产环节提供基础能力,牵手生态伙伴提供专业的行业应用,同时为企业快速建立个性化应用提供低代码开发工具,实现专精特新企业数字化转型加速响应周期、适配个性需求以及便于轻松上手的目的。

(三)全流程经营效率提升是专精特新企业数字化转型的主要成效

问卷数据显示,南京市专精特新企业通过数字化建设能够实现全流程经营效率的全面提升,其中能源利用率提升10%以上、客户需求解决速度提升20%以上、产品生产效能提升20%以上,与之对应的是企业运营成本以及产品不良率的持续降低。从典型企业的走访实际情况看,全流程经营效率提升主要体现在以下几个方面。一是内部管理数字化,即专精特新企业数字化转型让工作流程更加简明,企业管理者能够直观透视企业全局,通过汇总分析多维度数据,形成有价值的数据,从而支撑管理决策。具体场景表现在:南京市专精特新企业较多运用智能排产、GAP指标化管理以及AGV等智能机器设备,针对企业运行情况等动态数据多采用移动看板、大屏幕实施监控,高效跟进厂区每个区域、每个班组的工作状态。二是设备管理透明化。专精特新企业的数字化支撑实现了智能设备隐患处理状态等信息的可记录、可查询、可分析,可以使企业在人员无法到场情况下保障业务的连续性,降低维护成本、延长设备寿命,更好地应对突发事件,达到设备综合使用效率最高的目标。三是质量流程可视化。通过数字化转型,专精特新企业得以从产品的设计、来料、生产、售后等环节提高产品质量问题的收集及处理,形成产品质量闭环。其中关键是不断打破企业生产运营数据孤岛,实现企业内部数据、外部业务的无缝对接,将分散数据进行集中处理,保障全流程质量管理可控。

(四)"小快轻准"的柔性化生产是专精特新企业数字化转型的发展要求

从发展趋势上看,南京市专精特新企业数字化转型已逐步适应了制造业C2M(从消费者到生产者)模式的重塑以及多品种小批量生产常态这一发展趋势。一方面,近年来伴随着消费升级、个性消费时代到来,制造业正由传统的M2C(从生产者到消费者)模式转变为C2M模式。用户逐渐取代厂商成为中心,参与到研发、生产、销售等各个环节。随着越来越多的客户需求个性化和时间要求不断变化,专精特新企业数字化转型能否快速响应非常重要,需要快速构建大量应用场景以支持企业柔性化生产。在实践中,南京市专精特新企业更能以个性化服务满足客户特殊需求,可以提供定制化的工艺技术,能够直接为终端客户高效率提供高品质产品,还能通过数字化营销等新渠道顺利实现客流开拓。另一方面,南京市专精特新企业数字化转型越来越倾向于个性化定制业务。这类业务品种多且批量不大,数字化转型能保证在满足多元化需求的前提下实现降低生产成本、提高效率并保障产品质量,重建起专精特新企业效率、成本、质量的新体系,进而应对新一轮的发展挑战。

二、南京专精特新企业的数字化转型困难与挑战

综上所述,虽然南京市专精特新企业在数字化转型道路上进行了一系列大胆尝试,并取得了一定成效,但可以明显看到,广大专精特新企业在推进数字化转型过程中须在数据资源整合能力、转型要素支持力度以及转型发展生态环境等方面进行进一步强化。

(一)数字化转型的资源整合能力偏弱

目前南京市各级专精特新企业数字化装备占比、信息系统覆盖率和设备联网率均具有较大的提升空间,数字化转型过程中存在数据重复录入、不及时、不准确、无法关联等痛点问题,覆盖全流程、全链条、全生命周期的数据链还需进一步完善,对日益增长的数据和流量负荷的处理能力有限,具体体现在:一是数据集成问题明显。数据的采集和应用是专精特新企业数字化转型的重要基础。从南京市调研数据看,在生产过程中能实现数据全流程采集与追溯及生产作业现场可视化的专精特新企业占比低于20%,40%左右的企业依然是半自动数据采集,而20%左右的企业仍通过人工手段采集生产信息。不仅如此,50%左右的专精特新企业的生产运营数据存在缺失等问题,生产、检验、工艺、质量数据等数据的全面性、完整性亟待加强。二是大数据整体应用率偏低。大数据的开发和利用是企业产品研发设计、生产制造、物流、销售实现数字化转型的重要方式。从调研数据看,南京市专精特新企业大数据的应用率仍然偏低,其中,国家级专精特新企业中,有约33.06%的企业暂无大数据开发利用,约37.10%的企业大数据应用单一,只有约29.84%的企业实现了大数据的高度融合。而省级和市级专精特新企业中暂无大数据开发利用的企业高达50%左右,仅约20%的企业实现了大数据高度融合。三是数据安全保障水平亟待提高。专精特新企业由于所处地位的特殊性,一方面担心平台会将其生产经营数据、生产工艺数据、研发设计数据等分享给竞争对手,导致商业机密泄露;另一方面担心自身核心数据被相关监管部门全面掌握,影响企业经营效率。从调研数据看,南京市专精特新企业也存在一定的"重应用忽视安全"的现象。目前,南京市专精特新企业中约25%左右的企业建立了完善的信息安全系统,而约65%左右的企业只有基本的数据备份系统及技防设施,约10%左右的企业则无任何数据安全保障。

（二）数字化转型的支持要素受制现象明显

专精特新企业的数字化转型是一项综合性战略任务，需要各项资源、各个环节的协调配合、系统推进。人才、技术、产品服务的断档一直是影响南京市专精特新企业持续推进数字化转型的主要障碍。一是缺乏复合型数字化人才。南京市专精特新企业普遍表示，在推进企业转型过程中缺乏具有跨界思维和业务能力的复合人才，转型驱动力不足。调研显示，目前南京市40%的专精特新企业的数字化技术人才占总人数比例低于1%。45%左右的专精特新企业均反映复合型数字化人才的缺乏是其数字化转型中面临的最为重要的问题；约40%的专精特新企业认为政府应强化复合型数字化人才的引育。多数专精特新企业缺乏既懂数字技术又懂市场经营的复合型产业经营管理人才以及缺乏从事数字技术产品设计和研发的高级技术人才。二是缺乏核心数字技术研发应用。调研数据显示，南京市专精特新企业数字化转型的技术仍主要来源于购买服务而非自主研发。与国内高校、科研院所等合作的专精特新企业占比不足20%，与国外机构合作组建的专精特新企业更是微乎其微。而35%左右的专精特新企业认为人工智能、边缘计算、数字孪生等核心技术研发是其数字化转型过程中面临的重要难题，关键工业软件、底层操作系统、嵌入式芯片、开发工具等技术领域基本被国外垄断。三是缺乏适配性数字化转型产品。从市场数字化产品供给数量看，供过于求占比达67%，供需匹配占19%，供不应求占14%，即专精特新企业数字化产品供给数量相对不缺，但与企业数字化现实需求水平严重不符。南京市被调研企业普遍提出，当前专精特新数字化产品和服务存在"买不起、用不了、买不到、不知道"的困境，数字化产品及服务方案整体存在大型化、复杂化、难理解的问题，产品使用时存在功能冗余、供需不配等堵点。

（三）数字化转型的生态发展环境亟待优化

数字化转型的生态发展环境优化的重点在于：系统推进数字生态体系建设、创新数字平台建设以及服务商引育建设等方面亟待强化。一是数字化转型的基础设施有待完善。目前，我国物联网识别感知和智能处理设备及技术与国际先进水平差距较大，基础软件、支撑软件等相对薄弱。从调研数据看，45%左右的专精特新企业认为数字化基础薄弱、缺乏足够的硬件是当前企业面临的最重要的问题；60%左右的专精特新企业的智能装备率低于30%；

70%左右的企业的智能装备联网率低于30%。二是数字化转型服务平台建设不足。目前,专精特新中小企业的数字化平台建设还有待完善,缺少统一、高效的数字服务平台。从反馈情况看,南京市专精特新企业对于建设"数字化转型的公共服务平台""企业上云服务平台""信息安全服务平台""大数据服务平台"等皆存在诉求。40%左右的企业认为政府应强化数字化公共服务平台支持;25%左右的企业呼吁加速大数据平台建设;12%左右的企业认为云计算平台建设亟需进一步加强。三是数字化转型专业咨询与服务欠缺。目前专精特新企业数字化转型需求呈现碎片化、多元化特点,市场上面向专精特新企业的转型解决方案数量少、针对性弱。从调研需求看,目前南京市22.58%的国家级专精特新企业认为政府以及第三方平台应加强对专精特新企业数字化转型的服务、指导与培训,特别是聚焦专精特新企业数字化转型实际需求和差异化需求,以灵活的方式为专精特新企业提供兼具普惠性和个性化的平台服务;省级及市级专精特新企业中分别有31.97%、28.93%的企业提出亟需数字化转型的指导与服务,需要进一步拓展数字化转型服务的内容范围及服务期限。

三、"四个着力"推动南京专精特新企业数字化转型

(一)前瞻布局数字化发展规划,着力优化数字化转型新生态

一是明确专精特新企业数字化转型规划与路径。结合南京市专精特新企业数字化转型的实际情况,成立专精特新企业数字化转型工作领导小组,制定专项规划、明确推进路径,系统全面谋划专精特新企业数字化转型发展。借鉴德国经验,促进专精特新企业积极与大学、研发机构以及其他利益相关者进行合作,为南京市专精特新企业数字化转型制定短期、中期和长期的具体实施方案,明确专精特新企业数字化转型的"任务书"和"路线图",建立月度跟踪、季度报送和情况通报制度。二是实施专精特新企业智能制造标杆培育工程。鼓励专精特新企业对标世界一流的制造能力,开展商业模式、产品研发模式、生产模式、质量管理模式和消费者服务的全方位变革,打造全球灯塔工厂。充分依托和发挥南京市产业优势,培育发展平台化设计、数字化管理、个性化定制、服务化延伸等新模式、新业态。三是构建专精特新企业共生发展生态圈。充分发挥南京市专精特新龙头企业在数字化转型模式创新中的带头作用,通过平台搭建实现更多专精特新企业的对接,形成数字化合作

联盟,并通过生产协作、开放平台、共享资源等方式,实现专精特新企业数字化转型合作新生态。

(二)突出强化企业创新能力,着力构筑数字化竞争新优势

一是积极促进协同创新。支持专精特新企业联合高校、科研院所牵头组建创新联合体,带动上下游企业开展行业协同创新,促进产学研深度融合。组织高校、科研院所和企业开展产学研技术供需对接,推动科学技术研发和成果转化应用。支持专精特新企业独立或联合设立研发机构,对符合政策条件的研发机构给予前期运营经费支持。依托知识产权保护中心,为专精特新企业提供全生命周期知识产权服务。二是加强核心技术攻坚。支持专精特新企业积极开展核心技术攻关,鼓励探索下一代"无人区"科技,推动数字产业形成和发展。引导物联网、新能源汽车、集成电路等战略性新兴产业的专精特新企业加快信息技术集成应用,提升装备的可接入水平和装备间数据交互能力,建设智能车间,实现数字化技术创新突破。三是推动技术转化落地。加大对专精特新企业技术成果产业化运用的支持,在项目招标方面,进一步打破壁垒,如通过对特定"首台套"产品不设置产品使用次数或放宽限制条件等,进一步帮助专精特新企业打开产品市场,形成"研发—使用—改进"的良性循环。

(三)持续破除化解数据难题,着力拓宽数字化应用新场景

一是支持数据要素的市场化建设。鼓励和引导专精特新企业共同探索行业、企业的数据挖掘、存储共享、交易使用、动态维护等规范。通过云上资源支持、公共数据共享、行业数据打通等方面缩小企业间的"数据鸿沟"。同时,加速建立各类行业级、企业级工业互联网平台,助推专精特新企业"上云""上链",提升企业生产效率。二是支持数据资源的安全化建设。突破数据要素流通关键技术,应用区块链、零知识证明、同态加密等技术,建设大数据安全共享与开发利用平台,保障数据安全。创新数据服务模式,鼓励专精特新企业对标的数据服务企业开展数据标注业务,支持外包、众包等数据标注组织模式创新。三是支持数字应用的场景化建设。结合南京市专精特新企业的特征,围绕产业链、供应链、创新链推出集成应用的数字化场景,不断创新"互联网+制造"模式,培育数字孪生、云制造、众包设计、虚拟仿真等新业态,加速打造越来越多的数字化应用新场景。

（四）不断完善转型服务体系，着力夯实数字化发展新底盘

一是进一步强化转型基础设施建设。以"新基建"为契机加快数字化转型基础设施建设，积极巩固对数字基础设施的支持保障，加快部署物联网、工业互联网、人工智能、5G等新一代信息通信基础设施，为专精特新企业的数字化转型奠定坚实的基础。引导专精特新企业应用低成本、快部署、易运维的基础云服务及工业APP，实现基础设计、生产、物流、销售、服务等核心数据和工业设备、运营管理上云上平台。二是进一步确立高效转型服务方式。针对企业数字化转型过程中出现的具体问题进行精准施策，联合数字化行业领军企业从政策到方法上为其他专精特新中小企业提供发展指导。借鉴德国经验，通过发布专题手册，向专精特新企业详细讲解最新的数字化生产技术和业务流程，并指明优缺点和适用范围，帮助专精特新企业了解数字化领域的最新发展情况。同时提供数智诊断、数智规划、ERP平台构建、数字工厂解决方案等，助力专精特新企业实现数字化转型。三是进一步优化转型发展环境。加强对南京市专精特新企业数字化转型运行监测分析与全流程管理，完善专精特新行政审批信息公开制度，建立健全专精特新企业信用评级体系，完善失信惩戒和激励制度，构建以企业信用为基础的新型监管机制，引导专精特新企业守信经营，优化市场竞争环境。

（作者：郑琼洁、姜龙舟）

积极打造软件信息产业联动先行示范区 推动南京软件信息产业联动发展

习近平总书记在江苏考察时强调,江苏要把坚守实体经济、构建现代化产业体系作为强省之要,加快构建以先进制造业为骨干的现代化产业体系,同时希望江苏"在强链补链延链上展现新作为"。2023年6月,南京市发布的《南京市推进产业强市行动计划(2023—2025年)》提出,到2025年南京要形成中国软件名城提质升级全国示范,并将软件和信息服务产业集群打造为世界级产业集群。围绕"中国软件名城"和"世界级产业集群"建设目标,南京应统筹考虑要素禀赋和产业结构的区域差异,积极打造软件信息产业联动先行示范区,推动软件信息产业联动发展,赋能"软件信息产业生态圈",助力"数字南京"建设,引领软件信息业"数字蝶变"。

一、南京市软件信息产业联动发展具有良好基础

(一)总量规模具备联动新条件

南京依托自身发展基础,在各方共同努力下,软件和信息服务产业链发展梯队逐步形成,产业特色更加鲜明,产业布局不断优化。仅2022年,全市软件和信息服务集群规模实现7 408亿元,同比增长8.9%,产业规模占全省的56.3%,位居全省第1,全国前列。全市2 109家规模以上软件和信息服务产业链企业中,有10家企业全年营收突破百亿元,153家企业全年营收超十亿元。行业优质企业增长良好,中兴通讯(南京)有限责任公司、台积电(南京)有限公司、南京国博电子股份有限公司等66家企业全年营收实现两位数增长,积极带动行业发展。

（二）区域集聚呈现联动新格局

南京市软件信息产业已形成"一谷两园多基地"的产业格局。其中，"一谷"为软件谷，是核心地带；"两园"是指南京软件园、江苏软件园这两个各具特色的国家级软件园；"多基地"是指徐庄高新区、建邺高新区、鼓楼高新区、白下高新区等省级园区和以麒麟科创园、新港高新园、幸庄科技产业园、浦口高新园等重点园区为支撑的产业集聚区。中国（南京）软件谷是南京市软件和信息服务产业地标的核心区，产业规模大、人才集聚度高。2022年，在面临国际压力的情况下，软件谷软件业务收入突破2 600亿元，涉软企业数量扩至3 842家，从业人员总数超34万人。

（三）产业融合成为联动新动能

随着南京市产业链精准强链补链等工作的不断推进，软件信息产业发展呈现出融合性、渗透性和嫁接性等特征，与其他产业链不断融合强化。软件信息产业不仅对新能源汽车、智能电网、轨道交通、智能制造装备等产业链条的强化提供了重要支持，而且对新金融、新零售以及其他现代信息服务业发展起到了促进作用。目前，全市软件信息产业发展优势显著，高端应用和高端服务不断涌现，呈现出产业链不断强化提升趋势。

（四）区位相邻创造联动新优势

区位相连、位置相近的园区为地理条件上的产业联动创造了条件。比如，南京软件谷和建邺高新区属于地理位置相邻区，有着良好的合作区位优势，产业互动性强，具备良好的产业联动基础条件。软件谷紧扣数字化产业建设目标，重点培育"四大创新产业集群"，打造软件信息产业创新第一梯队，强势推进基础软硬件、工业控制、金融安全等信创产业攻关基地建设。建邺高新区紧扣产业数字化目标，已形成数个以龙头企业带动的电子商务、人工智能、云计算和大数据产业生态圈，全力打造数字经济创新引擎区。软件谷软件信息业的发展为建邺高新区数字经济发展提供基础支撑，建邺高新区数字经济发展推动软件谷软件信息业产业结构提升。

二、南京市软件信息产业联动面临制约瓶颈

一是缺少联动机制，影响政策叠加效应的有效发挥。构建软件信息产业

联动机制,持续发挥政策叠加效应,对于南京市打造软件和信息服务产业地标至关重要。但南京市目前软件信息产业联动仅停留在简单的合作层面,亟需在科技创新服务平台、科技金融、人才培养、企业培育、知识产权等领域联动发力,合力推动南京市软件信息产业链高质量发展。

二是存在同质化竞争,阻碍软件信息产业错位发展。当前,南京市15个高新园区中有7个园区发展依托于软件信息产业,存在低层次、同质化竞争,导致产业同构现象出现,减缓了软件信息产业错位发展进程。南京市软件信息产业尚未形成优势互补、各展所长、各得其所的发展局面,软件信息产业的集聚效应有待进一步突显。

三是产业链控制力较弱,制约产学研用合作体系形成。南京市软件信息产业链核心环节较为薄弱,企业对产业链顶端的控制能力还不够强。一方面,南京市基础软硬件亟待补齐短板、构建开放的信创生态体系。另一方面,南京市工业软件发展受限于科技创新动力不足、关键核心技术缺乏、知识产权保护不力等问题,并且纯软件企业向工业软件企业转型难度过大,导致南京市工业软件产业价值链不够完善,尚未形成产学研用创新合作体系。

三、加快南京市软件信息产业联动发展的对策建议

南京要以推进形成中国软件名城提质升级全国示范为指引,以全力打造成为世界级产业集群为目标,紧扣"在强链补链延链上展现新作为"主题,加速推动软件信息产业联动发展,全力提升软件信息产业链核心竞争力,持续推动软件信息产业高端化发展。

(一)率先开展试点,打造软件信息产业联动先行示范区

建议在区位相邻的软件信息产业园区之间成立产业联动先行示范区,打造软件信息产业共同体,共同推动软件信息产业链强链、补链、延链,实现软件信息产业高质量发展。可率先在南京软件谷与建邺高新区接壤处,共建"软件信息产业联动发展先行示范区",由市政府牵头,推动建邺高新区与南京软件谷签订软件信息产业联动发展战略合作框架协议,完善创新合作、利益补偿机制,资源共享、优势互补,凝聚软件信息产业高质量发展的强大合力。在先行示范区协同布局,共同推进以5G、人工智能、物联网、区块链等为代表的新型基础设施建设,为软件信息产业生态圈建设提供平台级赋能。

(二)构建一个体系,营造产业联动发展生态环境

加快构建软件信息产业技术基础体系,依托南京丰富的高校人才资源和创新资源,以及各类园区及产业基地,打造"产业+科技"深度融合高地。同时,大力支持产业联盟、行业协会、科研院校等单位为先行示范区内软件信息企业提供战略研究、技术创新、知识产权、人才培养、市场拓展、科技金融等全链条并且优质高效的服务,共同打造促进软件信息产业联动发展的生态环境。

(三)坚持双轮驱动,形成软件信息产业梯队发展格局

一方面,加大为中小企业纾困解难的力度。综合运用财政税费、金融信贷等手段,不断扩大惠企政策的适用范围,保障中小企业平稳健康发展。另一方面,要完善创新型中小企业孵化体系,建立健全合作机制,推动产业要素资源向中小企业倾斜,不断提高中小企业创新能力,引导其"专精特新"发展,助力企业走向"精而强",以创新驱动产业链提质增效。以领军企业和龙头企业为重点,充分发挥中小企业优势,促进大中小企业梯次并进、分工协作、协同创新。围绕总部经济建设,赋能软件信息产业生态圈,以总部企业、头部企业为核心,充分聚合、激活、释放优质科创资源,带动整个软件信息产业生态链发展。

(四)瞄准三个方向,开展重点领域产业联动先行先试

一是推动工业软件自主化突破的先行先试。构建"产研用"协同创新体系,整合跨界优势资源,努力实现工业软件自主化的新突破。发挥南京市在电力、通信、智能交通等行业软件领先优势,鼓励软件信息领军企业与制造业龙头企业跨界合作。二是合力打造信创产业新高地的先行先试。瞄准关键核心技术突破,构建高质量、高起点、高水平的信创产业园区。尽快成立南京市信创产业联盟,依托联盟、联合企业,坚持纵深和平台化双向发力,构筑高端集聚、优势突出、链条可控的信创产业生态,有效提升南京市在信创领域的知名度和影响力。三是搭建开放共享科技创新服务平台的先行先试。结合南京市软件信息产业强链、补链的突出问题,构建开放共享的科技创新服务平台,为推动科技创新资源在先行示范区内自由流动提供重要保障。建立科技创新服务合作共享机制,为开展软件信息产业的科创企业孵化培育、复合型人才培养和共性技术服务等提供完整的配套服务。

(五) 实施四条路径，推动产业联动

一是出台全市软件信息产业联动发展专项扶持政策，在科技、金融、人才培养等方面推动软件信息产业发展，鼓励先行示范区内企业在协同合作上大胆尝试与创新。二是加大知识产权保护力度并推进知识产权证券化。充分发挥法律服务产业园法律服务优势，积极培养和集聚高端法律服务机构与人才，加强对软件信息产业科技成果的保护力度，紧跟知识产权金融服务趋势，将知识产权证券化作为重要抓手，不断推出知识产权金融产品，积极拓宽涉软企业的融资渠道。三是健全人才发展机制，推进软件信息产业人才梯队发展。以领军型软件人才为先锋军、软件研发人才为主力军、软件高技能人才为生力军，强化软件信息产业人才梯队建设，夯实软件信息产业发展基础。四是构建常态化服务机制，搭建软件信息行业交流合作新平台。通过政府层面的统筹组织，打造常态化创新合作交流平台，推动先行示范区内产业、人才、技术、资本、服务的互联互通，促进软件信息产业链上下游企业深度交流与合作。

(作者：徐锋、张晓海、陶文、黄卫东、陶卓、张慧君)

促进南京区块链技术应用和产业发展的思路与对策

2019年10月24日,习近平总书记在主持中共中央政治局第十八次集体学习时强调,把区块链作为核心技术自主创新的重要突破口,明确主攻方向,加大投入力度,着力攻克一批关键核心技术,加快推动区块链技术和产业创新发展。自此以来,南京市委、市政府深入贯彻落实习近平总书记关于区块链技术和产业创新发展的重要指示精神,将区块链技术作为数字经济时代的重要底层支撑技术,积极推进区块链技术创新、抢占产业技术制高点,为Web3.0、元宇宙的快速发展和数字人民币的广泛应用提供基础支撑。

一、南京区块链技术和产业发展现状

2018年以来,南京区块链产业综合发展水平稳居全省第一、全国前列。《2022—2023中国区块链年度发展报告》显示,南京区块链综合发展水平位居全国第5,相较2021年提升了4位;《2022中国区块链城市创新发展指数》显示,南京区块链创新发展综合得分名列全国第6(见表1)。2021年,紫金山实验室和南京金宁汇科技有限公司联合发布了区块链在CENI未来网络上的联网协同实验成果,打造了国产自主可控联盟链New Spiral,实现了对国际主流联盟链技术IBM Hyperledger的超越。

表1 中国区块链城市创新发展指数10强

\multicolumn{3}{c}{2022年}	\multicolumn{3}{c}{2023年第二季度}
排名	城市	综合评分	排名	城市	综合评分
1	北京市	98.56	1	北京市	98.19
2	上海市	89.73	2	上海市	90.34

续表

2022年			2023年第二季度		
排名	城市	综合评分	排名	城市	综合评分
3	深圳市	89.20	3	深圳市	78.79
4	杭州市	84.92	4	广州市	72.97
5	广州市	76.82	5	长沙市	71.75
6	南京市	79.00	6	杭州市	65.92
7	成都市	75.98	7	成都市	56.80
8	武汉市	71.86	8	苏州市	50.02
9	长沙市	70.82	9	重庆市	48.15
10	苏州市	69.93	10	武汉市	46.78

资料来源:《2022中国区块链城市创新发展指数》。

（一）全产业链布局基本形成

南京顺应区块链产业演进规律,通过培引一批高成长区块链技术公司实现全产业链布局。其中,基础设施层主要有南京可信区块链与算法经济研究院有限公司、江苏第三极区块链科技有限公司等;通用应用层主要有南京金宁汇科技有限公司、南京纯白矩阵科技有限公司、中诚区块链研究院(南京)有限公司等;垂直应用层主要有江苏荣泽信息科技股份有限公司、江苏众享金联科技有限公司、南京润辰科技有限公司、一多数字(南京)科技有限公司、南京星链高科技发展有限公司、南京壹证通信息科技有限公司等(见表2)。截至2021年末,南京区块链相关企业达2 959家,有力地支撑全市范围内区块链全产业链布局形成,并涌现出一批具有行业影响力的领军型企业。2021年8月,南京纯白矩阵科技有限公司成功入选全球区块链创新50强榜单。2022年,南京金宁汇科技有限公司入选南京"2022培育独角兽企业"。

表2　南京市区块链全产业链及代表性企业

基础设施层	通用应用层	垂直应用层	备注
南京可信区块链与算法经济研究院有限公司、江苏第三极区块链科技有限公司	南京金宁汇科技有限公司、南京纯白矩阵科技有限公司、南京博雅区块链研究院有限公司、中诚区块链研究院(南京)有限公司	南京星链高科技发展有限公司、南京蜂链信息科技有限公司、南京润辰科技有限公司、南京壹证通信息科技有限公司、江苏荣泽信息科技股份有限公司、江苏众享金联科技有限公司、一多数字(南京)科技有限公司、南京崇新数字科技有限公司	不同产业链环节仅列示部分公司

（二）一批顶级研究机构入驻

南京先后组建一批国内顶级金融科技研究机构，加快推进技术创新和产业落地。2018年7月，贵阳翼帆金融科技有限公司与南京经济技术开发区设立中诚区块链研究院（南京）有限公司；8月，南京市政府联合人行南京分行、人行数字货币研究所等五方共建南京金融科技研究创新中心。2019年4月，南京博雅区块链研究院有限公司成立；11月，南京区块链产业应用协会揭牌。2021年6月，南京博雅区块链发展中心揭牌。2023年8月，南京鼓楼区与中国计算机学会区块链专委会共建南京"区块链技术与应用合作基地"，牵头组建南京规模最大、最活跃的区块链社群联盟，推出南京市首个元宇宙主题商业街区。

（三）出台系列配套支持政策

2020年4月29日，《南京市数字经济发展三年行动计划（2020—2022年）》发布，提出"核心业务收入超过5亿元，带动相关产业规模50亿元"发展目标；5月30日，《江北新区（自贸区）促进区块链产业发展若干政策措施》出台；9月6日，《南京鼓楼区块链产业先导区发展若干政策措施（试行）》发布。2021年3月，南京市"十四五"规划纲要将区块链纳入前沿领域，力争率先布局形成未来产业集群；8月，《南京市加快引领性国家创新型城市建设行动方案》将区块链纳入"抢占未来产业技术制高点"重要内容。截至2022年，江北新区、鼓楼区先后获批江苏省区块链技术创新与应用试验区。

（四）开辟区块链新应用场景

2021年2月，全国首创的基于区块链的智能保理平台落户南京江北新区。2022年以来，南京积极拥抱元宇宙新浪潮，应用场景不断"翻新"。中兴通讯成功推出XRExplore元宇宙平台，融汇空间计算、实时云渲染和沉浸式协作的技术优势；江苏前景信息科技有限公司为产业元宇宙领域带来AISIM仿真引擎，此技术依托数字孪生环境，广泛服务于众多行业；南京文投集团在文旅元宇宙领域推介"文都秘境"APP，为用户提供全新的虚拟浏览和购物体验。与此同时，南京加速布局数字人民币应用示范，2023年首个数字人民币消费场景落地鼓楼区颐和路11片区，首笔数字人民币非税缴纳业务在市不动产登记中心成功办理。

二、南京市区块链技术和产业发展的主要短板

总体来看,南京区块链(技术)产业发展和技术创新综合实力强劲,综合发展水平位列全国主要城市第二梯队。但考虑到全国区块链产业分布的"高度集聚性",南京一些主要指标得分实际上与位居前列的城市仍有不小差距。

(一)相对不足的应用场景供给制约区块链企业发展

在我国区块链产业发展的现阶段,应用场景成为驱动区块链技术和产业创新发展的第一动力,且以电子政务为代表的政务场景供给是核心动力。纵观南京市区块链技术及其应用,全市区块链场景供给主要集中在市政府政务场景和江北新区,难以形成供应持续、规模较大、形态丰富的场景供给体系。比如,大部分区块链应用平台均落户江北新区,主要有社会治理领域的金宁汇区块链、工商银行科技征拆迁资金管理区块链平台、南钢供应链金融等。

(二)亟待强化的政策体系不利于推动产业加快扩张

区块链作为新兴产业,其发展离不开强有力的配套政策体系支持,相关配套政策有助于支持区块链企业获得"订单"、促进市场发育,并成为直接决定区块链发展的关键要素和重要支撑。与大多数城市的政策体系相比,南京区块链政策体系亟需升级并加大支持产业快速扩张的力度。全市除江北新区和鼓楼区出台区块链专项政策外,市政府层面及其他各区大多仅在政府工作报告中提及,尚未构建专项政策体系,更缺乏明确的行动抓手、空间布局和项目载体。

(三)相对偏少的专业载体影响企业孵化能力提升

为发挥空间集聚的交流便利性、网络效应、知识溢出和规模经济等优势,面向区块链技术及应用创建专业化载体成为推动区块链发展的重要保障。除深圳较为特殊外,北上广杭均设立了若干产业园区。其中,广州6个、杭州6个。截至2023年,南京江北新区研创园集聚全市大多数区块链企业和机构,鼓楼区连续五年举办全国性区块链大会及引进区块链技术研发、应用落地。但与全国重点城市相比,南京在专业性产业载体建设和中小企业孵化方面的支持力度仍然偏小,难以对创新型机构和企业形成足够的吸引力。

（四）领军型企业相对缺乏阻碍区块链全产业链布局构建

纵观产业链布局，南京区块链企业相对集中于垂直应用层。垂直应用层直接承担了应用场景落地的规划、建设和实施，且其最终效果和使用体验对区域应用场景范围扩大具有至关重要的作用。调研问卷结果显示，13%的公司致力于基础设施层开发，26%的公司从事通用应用层研究，其余超过60%的公司分布在垂直应用层。因此，南京支撑区块链产业持续发展的基础设施层和通用应用层企业相对较少，不利于构建高水平的区块链全产业链布局及支撑元宇宙、Web3.0和数字人民币等应用加快拓展、落地。

（五）新场景应用进展较慢导致区块链产业发展后劲不足

全新应用场景的加速落地是推动区块链产业发展的关键因素。从近年的发展情况来看，南京在元宇宙、Web3.0、数字人民币这类区块链热点应用场景推广上，与苏州、杭州等城市存在明显差距。一方面，关于元宇宙与数字人民币的应用案例不多，尚未有"现象级"应用出现、形成推动产业发展的"引爆点"。另一方面，元宇宙与数字人民币的相关应用场景分布偏窄。文化旅游、商业消费是目前元宇宙与数字人民币最主要的应用场景，尚未能有效拓展到工业、农业、生产性服务业等潜在丰富的场景，难以形成新场景拓展对区块链产业发展的需求牵引作用、创新驱动效应。

三、先进城市区块链技术和产业发展的成功经验

综合多家第三方智库机构的评估结果，北京、上海、深圳、广州、杭州等区块链发展水平整体处于全国第一梯队，在政策环境、人才培养、产业基础、资本支持等方面得分比较靠前，其相关经验和主要做法值得南京借鉴。

（一）强化政策体系构建，引领产业加快发展

作为重要的新兴产业和使能技术，区块链技术暨产业创新发展离不开政府的大力支持。以广州为例，2017年以来，广州持续推出专项政策予以支持，形成"政府引导→场景发布→企业承接→开发区支持→产业集聚"的发展模式。2017年12月，《广州市黄埔区 广州开发区促进区块链产业发展办法》发布。2019年4月，《广州市黄埔区 广州开发区加速区块链产业引领变革若干措施》出台。2020年5月，制定出台《广州市推动区块链产业创新发展的实施意

见(2020—2022年)》；2020年7月初，正式印发《广州市政务区块链＋营商环境工作方案》，聚焦"1个平台、2个体系、9类应用"的任务主线。2023年8月，《广州市人民政府办公厅关于印发广州市进一步促进软件和信息技术服务业高质量发展的若干措施的通知》明确发展元宇宙等新业态。

(二) 专业化的产业载体，培育高水平产业集聚区

作为区块链产业集群发展的重要载体，区块链产业园或园中园成为培育和发展区块链产业的"标配"。这不仅有助于吸引高成长型企业、形成产业集聚效应，还有助于孵化创业型企业、培育企业健康成长。除深圳较为特殊外，北上广杭均设立了若干产业园区。截至2022年底，全国31个城市共设立52个产业园区。北京2个（成立时间最早）、上海5个、广州6个、杭州6个。在18个政府主导建设的区块链产业园中，面积较大的有4个，分别为湖南星沙区块链产业园（规划面积41.48平方千米）、苏州高铁新城的"链谷"（28.52平方千米）、海南自贸区（港）区块链试验区（一期规划面积为2平方千米、二期规划面积达14.5平方千米）、中国（萧山）区块链创业创新基地（8.42平方千米）。

(三) 海量应用场景供给，支撑区块链产业高速成长

由于区块链自身发展的"惰性"，市场自身缺乏快速应用区块链技术的"内生动力"，需要借助政府之手引导和培育应用场景，形成开放的场景供给理念和海量的场景供给体系。与全国其他地区相比，处于第一梯队的北上广深杭，区块链场景供给呈现出覆盖面广、渗透度深、场景广泛等主要特征。以深圳和杭州为例，2022年深圳微众银行钱包开启数字人民币账户的开通及支付结算功能；杭州积极开发元宇宙领域前沿技术应用，深入探索大数据、人工智能、物联网、数字孪生等多种元宇宙技术与传统产业的融合实践，形成了数字孪生综合解决方案、数智人导览解决方案、虚拟发布会解决方案等一系列成熟的解决方案。

(四) 高水平数据开放环境，承载区块链应用加速发展

作为拥有数据（权限）共享机制的使能技术，区块链应用于数据共享的加密技术和共识机制，是推动区块链技术落地应用场景的重要领域。对照《中国地方政府数据开放报告》（2022年上半年），位居全国城市区块链发展第一

梯队的北上广深杭,其数据开放程度综合评估排名同样位居全国前列(见表3)。以上海为例,2019年8月,《上海市公共数据开放暂行办法》出台,明确公共数据可以通过无条件、有条件两种形态对社会开放;同年11月,《上海市公共数据开放分级分类指南(试行)》发布,推动有条件开放数据具体落地。2022年1月,《上海市数据条例》施行。

表3　2022年全国对标城市区块链和数据开放指数得分及排名

城市	区块链综合指数	区块链综合排名	数据开放综合指数	数据开放综合排名
北京	98.56	1	47.16	23
上海	89.73	2	64.76	3
深圳	89.20	3	58.55	7
杭州	84.92	4	68.02	2
广州	76.82	5	46.06	27

注:在数据开放综合排名中,北京、上海的名次属于"省级综合排名",广州、深圳、杭州的名次属于"地级(含副省级)综合排名"。

四、南京区块链技术和产业创新发展的前景展望

作为全国金融科技领先、江苏金融首位度最高的区域中心城市,南京区块链发展具有在政策引领、业态布局、场景应用、技术保障、资金支持等方面相对雄厚的基础。随着国家政策支持力度的不断加大、区块链应用场景的不断丰富和区块链技术发展的日益成熟,南京区块链技术和产业创新有望在"十四五"时期迎来新的跨越式发展。

(一)相对成熟的平台为区块链快速发展营造良好的技术支撑

(1)从应用需求视角来看,区块链行业应用正加速推进。金融、政务、医疗、数据存证/交易、物联网设备身份认证、人工智能等领域应用均纷纷展开,娱乐、创意、文娱、软件开发等版权(交易)应用场景也纷纷出现。

(2)从技术演进趋势来看,区块链技术有助于推动数据记录、数据传播和数据存储管理模式等转型,构建新的数据中间层——提供可信、有宿主、有价值的数据,保障数据生成、存储、交易、管理等实现全面的安全可信,形成价值互联网时代的安全可信标准/规范。

(3)从服务供给渠道来看,云的开放性和云资源的易获得性决定了公有云平台是当前区块链创新的最佳载体。2023年8月,江苏区块链产业生态服

务网络平台正式发布上线,为企业降低采购成本、拓宽销售渠道提供数字化改造的优秀案例和高质量运行的智能模型。

(二)"自主创新重要突破口"定位引领区块链政策体系保障

(1) 2020年6月,江苏省政府出台《关于加快推动区块链技术和产业创新发展指导意见》,明确了"培育一批技术创新能力处于国内领先水平的区块链龙头骨干企业,区块链产业增速不低于10%,高标准建设2~3个省级区块链产业园区"等一系列目标。

(2) 2021年5月,工信部、中央网信办发布《关于加快推动区块链技术应用和产业发展的指导意见》。该指导意见指出,到2025年,区块链产业综合实力达到世界先进水平,产业初具规模。培育3~5家具有国际竞争力的骨干企业和一批创新引领型企业,打造3~5个区块链产业发展集聚区。

(3) 2023年10月,《江苏省元宇宙产业发展行动计划(2024—2026年)》提出,到2026年,江苏元宇宙产业规模持续壮大,目标突破1 000亿元,年均增速超20%。引育5家生态主导型企业,打造20家细分领域专精特新企业和100家融合应用企业,为南京加快推动区块链产业发展和技术创新提供更加清晰的方向、广阔的场景。

(三)"研发机构+行业龙头+丰富案例"生态奠定加速发展动力基础

(1) 拥有一批行业领先的研发机构。2018年以来,南京各级政府机构(含开发区、高新区等)先后组建多个探索性的研发机构,启动区块链技术研发、会议/论坛和产业招商等工作,形成了一批以底层/通用层技术研发为主的研究型专业平台。

(2) 拥有一批成长型专业技术公司。区块链发展离不开企业主体的支撑,尤其是需要一批具有丰富行业经验和专业技术团队的公司。调研结果表明,南京已经拥有场景丰富、成长迅速的区块链技术开发及应用公司。比如江苏银行、南京银行等金融机构,以及荣泽信息、众享科技、金宁汇、纯白矩阵等高成长区块链技术公司。

(3) 建设一批业内领先的应用场景平台。截至2021年9月,全市区块链项目暨应用场景主要覆盖金融、电子政务、电子存证、公益慈善、医疗健康、物流、征信等领域。比如:2021年2月,全国首个"区块链"智能保理平台在南京上线;4月,"南京数字版权交易平台"正式上线。2023年6月,南京上线城市文化区块链——"文都链"。

（四）元宇宙、数字人民币、供应链金融等形成丰富的场景需求牵引

（1）供应链金融。作为区块链技术应用最早和最为广泛的重要行业，供应链金融、跨境支付和票据等将成为金融领域最为重要的应用场景。数据显示，南京制造业（占比30%）与批发和零售业（占比11%）的GDP占比均超过10%，且市场主体结构以大型企业为主、存在众多上下游供应商。

（2）元宇宙。作为区块链发展的前沿应用趋势，元宇宙的发展为南京打开了一个全新的数字空间，重塑交互、经济和社交方式，具有深远的未来影响力。2023年2月，南京发布《南京市加快发展元宇宙产业行动计划（2023—2025年）》，旨在大幅提升元宇宙领域技术创新能力，显著增强产业综合优势，建成全国元宇宙产业示范引领发展新标杆。

（3）数字人民币。作为支撑区块链技术与经济社会融合发展的重要媒介，数字人民币在社会层面的流通有助于建设现代化支付体系，提高交易效率与金融安全性。因此，围绕南京特色产业、优势产业、专业化市场，布局具有地方特色的数字人民币应用场景能够为数字人民币推广提供广阔的成长空间。

五、加快南京区块链技术和产业创新发展的对策建议

（一）强化顶层设计，进一步完善专项政策体系

（1）强化顶层架构设计。依托南京市数字经济工作领导小组，加强对全市区块链发展的战略指导和统筹部署。成立工作专班，统筹协调区块链技术和产业创新发展，加强资源调配、明确发展目标和任务职责，组织政策制定、技术研发、应用推广、交流培训、招商引资、考核监督等工作。

（2）完善专项政策体系。建立覆盖技术研发、产业孵化、应用示范、数据安全等方面的全流程管理政策体系。重点支持符合条件的区块链基础技术研究、公共服务平台建设、应用试点示范，以及培育入驻区块链孵化平台的企业、项目。充分发挥财政资金的政策引导和杠杆作用，鼓励有条件的区县、管委会出台区块链发展专项政策，通过设立区块链产业发展基金、对区块链企业银行贷款按银行同期利率标准给予贷款利息及担保费用适当补贴等方式，探索引导区块链创新发展。

(3) 营造良好舆论氛围。立足全国和全市区块链发展现状，制定区块链技术创新和应用场景等典型案例的年度宣传计划。重点加强区块链应用示范工程的推广推介，面向党政机关和各级部门主要领导及部分负责人和业务骨干，加大区块链基础知识普及力度。大力宣传区块链领域的先进典型，营造区块链技术和产业发展的良好舆论环境。

（二）增强安全意识，推动大数据合规开放应用

(1) 解放思想，树立开放观念。全市层面开展区块链发展和数据开放专题培训，引导市委、市政府及各级部门主要领导形成更加开放的数据共享观念，理解区块链发展和数据开放对数字经济高质量发展的技术支撑和重要保障作用。组建多种形式的区块链发展和数据开放宣传活动，推动全市解放思想、提升数据开放观念。

(2) 包容审慎，营造创新氛围。按照包容审慎的监管原则，加快编制区块链技术与应用管理规章制度体系，构建完善区块链技术创新和应用场景风险管理机制。重点针对涉及数字货币的领域加大监管力度，防范系统性风险，保护投资者权益。在区块链技术研发、应用中加强数据安全监管，依法保护个人和商业信息。

(3) 政务先行，加强预期引导。以推动电子政府转型升级为契机，加快推动传统业务场景导入区块链技术平台，构建系统化、生态化、动态化的应用场景。面向"数据共享交换""业务协同办理""电子存证存照"等领域，聚焦航运物流、食品溯源、医疗健康、社会信用等政府部门发力比较精准的方向。

(4) 因地制宜，突出特色应用。发挥政府公共财政的配套支持作用，引导重点行业的核心企业参与"物联网＋区块链＋人工智能"等新基建的建设，重点构建支撑数字经济发展的公共技术平台；引领供应链金融应用场景的区块链技术平台构建，创新机制推动全市大中型核心企业提升供应链金融参与度和融入度。

（三）瞄准重点领域，积极打造元宇宙产业发展高地

(1) 积极开发新商业领域元宇宙应用。积极推进数字会展的发展，特别是构建云上及数字化展厅，同时提供无边界和沉浸式的展示服务，确保多用户同屏交互和实时反馈。全面发展全景导览服务，融入虚拟全场景导览

应用。

(2) 促进元宇宙与新文旅虚实融合水平。开发南京文旅新模式,借助数字人解说、增强现实导览等前沿技术,对历史文化区域、博物馆、艺术馆及其他关键景点进行全景式的旅游模式改造。

(3) 培育元宇宙＋智能制造示范场景。在高端装备制造、新材料、节能环保、生物医药与健康产业等关键领域中,构建数字孪生工厂,全方位整合三维仿真、高精度渲染、先进计算和扩展现实技术,同时推进生产协作工具和虚拟映射空间在工业制造中的广泛应用。

(四) 遴选优势方向,加快推广数字人民币应用落地

(1) 大力拓展数字人民币零售支付领域应用。围绕生活缴费、交通出行和文化旅游等与民众生活紧密相连的高频场景,扩展数字人民币的应用范围。对于水、电、燃气、通信、有线电视等缴费场景,完善数字人民币的线上线下受理环境,确保其支付便捷性。

(2) 稳步扩大数字人民币公共领域应用。逐步推进财政预算单位和国有企事业单位实施数字人民币在日常资金流转中的应用,并在财政支付、政府采购、公共资源交易、税费缴纳等关键领域中实施。促进数字人民币在非税收入如诉讼费、不动产登记费及交通罚款等的缴纳,同时推广其在公积金、物业管理费等领域的广泛使用。

(3) 不断丰富数字人民币普惠金融领域应用。确保农村地区数字人民币服务得到扎实落实,促进农村普惠金融服务点顺畅受理数字人民币。探讨利用数字人民币为小微企业提供便利的资金管理、薪资、进销存服务,并审慎推进数字人民币小微贷款和专项补贴的发放。拓展公众对数字人民币服务的获取途径,研发更具包容性的产品,降低特定群体的使用门槛。

(五) 增强孵化能力,重点培育一批优质区块链企业

(1) 顺应技术发展趋势,拓宽区块链应用场景。围绕区块链技术的广泛应用场景匹配,推动形成以数字资产为特色的区块链技术领先优势;加强区块链拓展技术跨链互操作性与兼容性等方向研究,重点进行跨链侧链、分片、闪电网络、数字加密、智能合约等区块链拓展技术攻关。

(2) 与应用场景相适应,构建"政府主导＋市场主导"相结合的孵化模式,构建与南京区块链产业发展阶段、重点应用场景和实体经济特征等相

配的优质孵化体系;引导和支持江宁区、雨花台区、栖霞区等出台专业化园区规划,重点推动优质孵化基地落地运营、切实发挥企业培育和集聚功能。

(3) 加大基金支持力度,重点支持技术创新、企业培育和人才引进。发挥财政资金的引导作用和杠杆功能,推动市、区两级财政加大支持力度,坚持长、短期投入相结合,引导创新主体积极参与产业基地建设;重点支持本地区块链创投基金加快发展,协同推进领军企业培育、顶尖人才引进、核心载体打造等重点工作。

(作者:南京智库联盟课题组)

南京建设重大科技创新平台的对策建议

重大科技创新平台既是培育国家战略科技力量的基础支撑,也是支撑区域科技创新的关键节点资源。2023年上半年,习近平总书记对江苏作出重要指示,提出"四个走在前"和"四个新"重大任务。针对江苏"在科技自立自强上走在前"和"在科技创新上取得新突破"战略任务,南京提出"打造具有全球影响力的产业科技创新中心主承载区"的目标。近几年,南京在建设重大科技创新平台上取得明显进展,同时存在平台能级不高、创新能力有待提高、投入稳定性不高、治理体制机制不健全等短板。顺应区域产业科技创新的演进态势,课题组提出建议:一是加快建设一批"国字头"平台,增强战略科技力量;二是形成多元化投入格局,降低平台资金运营风险;三是健全共建共治共享制度框架,提高平台管理运行效率;四是强化产学研协同创新能力,提高整体创新效能;五是完善科技成果转化体制机制,提高科技成果转化率。

一、南京建设重大科技创新平台的进展

(一)确立重大科技创新平台体系

"两室两中心一城"成为创新高峰。紫金山实验室成为国家实验室基地,发布全球首个云原生算网操作系统;南京现代综合交通实验室成为交通运输部行业重点实验室。国家第三代半导体技术创新中心(南京)正式落地运营;EDA领域首个国家技术创新中心落地江北新区。江苏省政府与中国科学院共建南京麒麟科技城,目前已有7家中国科学院研究所落地建设8家"中科系"研究院,储备了一批重大科技基础设施预研项目。省级以上重点实验室数量有序增加。拥有31个国家重点实验室,居全国第3位,18家重组获批全国重点实验室;拥有省级以上工程技术研究中心549家,其中国家级51家。

（二）重大科技创新平台功能增强

一是集聚高端创新要素效应显现。2022年末，在宁两院院士共有94位，居全国第3位，入选全球2%顶尖科学家榜单人数共454人（仅次于北京、上海），国家级人才1 300余名。基础研究投入增强，2022年，南京全社会研发经费支出占GDP比重为3.7%。二是高新技术产业集群集聚。高新技术产业产值占规上工业产值比重达54.5%，软件和信息服务、智能电网2个产业入选国家先进制造业集群，智能电网、生物药品制品制造获评国家级创新型产业集群。三是创新活力持续增强。2022年，在世界知识产权组织全球科技集群排名中，南京排第13位。2023年，科技部"国家创新型城市创新能力评价"排名中，南京居全国第2位。

（三）构建重大科技创新平台治理框架

实行首席科学家制度，全权负责科学研究的项目管理、人员聘用和经费管理等事项，赋予科研团队充分的技术路线决定权、经费支配权和资源调动权。实行科研成果所有权激励制度，科研成果所有权实行实验室和个人混合所有，其中科研人员享有90%所有权。对科研资金和科研人员实行灵活高效的"专项资金管理""薪酬管理""聘用管理"机制。

二、南京建设重大科技创新平台的突出问题

（一）重大科技创新平台的能级不高

一是"国字头"平台数量偏少，省级平台较多。国家布局的国家实验室、全面创新改革试验区、国家制造业创新中心、国家新一代人工智能创新发展试验区等，南京均未被列入其中。二是战略科技力量汇聚有待加强。南京已建成1个重大科技基础设施，落后于合肥（建成8个、在建8个），上海（建成5个、在建9个），粤港澳大湾区（建成1个、在建12个），西安（在建5个）。三是重大科技创新平台能级不高，不容易持续集聚高端创新资源以支撑颠覆性科学发现或变革性技术，这是造成南京科技创新"高峰少""高原多"的根本原因。

（二）重大科技创新平台的创新能力待提升

一是高校和科研院所基础研究能力不足。在宁高校和科研院所的基础

研究主力军作用仍有发挥空间,对接国家重大战略需求和服务地方科技创新的能力有待加强。基础研究人员总体薪酬不高,缺乏成果转化收益等其他收入渠道,科研人员特别是青年科研人员不愿意从事基础研究。二是企业创新能力亟待提高。2022年,南京高新技术企业9 068家,落后于杭州(12 750家)、武汉(12 654家)、广州(12 300家)、成都(11 510家)、西安(10 377家)等同类型城市。三是南京规上企业基础研究投入不足。2021年,南京、北上广深和苏州的规上企业基础研究经费分别为0.48亿元、10亿元、10.46亿元、2.92亿元、79.84亿元和4.99亿元,南京与北上广深和省内城市苏州差距较大。四是新研机构亟待"增量提质"。部分新研机构存在市场主体身份不牢、功能定位不清、造血功能不足、科技中介服务功能不强和承接科技成果落地的市场应用场景缺乏等情形。五是高端创新人才结构性矛盾突出。战略科学家数量不足,高端创新人才集聚难和流失快,基础研究平台科研人员梯队建设有待加强,国家重点实验室面临"精准挖人"激烈竞争和人才流失压力。

(三)重大科技创新平台的投入稳定性不高

从资金投入看,基础研究平台建设期完全依赖地方财政投入,建设期结束后"自我造血"能力不强,后续资金投入压力大。市级资金投入以科研任务为导向,资金投入缺少稳定机制,人才薪酬随科研任务而定,缺少着眼于未来的人才引入投入支持政策。应用研究平台存在政府财政充足时投入多、财政紧张时投入少、高新技术企业积累压力大和资金投入不足,以及高校、科研院所"真金白银"投入动力欠缺等情形,各创新主体还没有真正形成一套稳定的投入保障和利益制衡机制。从重大科技项目申报看,地方财政对科技企业的投入实行差异化策略,对非国企的行业骨干企业申报项目的引导和支持力度不够,对孵化或初创企业的财政投入不足,项目申报存在多口重复申报问题。

(四)重大科技创新平台的治理体制机制不健全

重大科创平台兼具"科层组织"和"市场主体"双重属性,部分重大科创平台依然维持其主导单位的管理和运行机制,亟待确立维护其市场主体身份的治理框架和运行机制。一是混合治理制度框架不健全。各类创新主体对平台治理的责任、权利和风险不对称,在平台的所有权、运营权和收益权分离的情形下,治理章程和管理细则对各方投入责任、产出成果的处置权界定不明晰,地方政府拥有平台的所有权和资产控制权,在平台管理和运营中处于相对强势地位,高校和科研院所仅参与重大决策管理,企业也较少参与管理运行,各方协同参与治理效率不高。二是科研团队对平台控制权和成果处置权不足。科研团队缺乏对平台的人、财、物控制权和成果所有权、处置权,重大科创平台运营中"重投入轻产出、重研究轻开发、重成果轻转化"倾向明显。三是科技成果转化机制不畅。国家重点实验室的职务科技成果赋权改革,仅解决了科研人员"没有权转"的问题,未解决"不愿意转"的问题。高校、科研院所的科技成果转化动力不足,其新增职务科技成果转化,仍受到国有资产管理、职称评定和人才评价制度等的制约,职务科技成果转化的收益和风险不对称,科技成果转化"最后一公里"问题突出。

三、南京建设重大科技创新平台的对策建议

(一)加快建设一批"国字头"平台,增强战略科技力量

一是加快建设基础研究重大平台工程。着力建设重大科技基础设施集群。持续推动未来网络实验设施、信息高铁综合实验设施等,瞄准综合交通、生命健康、人工智能、新材料等前沿领域,布局建设一批重大科技基础设施,论证一批后备重大科技基础设施项目,争取更多国家重大科技基础设施项目落地。构建结构合理、特色鲜明的实验室体系。加强与国家发展改革委、科技部、教育部、中国科学院的战略合作,争取南京紫东综合交通实验室、南京大学空间天文科学与技术研究中心、南京大学基因与细胞实验室和钟山生物育种实验室等纳入国家实验室序列,强化对紫金山实验室的财政投入强度,进一步下放平台管理运营权,推动其产生更多前沿科技成果。

二是打造高水平的科技产业创新平台。聚焦南京市优势产业集群和未来产业,谋划建设一批国家级、省级的产业创新中心、技术创新中心、制造业创新中心。支持在宁高校和科研院所与企业联合建设研发创新平台,支持在建的国家技术创新中心与行业内龙头企业以股权合作为纽带、开展关键技术联合攻关;支持健康食品制造技术创新中心、光电技术创新中心等创建国家技术创新中心;支持高档数控机床与成套装备创新中心、高性能膜材料创新中心等创建国家制造业创新中心。

三是促进实体平台与信息平台共建融合。在实体平台基础上,以既定物理空间为核心,以广阔的网络空间为外围,利用集成创新的技术手段和战略联盟的组织形式进行虚拟创新空间的建设与运营,建设虚实结合、多元开放、

集成高效的科技创新平台。

(二) 形成多元化投入格局，降低平台资金运营风险

尽快形成以政府为主、主导单位或企业配套为辅、社会融资相结合的资金投入结构以形成稳定资金供给来源。一是强化政府投资主体责任。加大财政扶持力度，根据平台定位和建设阶段，采取差别化资金支持，对面向关键共性技术和重大公益性技术研发的平台，提高财政资金占比；对面向特定产业集群公共创新服务平台，充分发挥市场资金引流作用，降低财政资金占比；为建设期提供初创资金和部分运营资金，在管理运行阶段可采取"财政专项＋竞争项目"结合的资助方式。

二是增强资本市场支持创新的功能。注重发挥政府"科创基金"的资本杠杆作用，引导天使投资、创业投资、研发保险、民间资本参与平台建设与运营。建立企业上市联席会议和服务专员制度，对接多层次资本市场、强化"南京金服"平台对企业融资服务等，助推企业"科创板"上市。

三是降低资金运营风险。政府通过无偿资助、股权投资、后期补助等多种方式，支持平台建设和运营，依靠第三方定期监督、评估资金使用，提高资金利用效率。鼓励商业银行开展知识产权质押贷款业务，在风险可控前提下，支持平台发行企业债、短期融资券、企业私募债等，提高资本与项目对接的成功率。

(三) 健全共建共治共享制度框架，提高平台管理运行效率

一是加强顶层设计，完善"共建"制度框架。强化市重大科技创新平台领导小组的职能，按照平台建设的总体目标和实施方案，统筹协调相关部门单位及重大事项，防止"多头管理"。构建财政科技投入决策的联动管理机制，平衡政府各部门投入专项资金，化解科技资源配置分散问题。

二是确立"权责匹配"管理机制，完善"共治"制度框架。优化平台的建设章程和实验室(中心)管理细则，明确界定政府、主导单位、企业在资金投入和使用、战略科学家任命、项目管理、科研成果处置、薪酬分配等方面的责任和权利，优化平台决策机制。进一步分离重大科创平台的资产所有权和使用权，统一资产的运营权和收益权并转移给实体化专业研究所。管理与培育并重，健全考核体系，对基础研究平台实行弹性考核期，考核结果与资金拨付动态关联，强化平台退出机制。

三是确立"团队控股"运行机制,完善"共享"制度框架。以科研团队为核心,建立实体专业研究所,赋予专业研究所对平台的运营权(包括设备购置、研发项目的确定和人员招聘等),赋予科研团队"研发成果所有权、处置权和转化收益权",进一步激发研发团队创新和提高资金使用效率的动力。以信任和包容为前提,强化科研项目的目标导向、简化过程管理,实行关键节点"里程碑"式管理,赋予科研人员更大自主权。

(四)强化产学研协同创新能力,提高整体创新效能

以高端创新人才聚合为基础,明确高校、企业、科研机构在知识创造、技术创新、技术转移转化中的主体作用,打通国际创新合作通道,利用知识产权评审、知识产权档案、技术保密契约、技术管理计划等手段增强产学研协同创新的内聚力和稳定性。

一是加强对科技人才引培。建立高层次科技人才信息平台,借助全球猎聘网络,精准招引顶尖人才和团队,超前储备未来产业人才。开放式培养科技人才,以"平台+项目"方式培养科技领军人才,以项目倾斜、领衔科技攻关任务、联合设立人才实验室和科创实验室等加快培养青年科学家,加强国内外知名高校在宁合作办学,建设一批新型技术学院和新工科专业,"订单"式培养应用型人才。

二是提升高校的知识创造能力。以基础研究和大科学项目为导向,增强地方政府对高校的基础研究项目稳定支持力度,以青年科研人员为重点,对项目进行中长期滚动资助,提升高校解决基础前沿问题和大学科问题的能力。

三是提升企业的技术创新能力。通过创新载体、项目安排、创新人才和团队建设等倾斜,以兼并重组或境外并购方式,打造一批科技领军企业。支持高新技术企业建设研发机构,支持科技领军企业联合高校共建联合实验室,在产教研融通、工程技术熟化、工程科技人才实训等方面开展协同创新。运用递增奖补、建立研发准备金制度等方式,引导企业加大研发投入。降低民营骨干企业申报科技创新平台门槛,通过市场融资、"税让利"、联合培养等解决民企研发的资金和人才问题。

四是提升科研机构的技术转移转化能力。实行科研团队控股,以股权融资方式建立与企业、高校和科研院所的股权纽带,建立政府"拨改投"及股权收益奖励制度,对科研团队的骨干成员,采用年薪制、股权激励等长周期激励和稳定扶持,增强科研机构的技术转移转化的内驱力。

五是提升国际化创新能力。支持在宁高校、科研机构、重大科技创新平台发起或参与国际大科学计划和大科学工程,争取进入国际大科学计划培育名单。打通国际科技合作通道,引进国际知名高校院所、跨国公司、科技服务机构在宁设立实体化的研发机构,由科技领军企业牵头,并购整合国外创新资源,设立海外研发机构,建设"创新飞地",依托海外协同创新中心,以国际合作项目为抓手,推动与重点创新国家(地区)合作。

(五)完善科技成果转化体制机制,提高科技成果转化率

一是健全科研成果评价和科研人员职称评审机制。强化以质量、绩效、贡献为核心的科研成果评价导向,按照不同类型科研活动实行分类评价机制,建立技术转移人才职称评定制度,探索职称自主评审制度,增强专业技术职务聘任、岗位聘用、编制调整的灵活性,解决"不想转"难题。

二是健全职务科技成果管理机制。建议职务科技成果从现行国有资产管理体系中单列出来,鼓励高校出台《职务科技成果单列管理办法》,明确转化前的职务科技成果只纳入科研管理登记,不纳入国有资产管理信息系统和国有资产审计范围,以作价入股等方式转化职务科技成果,相关领导和责任人员勤勉尽责仍发生投资亏损,不纳入国有资产投资保值增值考核范围,解决科研成果"不能转"问题。

(作者:张淑萍)

大力发展城市农业　建设食物生产性城市

南京作为江苏省会,地处长三角城市群腹地,跨江而立,属北亚热带季风性湿润气候,四季分明,降水丰沛,雨热同期,土壤宜耕,具有良好的农业发展条件。然而,由于区域面积小,人口密度大,城镇化率高,土地非农非粮化严重等现实问题,南京提高农产品自给率存在较大困难。因此,大力发展城市农业,建设打造食物生产性城市,对南京做大"菜篮子工程"、保障粮食安全、降低食物里程与交通运输碳排放、提高城市发展韧性具有重要作用。

一、新时代城市农业发展机遇

城市农业是应对城市化问题、促进城市可持续发展的必由之路,两者存在双向互动的关系。城市农业作为新型城市绿色基础设施与连续生产性城市景观,在协助城市应对气候变化和提升城市食物系统韧性上发挥了重要作用,具有重要的生产、游憩、生态、环境、健康、教育等功能,充分协调发挥能够带来显著的社会生态效应(见图1),有利于解决城市化带来的一系列问题。与此同时,在快速城市化过程中片面追求城市规模和发展速度,走资源高效化、污染高排放、土地高扩张的发展之路造成了严重的城市社会生态问题,也促进了城市农业的兴起,并以大都市的综合优势为城市农业发展提供了前提条件。

城市农业的概念有狭义和广义之分。狭义的城市农业指位于城市范围内的种养加等农业生产活动,如城市内部进行的农业活动,包括生产、加工、销售、分配和消费。广义的城市农业是指既包括城市内部也包括城市郊区的农业生产活动,主要以满足城市需求和功能为目的,采用集约的方式,利用自然资源和城市废弃物(垃圾和污水),在分散于城市或郊区各个角落的土地上

高质量发展研究（综合卷）

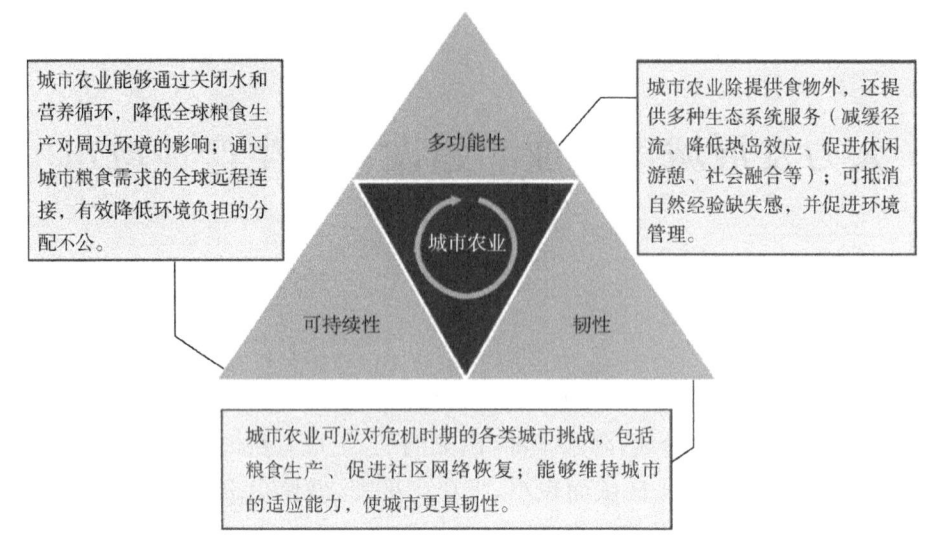

城市农业能够通过关闭水和营养循环，降低全球粮食生产对周边环境的影响；通过城市粮食需求的全球远程连接，有效降低环境负担的分配不公。

多功能性

城市农业

可持续性　　韧性

城市农业除提供食物外，还提供多种生态系统服务（减缓径流、降低热岛效应、促进休闲游憩、社会融合等）；可抵消自然经验缺失感，并促进环境管理。

城市农业可应对危机时期的各类城市挑战，包括粮食生产、促进社区网络恢复；能够维持城市的适应能力，使城市更具韧性。

图 1　城市农业的多功能性、可持续性与韧性示意图

和水体里种养各种农作物并加工和销售。实际上，联合国等组织更加倡导的是融入城市内部的农业，即与城市社会生态系统相互作用的生产性景观和蓝绿基础设施，能够通过与城市系统融合显著提升城市韧性与可持续性。例如，联合国粮农组织将城市农业与城郊农业进行了区分，指出城市农业是在城市范围内的小片区域（如空地、花园、庭院和阳台）开展作物和牲畜生产，以供自己消费或在社区市场销售的一种产业，主要包括屋顶农场、空地农场、社区花园、庭院农场等类型；城郊农业是指靠近城镇的集约化的半商业或全商业化农场（见图2）。但就目前我国的研究与实践发展来看，城市农业大多分布在城市周围地区或者大都市经济圈内，紧密依托城市、服务城市的集约化和规模化农业，尚未系统全面地将城市内部的农业发展潜力纳入农业现代化发展之中，部分城市的实践探索还不够成熟。

当前，发展城市农业、提高城市食物韧性引起了全球广泛关注，普遍呼吁改变既有城市规划体系，采取基于自然的解决方案，将城市农业作为城市生产性景观与新型绿色基础设施融入城市空间规划，从而实现城市食物自给自足的愿景。尽管城市农业不足以支撑整个区域的粮食需求，但在追求区域协同发展的过程中，城市通过土地综合整治走出了一条规模化、集约化、城乡融合发展之路。自2013年以来，南京累计完成土地综合整治100

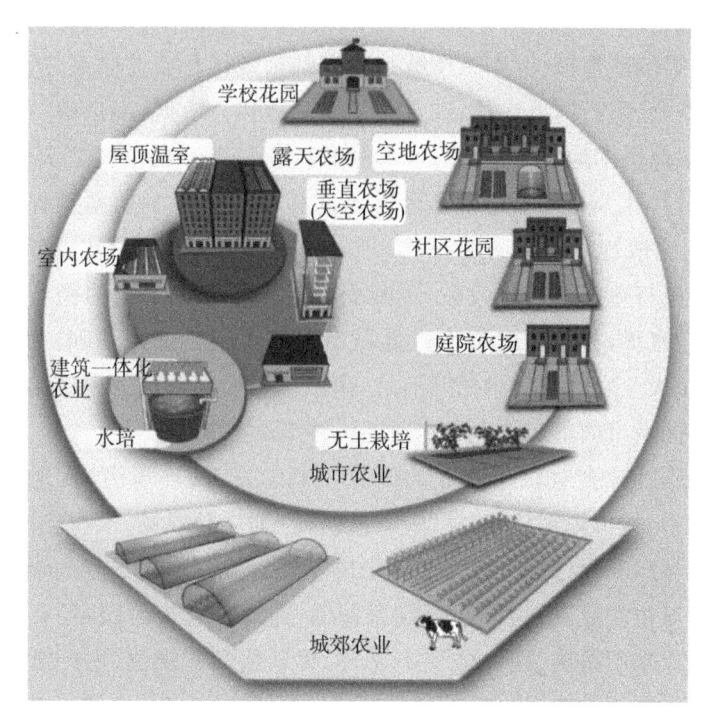

图 2 城市农业的主要类型及其与城郊农业的区别示意图

万亩[①],释放出了发展城市农业的较强潜力。但 2023 年 2 月 28 日由上海交通大学发布的《中国都市现代农业发展报告 2021》显示,2020 年我国都市现代化农业发展指数 TOP10 城市中,南京由 2019 年的位列第三下跌至第五且一直属于资源紧缺型类别,与同类型城市上海相比,后者稳居全国第一。此外,近年来南京奋力克服发展空间受限等困难,牢牢守住了 200 多万亩耕地红线,实现了蔬菜自给率达 40%、绿叶菜自给率近 70%,而早在 2020 年上海的蔬菜以及绿叶菜的自给率就分别达 55% 和 90%。由此可见,南京当前城市农业发展表现出了良好态势,但在提高农产品本地自给能力上仍面临重要瓶颈,亟需提出并应用新思路、新方法、新规划,以创新手段进一步做大本市"菜篮子工程",强化城市食物系统韧性。因此,大力发展城市农业,建设食物生产性城市,势在必行,也大有可为。

随着《南京市农业农村现代化"十四五"规划》《南京都市圈发展规划》《南京市"菜篮子"工程建设规划(2021—2025 年)》《南京市"菜篮子"工程绿色蔬

---

① 1 亩 ≈ 666.7 m²。

菜保供基地建设规划(2022—2025年)》《南京市"菜篮子"发展专项资金管理办法》等政策的落地执行,南京持续强化了都市现代化农业体系建设,推进了产业体系融合、生产体系优化、农业经营体系建强。依据《南京市"菜篮子"工程绿色蔬菜保供基地建设规划(2022—2025年)》,南京已落实275个50亩以上规模基地共8.84万亩,完成建设资金投入1.5亿元,验收蔬菜保供基地共6.73万亩,完成规划执行进度的76.1%。可见,南京以项目建设带动转型升级,以产业链打造提升产出效益,不断提升了全市绿色蔬菜的稳产保供能力和提质增效水平,为打造食物生产性城市典范奠定了良好基础。但总体上,由于对城市农业发展的内涵把握不足,南京依然局限于城郊地区的传统大田农业发展,而城市内部农业生产实践还不够广泛和深入。

目前,国际社会对城市农业的研究在概念发展、环境污染、生态系统服务、营养管理、城市规划、影响评估、案例研究(如屋顶农场、学校花园、垂直农场等)以及城市农业在应对疫情危机中的作用等方面取得了丰硕成果。相比而言,国内城市农业发展较慢、建成率偏低、尚处于起步阶段,还存在研究范式未转变、成果不系统、技术体系不完善、规划建设不规范、生产方式比较粗放等问题,在范式重构、社会认识水平提升、技术方法体系构建等方面仍面临诸多挑战。南京大学城市农业研究课题组基于高分卫星影像和LiDAR三维点云数据,识别了南京主城区适合发展城市农业的地面潜力空间为2 904.39公顷,屋顶潜力空间为2 976.96公顷,估算结果表明在利用率80%情景下每年可生产蔬菜约22.50万吨(即研究区年蔬菜消费量的43.6%),同时可减少在外地食物运输过程中所产生的6.37万吨CO_2排放;此外,课题组通过百度地图API路线规划、实地调研、统计年鉴等数据,估算得到南京总体食物里程为865千米,食物本地化率约为5.1%,每年食物运输CO_2排放量约为57 530吨。研究结果表明,南京城市内部发展农业生产的空间潜力很大、节能减排效益也较高。

实践中,南京城市农业发展已取得部分成果,具体建设项目包括浦口桥林"植物工厂"、江宁谷里露天蔬菜基地、浦口汤泉番茄种植基地等。这些项目主要利用城市闲置地、复垦地,着力打造城郊特色型、规模型、集约型的发展模式,但城市内部可食性景观营造的项目实践有待加强,目前仅有为数不多的实践案例(如紫东创意园办公楼的屋顶农场等)。与新加坡、日本、德国、美国的领先城市相比,南京城市农业发展依然存在以下问题:①对资源潜力发掘不够,仍然秉持增量思维并着眼平行尺度;②城市规划与城市食物系统脱离,缺少科学的实践指导;③社区参与和认知程度低,缺少探索多元主体协调参与实践的创新模式;④缺乏有效的机制保障,研究与实践过程存在较多条件约束。

三、大力发展南京城市农业的思考与建议

在快速城市化及全球化背景下,城市农业能够缓解城市与食物供应地之间的地理脱钩,推动城市食物本地化生产,降低食物里程及其交通运输碳排放,农业已成为保障食物安全的关键战略。为此,南京应乘势而上、顺势而为,大力发展城市农业,建设食物生产性城市。

(一)发掘城市农业的资源潜力,绘制建设食物生产性城市的空间图谱

通常认为,城市闲置地和建筑屋顶是城市农业发展的主要潜力空间来源,而实际评估与利用却更加关注城市闲置地、城市开阔绿地等地面空间的发展潜力。事实上,即便是在大都市内部也存在着大量空间能够用于建设农业设施和发展可食性景观。在这方面,南京可以借鉴新加坡的经验,建设"有农"社区,在城市内部的居住区院落、屋顶、阳台、建筑立面上设置农业空间,引入农产品集市、农业研究中心、屋顶农园、无土式垂直农场等设施,将农业充分融入都市建筑空间。同时以住区为生态单元,引入雨水收集装置的水循环系统和生物能量内循环系统,促进农作物残体的生物质能源转化,实现社区内部碳循环、零排放。为此,需要依托 3S 等技术手段,尤其是对建成区农业空间潜力资源进行地图式梳理,将城市食物系统从平行尺度拓展至纵向垂直空间,摸清存量空间的资源潜力。

(二)加强城市农业的规划设计,落实建设食物生产性城市的科学路径

目前,我国城市食物系统在规划领域仍是一个"局外人",尽管广泛的证据表明城市农业可为城市提供更可持续、更具韧性和更公平的食物愿景,但城市规划一直以来都忽略了城市食物系统,尚未跨越食物系统规划和城市空间规划之间的鸿沟,尚缺乏对未来可能限制粮食进口引发的潜在粮食安全问题的深刻认识,尚未构建适应城市农业发展新需要的城市规划框架体系,致使城市土地的使用往往未能考虑城市农业或其优先级偏低。因此,南京可率

先开展耦合城市食物系统建设的城市规划,以共生理念为指导,在总体规划和详规层面编制相关专项规划,引导城市农业资源在城区内均衡科学配置,明确城市农业生产活动空间和活动内容。具体操作建议由南京自然资源、城乡建设、生态环境等相关部门牵头,联合高校、机关事业单位等科研机构,组建智库专家团队,制定适合南京城市农业发展的中长期规划和技术指南,注重对城市不同层面规划的动态衔接,搭建跨部门协作的城市农业规划建设管理平台,明确相关权责分配制度,推动利益相关方协调合作,保障城市农业设施建设实施及长效维护,落实以建设食物生产性城市为目标的科学路径。

(三)推动城市农业的社会参与,拓展建设食物生产性城市的实践主体

城市农业社会效益日益受到关注,社会公众参与寻求更健康食品和个人健康生活的动机是广泛推广城市农业的关键社会变量。城市居民作为农产品的主要消费群体,同时也是大力发展城市农业的重要实践主体。一方面,南京以大力推动土地综合整治为抓手,促进了土地流转和规模经营,完成全市设施农业、高标准农田占耕地面积比重分别达20%和60%,有效突出了"新型经营主体、高素质农业人才、现代小农户"三类实践主体;另一方面,作为发展城市农业重要潜力空间的屋顶绿化,南京在2013—2018年完成屋顶绿化新增面积10多万平方米,总面积达60多万平方米,实现了以政府机关、学校、商业地产、企事业单位等公共建筑为主要建设空间的散点式布局。但总体来说,南京推动城市农业建设的社会参与度仍然不深、建成面仍然不广,因而需要引入更多社会力量。一方面,建议对潜在城市农业参与者开展问卷调查和访谈,明晰城市农业参与者的社会动机,阐明城市农业与公众健康的相互影响机理与内在关联机制,提升居民对城市农业的认知水平与支持力度,进而促进城市农业快速发展。另一方面,利用社会资本和网络,构建培育社区志愿者团体与社区能人,同时打通居民间横向关系网络,在更大范围上连接不同组织或群体,从而推动集体行动的扩散。

此外,建议开展城市微观农业试点探索,在城市居民区屋顶、建筑立面、绿地公园、社区花园等多维空间场所中,推动居民亲身体验景观营造过程,使其成为社区行动的主导者,在局部范围内实现较高的食物自给率,最终起到由点促面的效果。

(四) 完善城市农业的保障机制,打造建设食物生产性城市的全国示范

当前,南京以突出"品牌打造、标准化生产、农产品质量安全"三项任务为工作重点,初步构建了南京都市现代农业优质品牌体系,但对于深入落实城市内部蓝绿基础设施体系、可食性景观空间系统建成和营造,仍然缺乏有效的保障机制。以进一步推进城市屋顶农场建设为例,其既存在很大发展空间,又存在诸如环境卫生、社会治理、权属界定、项目管理、运行机制等多方面困难。因此,建议完善环境卫生政策,科学评估发展屋顶农业可能带来的环境卫生问题并制定解决措施,鼓励城肥返田、废水浇灌、利用城市有机垃圾堆肥等可持续方法;根据屋顶农业的特点适度调整现有物业管理制度或放宽执法尺度,实现合理的规范与疏导;政府可通过法律手段明确屋顶空间耕种的使用权属,保障生产者合法权益和延续种植热情,管理部门则可通过颁发使用闲置屋顶的临时许可证、签订协议等方式,允许城市农民合法、合理地使用城市闲置屋顶空间;设立城市农业管理部门,避免管理上的混乱与责、权、利的模糊,制定适当的奖励、激励机制,激发城市多元主体参与热情;加强城市蓝绿基础设施全过程生态化管理,依据科学合理的指标体系,建立功能完善的全生命周期管理制度。在综合考虑南京社会经济、景观生态等现实基础上,推进建设食物生产性城市项目试点工作,力争五年内形成城市农业发展模式的全国示范。

(作者:尹海伟、孔繁花、沈舟、孙辉、苏杰)

加快南京都市农业数字化赋能的对策研究

新一代数字技术在农业领域的应用推广,提升了都市农业的生产管理和经营决策能力,成为农业高质量发展的新动能。南京都市农业依托国家农业高新技术产业示范区(以下简称国家农高区)、国家现代农业产业科技创新中心(以下简称国家农创中心)、农业园区等平台载体,聚焦数字基建、数字产业、数字服务、数字治理等赋能体系建设,在国家数字乡村建设试点(浦口)、江苏省数字乡村试点(溧水)的加持下,形成了无人农场、植物工厂、数字渔场等南京本地化智慧农业场景,促进了生产经营的集约化、设施化、工厂化、绿色化,但在数字鸿沟、发展方向、实现路径、应用模式等方面还存在诸多不足,迫切需要探索新型数字化的赋能机制和模式,推动南京都市农业的转型升级。

一、南京都市农业数字化赋能发展的模式探索

南京市通过搭建农业智能化、绿色化和产业化发展的支撑体系,形成了具有南京特色的"双核+多园"数字化赋能发展模式,即"两大国家级平台载体+各级农业园区"驱动模式。

(一)南部国家农高区赋能模式——数字技术创新发展的驱动核

南京国家农高区位于溧水区白马镇,成功入选省数字乡村试点、市数字经济产业园区。南京国家农高区是全国首批、长三角目前唯一的国家农高区,获批国家农高区建设以来,以"绿色智慧农业"主题,紧扣"两区一地"战略定位,从创新平台、人才高地、产业集群等方面,积极探索以科技为主引擎的现代农业高质量发展路径,成为农业数字技术创新赋能发展的新模式。

聚集创新要素,创新平台赋能绿色智慧农业的引领发展。围绕绿色智慧农业关键问题,积极引导涉农院校、科研机构针对区域性农业发展共性难题

开展科技创新。目前南京国家农高区集聚 7 家研究机构,建成市级以上科研平台 80 多个,取得农业科技成果 650 多项,成立长三角种业发展联盟,设立省技术产权交易市场现代农业行业分中心,建成 5 万平方米的白马农业国际博览中心、6 万平方米的中小食品产业园。

集聚人才优势,人才驱动引领绿色智慧农业的支撑发展。围绕绿色智慧农业的人才需求,谋划布局一批国家级、省级高水平创新平台,通过"外招内育"方式,有针对性地培育、引进一批多层次复合型科技人才,其中高层次"双创"人才 200 多名,引进亿元以上项目 25 个,合作设立总规模 20 亿元的良润产业基金,推进完善"5G+数字农业"服务新模式,打造 5G 数字农业服务体系,提升 5G 数字农业服务能力,建成"两莓"产业示范基地等一批先进农业技术应用的示范场景。

聚焦产业融合,产业集群带动绿色智慧农业的链化发展。聚集绿色智慧农业的产业化趋势,整合涉农产业链资源,选择关键节点企业组建农业科技创新产业联盟,有效对接融合创新链和产业链,加快布局以智慧农业、生物农业、食品加工为主的现代农业产业体系,形成以深能南控植物工厂为代表的智慧农业、以奥迈生物为代表的生物农业、以沃德绿食品为代表的食品加工等特色产业。

(二)北部国家农创中心赋能模式——数字服务创新发展的驱动核

南京国家农创中心(国家农业创业园区)是全国范围内批复建设的首家园区,也是华东地区唯一的现代农业产业科技创新中心。重点围绕智慧农业的产业化经营服务,在国家数字乡村建设、国家现代农业先行县等重大项目推动下,通过搭建全要素、全过程、全产业链的公共服务平台,打造以集群式院士创新基地为特色、以高科技农业企业为主体、以市场化运营为抓手的世界知名"农业硅谷",这也成为南京农业数字服务创新赋能发展的新模式。

推动数据赋能,提升数据资源的利用水平。基于国家数字乡村试点区建设需要,国家农创中心通过建立"浦口数字乡村大数据中心",形成乡村振兴战略推进过程中数据驱动的"最强大脑"。该数据中心整合了区内 47 个相关单位涉农数据,对接了省区市的 20 余个信息化系统,梳理了 600 余项数据表单,数据量高达 4 000 余万条,已初步实现区内涉农数据一屏全览,为全区资产运营、农机管理、农产品质量安全追溯、产能汇聚与电子交易等提供了数据底座及决策依据。

推动人才赋能,改善数字技术的有效供给。农创中心引入近 10 个院士团队,打造全国唯一的农业集群式院士创新基地,搭建公共服务、公共技术、公共活动、公共创新四类平台,引入国家(省级)重点实验室等高价值平台 15 个,与美国 PNP(国际著名孵化器)共建全国唯一"国际农业创新加速平台"。围绕智慧农业的技术需求,目前累计申请专利 227 件,其中,发明专利 88 件、实用新型专利 122 件、外观设计专利 7 件、PCT 专利 10 件。

推动技术赋能,强化数字技术的应用场景。在数字产业化和产业数字化的"双轮驱动"下,数字化赋能点燃了经济发展的新引擎,推动数字技术的应用场景落地,汤泉农场数字大田实现农机作业效率提高 50% 以上,水、肥、药作业效率提高 10%～15%;绿丰源谷数字温室实现农事生产在线指导与远程自动控制;永宁联合社区数字渔场实现节省人工成本 30%～40%;星甸物联网养猪场帮助养殖企业精准监测、智能管理,实时掌握生猪生长情况。

推动网络赋能,增强数字技术的创新服务。通过搭建全要素、全过程、全产业链的公共服务平台,整合产业发展的要素资源,有效推动生产智能化、经营网络化、管理数据化和服务在线化,显著提升了农业全产业链服务的数字化创新。农创中心建成 2.6 万平方米展示中心,举(承)办中国农业农村科技发展高峰论坛等一系列重大品牌活动,引进和签约先正达集团等 200 余家企业,总注册资本金 40 多亿元,联合成立总规模 15.5 亿元的产业基金。建成孵化展示基地,在省内外挂牌宿迁泗阳、泰州靖江、滁州南谯等一批转化基地。

(三)多园分布式赋能模式——数字技术应用赋能发展的新场景

南京 41 个市级以上农业产业园区,分布在各涉农行政区,作为提升产业化与科技水平的重要载体之一,重点围绕优质粮油、绿色果蔬、精品园艺、健康养殖、特色农旅等产业,以科技创新和农业集群发展为目标,通过探索构建数字化、智慧化、网络化的赋能模式,集聚创新资源与要素,搭建重大产业创新平台(如产业研究院),推进农业现代化、园区化、低碳化建设,成为促进南京农业高质量发展的排头兵。

顶层统筹设计,科学布局数字化赋能的要素资源。以做强做大主导产业为目标,从顶层设计长远谋划,按照特色突出、基础良好、龙头带动、资源整合的原则,合理布局技术集聚、人才集聚、资金集聚、产业集聚等数字化赋能要素,引导"优势产业、优化资本、优秀人才、优良科技、优质服务"向园区集聚。例如,江苏南京江宁台湾农民创业园经过多年的发展,大力培育精品花卉、特色瓜果、精品茶叶等产业,集聚创新资源与要素,搭建重大创新平台,形成了以蝴蝶兰智慧生产为核心产业的新品种、新技术、新模式、新业态等,促进产业化方面的转型升级。

多点示范引领,建设集成数字化赋能的重大场景。以引领突破智慧园区的应用场景为目标,各级园区逐步建设智慧种业、智慧种植、智慧牧场、智慧渔场、智慧果园、智慧园艺、数字菜地等场景,提升农业生产精细化和高效化水平,尤其是精准施策实现化肥农药减量增效。江苏南京江宁台湾农民创业园采用"1+1+N"的数字应用场景,即1个台创园大数据监测预警中心,1个台创园大数据服务平台,以及N个企业端应用场景,即监测系统、水肥系统、绿色防控系统、质量溯源系统、生产系统、农技服务系统,取得了很好的效果。

聚焦链化集群,推动形成数字化赋能的全产业链。以全产业链数字化服务创新为目标,用智慧化引导园区的建设与可持续发展,建立社会化、多元化农业科技服务体系,支撑引领现代高效农业产业化发展。江苏南京江宁台湾农民创业园围绕精品花卉、特色瓜果、精品茶叶等全产业链高质量发展,通过夯实数据资源系统、推动云网融合应用、完善农产品质量安全追溯体系,整合加工、仓储和流通各环节数据信息,推动一二三产融合发展,做粗花卉产业链,做长瓜果蔬菜、茶叶产业链,辐射带动区内及马鞍山等周边地区花卉苗木种植基地达5万余亩,目前已形成蝴蝶兰优势产业全产业链发展数字化服务体系。

二、南京都市农业数字化发展的应用示范

(一) 数字无人农场——浦口汤泉数字大田

浦口区汤泉农场的数字大田示范基地,面积共1 200亩,目前完成"四情"、农水、农机、农事四个部分的智能化升级改造,基于透明农场供应链体系理念,推进示范点数字化生产、加工物流、智慧营销、品牌打造综合提升,实现对大田示范区稻麦种植环境、作物生长的要素投入及对生长过程的实时全维度监控,最终形成生产智能化、经营网络化、服务在线化、管理数据化、过程可视化的稻米生产新模式,为农业节水、减肥减药、灾害评估、减灾减损提供科学指导与服务,促进稻米产业节本增效、优质优价。

汤泉农场数字大田稳步推进数字能力建设,通过提升物联网感知水平,农场有了一双"千里眼"去了解农田墒情和水稻生产情况;通过云端的人工智

能应用,农场建设了一个"数据脑",评估诊断水稻缺肥情况和病虫发生规律,提高了产量,降低了生产风险;通过智能农机合理调度,农场具备了稻麦生产"自动化",开展了耕、种、管、收各个环节的无人作业,实现了"机器换人"。

(二) 数字植物工厂——浦口草莓工厂

浦口高标准的"草莓工厂"位于浦口区汤泉街道高华社区,由南京绿丰源谷生态农业开发有限公司打造。在占地面积1万平方米的玻璃连栋温室大棚内,规模化标准化生产草莓的高附加值产品。

该工厂在已有物联网设施建设基础上,按照国家、行业技术标准和管理规范,通过安装无线农业物联网数据采集设备、视频监控设备以及水肥一体化控制设备,将数据集成至物联网系统,利用手机端、电脑端对农作物进行远程监控,实现农事生产在线指导与控制。通过搭建数字化生产管理系统、设施环境测控系统与先进的设施农业机器人生产系统,打造透明农场体系,为农产品透明供应提供数据支撑和溢价依据。

该工厂建设智能温室监控系统降低了信息采集、处理和传输的成本,优化了农业资源,改善了操作人员的工作环境,减少了30%~40%的劳动用工,降低了人力成本。工厂采用温室智能生产和管理技术,能够精确调控温室以及提高作物产量和质量,提高经济效益15%~25%。该技术成为南京现代农业发展的主流,为现代农业发展提供更多机会。

(三) 数字果蔬基地——浦口数字菜地

江苏青云农业高科技有限公司在浦口建设了标准化"数字果蔬基地",利用计算机和传感系统,实现设施内植物生长环境的自动控制,使植物的生长发育少受甚至不受自然条件和人工因素的制约,达到减工增效目的,成为南京"蔬菜工厂"的典型应用场景。

该基地经过运行测试,产能效果显著。数字果蔬基地内部的"蔬菜工厂"被分成若干单元,每单元面积约128平方米。在减工方面,一个亩产5.5万斤黄瓜生产工厂系统,日常只需3~4人操作管理。在产能方面,工厂内种植叶菜2.5单元,每年种植18~22茬,总产量7 000公斤,折合亩产量在1.4万公斤以上;优质水果黄瓜1.5单元,每年种植3茬,总产量4 500公斤,亩产量超1.5万公斤;糖度7%的高糖番茄1.5单元,每年种植4茬,总产量约3 000公斤,亩产量达1万公斤。

（四）智能数字渔场——浦口青虾数字渔场

浦口青虾数字渔场位于浦口区永宁联合社区，主要养殖青虾产品，养殖规模在300亩左右，是物联网和智能化在养殖领域应用典型。该渔场综合运用物联网、大数据、人工智能等新一代信息化技术，探索青虾养殖产业新业态，打造标准化、数字化养殖体系，推行青虾标准化生产、产业化经营，建立健全品牌宣传机制，推动青虾产业转型升级，提升区域公用品牌价值，努力将资源优势转化为产业优势和经济优势。

在青虾养殖关键环节，渔场通过搭建水产生产管理系统、水质监测系统、增氧系统、水产养殖环境测控系统及无人投喂系统等，实现对水体的含氧量、温度、pH值、氮磷元素含氧量和水产养殖生长情况等的在线监测、实时监控，实时收集并显示相关数据，实现鱼塘水质实时监测，提升生产环境感知能力；对水产动物的密度、分布、产量等状况进行采集，实现产能监测，如利用水产养殖机器人开展水下移动式全方位视频监控，有效监测水产品成活率、生长情况及养殖环境；养殖户依靠信息终端能够随时随地了解水质的变化情况、鱼塘现场的实时状况，提升生产过程可视化能力；利用可视化、数字化的装备可减少养殖人员巡塘、守塘时间与次数，有效降低养殖人工成本。

（五）智慧服务平台——溧水草莓产业数字化服务

南京金色庄园农产品有限公司，是"一村一品"草莓特色企业，2021年被评为国家农业重点龙头企业，其草莓基地位于南京市溧水区东屏街道，自建设施草莓基地5 200亩，采后商品化处理中心4 000平方米。

经过多年的发展，南京金色庄园农产品有限公司与百果园、优果联等渠道合作，采用"公司＋平台＋基地＋农场"的标准化经营方法，成立了新型的草莓产业化联合体，形成以市场拉动、创新驱动、平台联动的新型全产业链数字化服务模式：通过科技研发，制定产业标准；通过实施"1＋N"生产连锁模式，形成产业园区组织模式；通过标准输出与数字技术，进行园区、基地和加盟农户的智慧管理；通过品牌战略建设，开拓全中国高端主流销售渠道；通过农业资源和专家资源整合，应用溯源管理新技术，形成了草莓产品的有效品控模式。

金色庄园的草莓产业链数字化服务模式，设计了平台化的稳定利益联结机制。通过基地创业服务，带动500余户新型职业农民从事草莓专业种植；通过企业销售服务,带动4000余户市外农场基地开展草莓生产;通过草莓产业化联合体,把产业链上百果园、盒马等渠道,家庭农场、种植大户、合作社等基地,院校专家、农技推广人员、农资农药、设备技术等资源要素进行全面整合,实现农户亩均增收2 500元,企业销售额超过2亿元,上缴税收400余万元。

三、南京农业数字化赋能发展的问题与挑战

近年来,南京农业数字化赋能发展取得了明显成效,虽然为农业农村现代化提供了信息化支撑和发展新动能,但也存在诸多不容忽视的问题和挑战。

(一)数字基础设施的发展鸿沟有待弥合,缺乏多元投入的市场机制

在整体建设发展方面,高标准农田和设施农业功能需要提升,地块、路网、电网、水系、配套机房、温室大棚、仓储物流、交易基地等相关基础设施有待完善,尤其是部分田间障碍网线影响无人农机作业效率;农机、农水、农肥等设施智慧化功能有待改造升级,重点农业生产场地所在乡村的5G信号尚未全覆盖。在具体应用场景方面,相关经营主体的设施条件差异大,影响了其生产管理的数字能力,农业园区和龙头企业的装备较好,部分农业大户、家庭农场、合作社的设施条件不佳,有少部分农场或基地的农田水利设施虽然满足信息化要求,但只是简单安装物联网传感器和无线网络,用途和效果尚不明晰。在建设投入渠道方面,大多数农田基础设施和网络基础设施,都是各级政府依托相关农业项目,按照一定投资比例建立的一些示范点或基地,缺乏用户、政府、第三方主体协同共建的市场机制或产业化模式,由于数字基础设施的高投入和高成本维护,数字化内生需求与多元投入供给的矛盾显得日益突出。

(二)数据资源体系的数字化有待推进,缺乏大数据赋能的服务模式

一是数据资源的整合共享不充分。由于农业分散经营,相关数据资源碎片化问题突出,涉农的各级政府、各个部门、各个产业、各环节及其经营主体的数据孤岛、数据"烟囱"现象普遍存在,影响区域资源要素的配置效率。二是数据资源的开放利用不畅通。由于数据资源体系总体架构和相关技术标准尚未有效构建,数字化赋能具体场景的数据交换和利用协议尚在研究过程中,目前公共数据资源对于农业生产与经营管理的赋能效果并不显著。三是数据资源的服务模式不完善。目前各级农业园区都在构建大数据可视化分

析平台,对于宏观把控和调度农业资源有一定效果,但是支撑实时监测、实时采集、实时预警、精准作业、产品优化、精准推送、销售策略等农业生产与经营管理的大数据分析功能及服务模式需要进一步完善。

(三)经营服务主体的数字能力有待提升,缺乏内生需求激活的动力

一是农业设施条件和组织化程度有待提升。目前,南京把农业组织化和规模化建作为重要抓手,有效整合资源要素,已培育发展500多家区级以上农业龙头企业,流转的耕种面积比例超过84%,1.5万个家庭农场和合作社的平均规模在100亩左右。但长期存在的家庭联产承包责任制下的分散经营情况不容忽视,这导致整体农业技术水平不高,附加值低,农业盈利薄弱,设施条件也相对较差,影响了农户数字技术采纳意愿和行为。另外,南京农业经营主体"小、散、乱"现象仍然存在,合作社空壳化、不规范的问题尚未解决,生产主体的组织化有待提升。二是经营服务主体认知水平和数字技能有待提高。由于受教育程度、年龄结构影响,小规模经营主体对于数字技术、设备和信息等需求不足、主观性意愿较弱,相关认知能力也不够,影响了农业数字化技术的应用推广,需要对其加强培训和引导,亟需提升其数据采集和使用能力、数字生产管理能力、数字化经营服务能力。三是产业链数字化的带动机制有待完善。南京目前存在农产品附加值较低、农业产业体系与资源环境匹配度不高、流通体系效率不高、低端农产品过剩和高端优质农产品供给不足并存等问题,亟待健全覆盖全产业链的新型数字化产业体系,引导经营服务主体,尤其是小农户有效衔接现代农业发展。另外,目前农产品年平均网络交易额占总交易额比重不到20%,在电商交易过程中品牌化、差异化、小众化和个性化不够明显,特色农产品链化发展的整体触网率较低,不利于南京都市农业多元化发展。

(四)数字应用场景锚定标杆有待明确,缺乏高质量发展的典型示范

目前,国家农高区、国家农创中心、各级农业园区发布了数字农业等应用示范场景40多个,但尚未形成建设标准,也未成为新业态、新模式、新技术、新产品的示范样板或窗口,可运行、可推广的模式需要进一步挖掘分析。就浦口区现有的部分数字农业应用场景而言,汤泉农场的数字大田应用场景需要瞄准未来"机器换人"的减工增效目标,突破农情快速识别、智慧农机转运回仓等关键技术;汤泉"草莓工厂"需要瞄准未来工厂化栽培的绿色高效目标,

有效减肥减药节水,突破适合机器人采收分拣的品种以及设施、农艺等技术瓶颈;永宁数字青虾养殖则需要瞄准未来工厂化养殖的低碳生态目标,有效减饲减药和零尾水,解决变量投饲、疫病防控循环种养等关键问题。

四、南京都市农业数字化赋能发展的对策建议

(一)构建多元投入保障机制,加强政策宣传引导

一是构建多元投入保障机制。政府部门应重点研究农业农村数字乡村基础设施体系建设支持范围,支持范围主要包括农村数字网络基础设施、农业农村融合基础设施、农业创新基础设施,以及农业数字化赋能其他各项行动等;整合各项涉农项目资金,充分发挥财政资金引导作用,采取以奖代补、先建后补、贷款贴息等方式鼓励和撬动金融和社会资本投入农业数字化建设,引进金融资金、工商资金和其他各类社会经营性资金,形成资金流,推进各类基础设施和产业基地建设;根据建设内容、应用领域、盈利空间、专业化程度等,分类探索适宜的建设运营模式,激活市场主体活力,支持都市农业数字化发展。

二是提高人才服务保障水平。坚持科技优先,人才优先,加大科技创新的扶持力度,优化人才结构,在创新实践中培养数字人才,注重培养后备人才,全面提高科技人才队伍质量,提高经营管理能力及周边地区农民的整体文化素质;基于农业园区、规模农场、龙头企业等规模经营主体的人才需求,积极引进各类科技创新创业人才,同时大力培育本地科技人才,集聚人才资源,解决农业数字化建设人才紧缺问题;构建多元化数字人才体系。重点支持造就一批懂市场、会分析、善操作的"乡村数字经济带头人",发挥"能人效应",带动乡村数字经济发展;完善数字人才激励政策,吸纳更多的高水平、高素养数字化人才下乡驻村,到企业、农场生产经营一线,发挥企业和高校人才优势,建立校企数字人才与现代农业发展的对接机制,例如,可以构建"产业链+带头人+技术员+小农场主"的数字人才模式,丰富乡村数字人才层次。

三是加强相关政策宣传培训。一方面要完善农业数字化转型的相关政策,另一方面要加强对数字化相关政策的宣传,进一步加深农民群众对政策法规的认知和理解,鼓励农民群众进一步转变观念,利用好国家政策,抓住发展机遇,积极增收致富,切实提高全面深化数字化改革的群众知晓率、满意度。同时,健全完善农业数字化转型所必备的教育培训体系,充分整合包括

政府、企业、学校在内的各类社会资源,有针对性地开展数字化技能培训。

(二)开展数字"新基建"行动,推进数字鸿沟弥合

加快数字乡村基础设施体系建设,建立健全多元投入建设的市场机制,缩小经营服务主体间的数字鸿沟,基本实现农业生产场所5G信号全覆盖,提高全市高标准农田、设施温室大棚等基础设施智慧化改造升级的比例,为未来农业数字化赋能应用场景提供条件保障。一是加快农村数字网络基础设施建设。推进5G、物联网、智能装备等现代信息技术与现代农业深度融合和应用,所有行政村实现5G信号100%覆盖、非行政村95%覆盖,农村地区5G用户占比达20%;推进大数据、云计算等数据设施建设,完善农村气象站功能,提升灾害预警能力。二是加强生产设施场所的智慧改造升级。支持对农业园区、规模农场、龙头企业等规模经营主体,开展粮油高效生产的农田水利、机械化种收等基础设施建设,加快推进"四情"监测管控智慧化改造升级,为无人农场场景建设提供基础保障;推进设施农业标准化建设,重点提升绿色果蔬、精品园艺、健康养殖等设施装备功能,为植物工厂、低碳牧场与数字渔场等建设提供必需条件;推动农产品仓储物流、网络交易基地等社会化服务设施建设,加快农村流通服务数字化,保障未来农业应用场景实施。三是促进区域、主体间的数字水平协同提升。促进城乡间财政、基建、信息、技术、人才等要素的双向流动,统筹推进以城促乡、以城带村、城乡一体化的数字经济发展格局;创新多元主体共建共享机制,弥合农业生产经营的基础设施、数字经营能力、数字生产能力等数字鸿沟;加强乡村居民数字教育培训,增强数字风险防范意识,优化网络空间治理格局。

(三)开展数据资源整合行动,增强数据赋能驱动

数据资源是未来乡村数字经济的生产要素,也是智慧农业发展的驱动引擎。重点依托"苏农云"和本地数字设施,开展数据资源整合行动,建立南京都市农业发展的大数据库管理服务中心,完善大数据赋能的服务模式和运行方式。一是进一步整合农业数据资源体系。迫切需要构建采集技术服务体系,整合分散于多层级、多环节和多主体、多产业的涉农数据信息资源,构建南京市农业数据资源的"一朵云""一张图""一个服务中心"。二是加强农业全产业链的大数据分析。需要聚焦优质粮油、绿色果蔬、精品园艺、健康养殖等南京主导产业和关键问题,完善数据指标体系和大数据分析功能,农业生产的实时监测、实时采集、实时预警,农业管理过程的农业精准化作业、农机智能调度,农业经营过程的产品优化、销售策略等提供数据支撑。三是提升数据资源利用和共享水平。建立南京市农业大数据管理服务中心相关的共建机制和数字服务模式,尤其要基于无人农场、数字牧场、数字渔场、智慧服务等具体场景,开发标准数据交换协议,提高数据资源可应用性。要确保农业数字化赋能基于信任基础,实现数字技术、信息等资源共享,及时解决各利益主体的矛盾,实现农产品、数字要素、金融资本和人才等资源的配置优化。

(四)开展未来农场建设行动,强化技术赋能引领

锚定"农业 4.0"的 N 个分布式标杆应用场景,开展未来农场应用场景的建设行动,依托国家农高区相关创新成果,推动关键技术集成示范和应用,尤其是推进农业物联网技术的普及应用,探索构建引领高质量发展的重大场景。重点在各级农业园区、规模农场、龙头企业等规模经营主体的相关场地,突破形成无人农场、负碳果园、植物工厂、数字菜地、数字牧场、数字渔场等 10 个标杆场景。一是围绕优质稻麦油菜的智慧种植,推动建设高度精细化的"无人农场",形成无人化赋能减工的标杆场景。在六合、浦口、溧水、高淳等优势粮油(茶)产区,重点建设规模化"无人农场"关键技术集成示范基地,形成有价值、可推广的"机器换人"模式。二是围绕绿色蔬菜花卉的智慧生产,推动建设高度绿色化的"植物工厂",形成工厂化赋能增效的引领场景。重点在江宁区发展蝴蝶兰、菊花的智能化植物工厂,保证设施蔬菜和花卉周年化供应;在六合、浦口、江北新区发展高标准的"数字菜地",确保茄果、上海青等多品种时令蔬菜的供应;在溧水区重点发展精准化的设施灌溉,生产菠菜、甘蓝、草莓、蓝莓等高品质有机蔬果;在栖霞区以地理标志产品八卦洲芦蒿为代表,发展碳中和的特色果蔬的生产工厂。三是围绕特色水果、茶叶的智慧栽培,推动建设高度数字化的"负碳果园",形成数字化赋能负碳的引领场景。在六合、江宁、浦口、溧水、高淳,针对不同的特色林果,重点打造数字碳中和果园、茶园、苗圃,探索低碳林果园建设及其碳汇交易的途径与模式。四是围绕健康畜禽产业的智慧养殖,推动建设高度智能化的"低碳牧场",形成数字化赋能减碳的样板场景。重点在浦口区星甸、永宁等街道,六合区竹镇、冶山、马鞍、龙袍和金牛湖等镇街,溧水区东屏、晶桥等镇街,高淳区东坝、固城等镇街的非禁养区域或循环农业基地,布局低碳化畜禽养殖的数字牧场。五是围绕健康水产的智慧养殖,推动建设高度标准化的"数字渔场",形成数字化

赋能生态化养殖的窗口场景。重点在高淳区发展螃蟹、鲈鱼、青虾等规模化的数字渔场;在浦口、溧水、六合、江宁秦淮河流域重点发展青虾、鲈鱼、白鱼等工厂化生产的数字渔场;在六合、浦口、高淳等粮油区,适当发展"稻田+"综合种养数字生态农场。

(五)开展未来农业链化行动,助力网络赋能带动

以各级农业园区为依托,以国家农高区、国家农创中心为驱动载体,以未来农场数字化场景为基础,针对南京农业升级发展需求,开展未来农业链化行动,推广应用全链互联互通、共创共享的智慧服务平台,提升网络化经营水平。一是逐步提高农业规模化水平和组织化程度。针对南京主导产业,发展产业平台化发展模式,形成数字化驱动的新型产业化联合体,集聚农业产业链上、下游,产业集群内、集群间的生态伙伴合作协同配置农业资源。二是推广"六个统一"的新型数字化服务支撑系统。根据南京市内产业具体分布情况,差异化地进行智慧服务推广与研发,以全产业链发展为目标,做到"一产(品)一平台",如针对高淳的螃蟹和茶叶、浦口的青虾和苗木、江宁的花卉(蝴蝶兰、菊花)和果蔬、六合的葡萄和肉鸭、溧水的草莓和蓝梅、栖霞的芦蒿等优势产业链,开发智慧服务应用场景。三是探索数字化赋能全产业链发展的机制。把主导产业的数字链做长,建立农村产业大数据平台,瞄准市场需求,优化产业布局,提供高质量农产品,将数字技术全面应用到产业链各环节;建立全覆盖的质量可追溯体系,把主导产业的数字链做厚,建立基于平台化的发展模式,完善相关利益联结机制,促进农户与产业数字化有效衔接,带动农户增收。四是围绕乡村智慧农文旅发展模式,构建数字化赋能融合场景。把主导产业数字链做宽,依托数字技术,构建多元发展模式,打造新业态,促进一二三产业深度融合跨界发展;依托老山、金牛湖、无想山等市内优质自然资源的 IP 引流,基于大数据农旅平台,推荐差异化旅游服务供给。高淳、溧水主打水乡特色、渔家文化;六合、浦口重点发展生态农业、农事体验、回归田园的特色研学旅游模式;栖霞、江宁则以短距观光、休闲购物、民宿体验的特色农产品为主。

(六)开展未来农民增智行动,激发数字赋能升级

数字技术的应用及普及需要数字人才作为支撑。依托两个国家级平台和各级农业园区,联合院校资源,开展培育未来数字农民的增智行动,培育高

素质数字化人才队伍,探索激活其内生需求的动力机制,为产业振兴注入新鲜活力。一是加强经营服务主体的培训和引导,提高认知水平和数字技能。对农场主、生产员、技术员、管理员等主体加强培训和引导,着力提高乡村居民数字化素养整体水平,促进小农户的数字化转型升级,例如提高"农技耘""南农易农""抖音"等各类APP的使用频度和能力。二是完善都市农业的五大数字化赋能体系,形成数字化赋能水平评价标准。重点加快新型经营主体数字化发展,增强新型农业经营主体的数字能力,加快新型数字技术装备推广,降低农业投入和收入异质性影响,提升数字鸿沟治理能力;从物联网感知、智能化决策、精细化管理等维度,提高农业数字化生产能力,从数据资源整合、农业资源共享、价值共创共享等方面,提升农业网络经营能力;从全产业链数字化、农技服务数字化、安全监管数字化、农业产能动态化监测等方面,提升农业智慧化服务能力;从生产节本增效、绿色低碳转型、产业化带动等方面,推进南京农业发展动能转换,提高农业高质量发展能力。

(作者:南京智库联盟课题组)

加快沿江农业绿色发展示范带
建设的调查研究

加快沿江农业绿色发展示范带建设是推进沿江农业高质量发展和生态环境高水平保护的重要手段,从2019年开始,南京市加快了沿江农业绿色发展步伐,出台了一系列政策措施,有力地提高了沿江农业绿色发展水平;但同时沿江区域农业基础条件相对较弱,农业绿色发展仍然处在探索阶段,相关政策支持体系有待完善,一些深层次的矛盾和突出问题依然存在。为切实掌握南京市沿江农业绿色发展示范带建设现状,分析查摆存在问题,打通瓶颈制约,为未来相关政策制定提供参考,特形成本调研报告。

一、南京沿江农业绿色发展的主要做法和成效

作为江苏省省会以及绿色发展引领示范的火车头,南京市积极推进农业绿色转型,在减少农业主要污染物排放、推广绿色生产技术使用、开展农业绿色清洁生产、打造美丽宜居乡村等方面取得了显著成效。南京全市长江岸线总长约280.82公里,沿江5公里区域内共涉及8个街道49个行政村(社区),共有耕地约为18万亩,占全市耕地面积比重约8.3%,是贯穿全市的重要农业生产区。在市委、市政府的统一部署下,栖霞区八卦洲、龙潭街道等6个板块8个街道结合本地实际,采取了一系列化肥与化学农药"两减"(以下简称"两减")措施,有效推进了沿江农业绿色发展进程。

(一)推动化肥农药绿色替代

采用商品有机肥、配方肥推广补贴,绿色防控,统防统治等措施,推动化肥和化学农药的绿色替代,达到减量效果。在肥料施用方面,按照"一街一策"的方案,由街道开展测土配方、统一招标采购,并面向沿江5公里范围内的

所有农业经营主体推广商品有机肥和配方肥。六合区龙袍街道、江北新区长芦街道等还采购服务帮助经营主体免费施撒有机肥。除推广补贴外，八卦洲街道向经营主体推广应用太阳能杀虫灯、粘虫板、性诱剂、生物农药等在内的绿色植保用品，并加强指导。2019年以来，栖霞全区共计分别发放有机肥和配方肥（生物有机肥）58 500吨、10 710吨，建设绿色防控示范面积共计7 690亩，化肥和化学农药使用总量较2015年分别降低51.2%、27.5%。有机肥、配方肥和绿色防控技术的推广使用，不仅显著降低了经营者的化肥农药施用强度，提升了土壤质量，也使各类农产品品质得到不同程度的提高。

（二）推进农业生态循环利用

推进综合种养、畜禽粪污资源化利用和农药包装物地膜回收，有效提升了农业生产废弃物的循环利用水平，直接减少了农业污染物的排放，间接助力"两减"。各区广泛尝试和推广包括"稻鸭/鱼/虾共生"、林下养殖等多种综合种养模式，以生态方式除草、捉虫、施有机肥，既就地消纳了畜禽粪污，又能实现"一田多收"，增加了经营收益。截至目前，栖霞区沿江街道稻田综合种养面积已逾千亩。在畜禽粪污处理方面，沿江5公里目前已基本实现了以还田为主的综合利用。区域内的畜禽养殖主要包括1个生猪规模养殖场和1个畜禽规模养殖场以及2 859散养户。其中，猪场利用中央农业资源与生态保护专项资金的支持，完成了臭气处理、厌氧发酵、密闭式贮存发酵、粪污输送管网等粪污治理设施设备的建设。2021年投产以来，粪污通过固液分离厌氧发酵后还田总约90 000立方米，惠及农户农田1 200亩，减少化肥尿素使用约50千克/亩，合计减少化肥使用约120吨。规模养禽场产生的粪便或通过林下养殖就地消纳，或堆积发酵后还田。对于散养畜禽养殖户，栖霞区农业农村局会同街道、村社进行了全面摸底和建档工作。目前散养户绝大多数以草鸡养殖为主，平均存栏量30只左右，以家庭蔬菜种植还田利用为主。在农药包装物和地膜回收方面，沿江各区已全面启动农药包装废弃物回收处理，推广强化耐候膜、加厚地膜等易回收地膜和机械化捡拾回收技术，加强适宜全生物降解地膜产品研究与试验，示范推广已成熟化生物可降解地膜替代技术。

（三）推动绿色农产品生产认证

建设绿色优质农产品生产基地，积极申请绿色和有机农产品的认证，创建优质农产品品牌,从而实现绿色发展的经济增益,这也是维持沿江农业绿色发展可持续的重要保障。当前沿江5公里内的各区各街道精心选育、大力推广"南粳46""南粳5055"等优质粳米品种,大胆尝试"宁粳香9号"等稻米新品种;加强选种、积极培育高经济附加值蔬果,如八卦洲"阳光玫瑰"葡萄、芦蒿脱毒组培苗等。在此基础上,积极敦促和协助具备相应条件的经营者申请绿色和有机认证。目前,栖霞区获得绿色食品认证的基地面积共计14 435亩,获得有机农产品认证的基地面积1 375亩,全区种植业绿色优质农产品占比65.79%。同时,各区初创了一系列地产优质农产品品牌,发挥了一定的带动效应,实现了农业提质增效。如栖霞的"芳草渡大米""派缘阳光玫瑰""八卦洲芦蒿",六合的"茉莉六合""西三贡米""棠邑绿茶"等。

(四)加强生态示范区建设打造

在《南京市沿江5公里化肥与化学农药"两减"工作方案》中,明确要求创建八卦洲"两减"生态示范区,但在具体实践中其他各区也建立了或大或小的"两减"生态示范区,以期获得试验示范和带动引领作用。八卦洲街道成立了"两无化"生态示范基地创建推进工作领导小组,聘请南京农学会为"两无化"生态示范基地创建技术指导,建设了包括红杜鹃农业生态园、众磊蔬菜、缘派葡萄和耀凯蔬菜等主体在内,面积共计2021亩的"两无化"核心示范区。对示范区内的大棚、水肥一体化设备等基础设施进行维修和完善,使用有机肥、生物农药完全替代化学农药和化肥,实现了基地内绿色防控技术全覆盖,并组织专家开展种植方案研讨和技术培训。此外,其他各区各街道如六合龙袍街道赵坝村和浦口桥林街道兰花塘社区等,也在各自区域范围内选择基础设施条件较好,新型农业经营主体积极性较高的地块,建设"两减"示范基地,集中投入资金、政策等,打造引领全区沿江农业绿色发展的标杆。

(五)加大各级财政支持力度

各级财政大力支持沿江农业"两减"工作的开展和推进。2019年以来,南京市级财政持续加大资金投入用于沿江5公里的"两减"专项工作,相关各区、街道根据自身情况进行一定比例的配套。以栖霞区为例,从2020年到2022年区级财政配套共计1 424.6万元并逐年增加。部分街道也量力进行配套补贴,如栖霞区龙潭街道按20%的比例配套,浦口区桥林街道四年配套补贴共计100万元。可以说各级财政量力齐心,切实优先保障了沿江"两减"工作的资金供给。

二、当前沿江农业绿色发展面临的主要问题

2019年来,以"两减"为重点的沿江农业绿色发展示范带建设成效显著,但问题也依然存在。这些问题和瓶颈一方面来自沿江地区本身在资源条件和发展基础的不足,另一方面来自政策设计或落实的缺陷,在实践中引发了一系列问题。

(一)自然条件弊端较多,资源及政策约束增强

良好的自然资源条件是农业绿色发展的前提保证,虽然沿江水资源丰沛、景观开阔优美,但也面临一些挑战。首先,部分区域土壤污染情况不容乐观。因长江上游和附近化工源污染物漂移堆积,沿江部分区域土壤污染较重,如栖霞龙潭和八卦洲街道的土壤污染程度显著高于其他区域,一定程度上制约了绿色有机农产品的创建。其次,耕地质量有待提升。多年来沿江区域的高强度开发,导致大量优质耕地被占用,现存耕地质量总体不高。加之前期的农田基础建设水平较低,高标准农田比重仅为60%左右,显著低于全市80%的平均水平。再次,基本农田和生态红线内的面积较大的沿江5公里区域范围内的耕地90%以上为基本农田,且部分还处于生态红线区内。这些土地规定用途较窄,性质变更困难,这就导致大棚、仓储用房等配套设施的建设面临极大约束,甚至连田间道路等指标也无法落实,成为发展高附加值都市绿色高效设施农业的阻碍。最后,粮食保供压力加大。前期的轮作休耕措施难以延续,种植强度的增加必将导致未来一段时间"两减"压力复增。

(二)布局缺乏合理规划,产业结构和体系不完善

当前沿江5公里地区在农业绿色发展方面已有一定的部署,但在产业结构、产业布局、产业体系等方面,尚未形成多元互补、协调互促的格局。第一,在产业结构方面,规划不清晰,产品多元性不足。当前沿江仍以传统稻麦和蔬菜种植为主,大部分品种经济价值不高,难以实现绿色农产品的高溢价。第二,在产业布局方面,未充分考虑绿色发展需要,不利于形成顺畅循环。如规模生猪养殖场与周边的大田虽已实现初步配套,但与蔬菜种植不同,大田作物对施肥数量和时点要求严格,而养殖场的沼液则每日大量产生,供需错

位无法随时消纳;再如临江耕地多为基本农田,稻田退水没有缓冲地带,在作物生长施肥期,容易对长江国考断面造成污染。第三,在绿色产业体系建设方面,产后储存、运输、加工、销售等环节的发展不足,使得农产品附加值偏低。同时,提供社会化绿色服务的辅助产业和农业废弃物储运利用的静脉产业发展不完善,使得绿色生产和循环利用的成本大大提高。如农膜回收后,必须送外地处理;秸秆和畜禽粪污的综合利用,也缺少从地头到工厂的收集储运链。即便有诸如南京明珠肥料有限责任公司(八卦洲街道)这样的本地企业,但农业废弃物从地头到工厂的收集储运仍然是个令人头疼的问题。

(三)绿色农业主体缺失,发展内生动力不足

绿色农业主体是绿色农业发展的引领者和主力军。要想实现绿色农业的可持续发展,必须建立起一支具备绿色发展理念、使用绿色生产技术、生产高附加值绿色农产品,并能够建立起差异化销售渠道的绿色农业生产经营主体大军。当前南京沿江地区的绿色农业经营主体数量和比例仍然较少,绿色发展的内生基础不佳,导致转型动力不足。首先,部分地区沿江土地流转比例和规模化种植比重不高,仍然存在着一定数量种口粮田、保障田的本地小农户。其次,新型农业经营主体的绿色生产意愿低。一方面和种植品种有关,如前文所述,沿江耕地大多为基本农田,绿色生产成本高,且对稻麦的口感和香气等外在质量指标提升不明显。另一方面和主体营销能力较弱有关。当前沿江众多新型农业经营主体虽然实现了生产的规模化,但在销售渠道上,仍然主要依赖传统的田间地头经纪人或者批发市场的售卖方式。随行就市的价格难以匹配绿色农产品的内在价值。因此出现了"两减""两无化"行动主要靠行政主管部门落实推广,广大经营主体缺乏内生动力的现象。免费发放有机肥和绿防用品的政策虽然受欢迎,但很少有主体愿意自费坚持。对他们而言,免费意味着降低成本,其意义超过了有机和绿色的内涵。再次,缺乏具有带动作用的龙头企业。绿色有机食品企业普遍规模较小,影响力不够。最后,提供绿色生产性服务的主体明显缺失,如提供测土配方施肥、绿色生产方案定制、绿色植保等相关技术和服务的第三方主体。从政府方面来看,各区各街道严重缺乏能够指导绿色农业发展的专业人员,也没有专门的组织和部门管理;从社会方面来看,能提供此类服务的市场化主体也不多。当然,这与需求不足也息息相关。

(四)支持政策较为单一,未能满足不同需求

当前沿江尚处于农业绿色发展的起步探索阶段,相关支持政策聚焦"两减",实施手段简单直接,效果明显迅速,但在推进过程中也出现了新的问题。

一是忽略了农户需求的差异性。农业生产的过程是复杂多变的,不同农作物对肥料的质量需求、数量需求、类型需求、时点需求等均有所不同,统一免费发放的有机肥无法一一满足。例如,花卉、水果、蔬菜等经济作物使用有机肥能明显改善风味、口感等,种植户对有机肥的使用意愿就高;而大田作物(稻麦)种植户对有机肥的使用意愿则明显较低。此外,大田作物的最佳施肥时间在作物种植前,而免费发放的肥料前有招标流程、后有考核期限,导致部分地区施撒时间节点选择不科学。再如,高质量的"阳光玫瑰"葡萄种植需要更高品质的定制有机肥,而政府采购和发放的有机肥并不能很好适配。同时,园艺类有机肥的施撒需要专门适配的农业机械或者雇工施撒,这无形中也增加了新的种植成本等。

二是忽略了技术服务方面的支持。目前政策主要聚焦物质装备支持方面,对绿色技术的服务和指导明显不足,长期入户的技术服务更加缺乏,特别是标准更高的"两无化"生产,从技术引入到技术掌握需要更为长期细致的指导。

三是忽略了支持政策的全面性和系统性。当前政策主要关注生产领域和绿色认证,尚未建立起对于产、运、销、研全过程的系统性支持,特别是在"销"这一能将绿色价值变现的关键环节。虽然鼓励申报绿色有机产品,首次申报会有一次性奖励,但后期绿色有机品牌的认证维护、绿色有机基地涵养、绿色农产品生产、运输、销售等均未能享受补贴,导致种植户对于绿色有机品牌没有充分重视,维护投入不足,也并未有效实施绿色化生产。此外,各区均发展了一些公共区域品牌,但后续的运行、维护、销售过程均不能得到有效支持,公共区域品牌发展速度均较慢,市场影响力较低,并未成功将品牌转化为溢价。

四是忽略了补贴支持政策的可持续性。市、区、街道三级目前在绿色补贴方面均投入了大量财力,虽取得了一定效果,但基层同志反映这种大规模财政补贴的成本收益比并不高,加之当前财政压力加剧,政策可持续问题应引起关注,建议调整补贴对象以及补贴方式。特别是普惠制补贴方式可做适当调整,对于有潜力发展绿色农业的重点主体和普通散户可做一定区分,集

中有限财力解决当前农业绿色发展中的急、重问题。此外,目前绿色发展政策多以财政支持为主,绿色金融信贷等创新产品还偏少,金融创新也需加快推进。

三、加快沿江农业绿色发展的对策与建议

未来南京沿江5公里地区的农业绿色发展,要遵循沿江地区自然条件和生态环境特点,兼顾沿江地区的经济功能、生态功能和文化功能,应加强区域统一规划与协调联动,通过优化产业结构和布局、健全绿色产业体系、引培绿色农业主体、提高资金使用效率、吸引社会参与、完善绿色支持政策等措施,推动沿江绿色农业的快速发展。

(一) 以标志性大工程为依托,提升沿江农业生产条件

水、土、气是农业生产的基础资源,沿江5公里要建设农业绿色示范带,其对水、土、气的要求将更加严苛,为此应以标志性大工程为依托,持久地改善沿江农业生产基础条件,这是打造绿色农业的根基所在。

一是继续协同推进土壤污染整治和高标准农田建设。可以在政策层面将土壤污染整治、地力提升、绿色防控等与高标准农田建设项目有机整合,提高现有资金使用效能,实现改良、提升、造绿一次完成,建设高标准生态农田。如兰花塘片区高标准农田建设,依托省级高标准农田建设项目,统筹省、市、区、街道等各级资金,通过加强农业科技的导入,实现了一二三产业融合发展,探索出了高标准农田建设新模式。

二是加强沿江区域内水、土、气环境质量的动态监测。沿江各区应在重点区域增加水、土、气等固定观测点,可利用物联网技术增加观察布点,摸清水、土、气环境的基础数据,监测动态数据,科学制定水土治理改良方案,以现代化的数字信息技术推动农业绿色生产。

三是转变传统数量化的保供思维。要适应人们对健康安全食品的需求,以绿色、高品质、高效益的农产品供给为首要目标,提升稳产保供层次与水平。留有轮作休耕的空间和时间,让水土资源得以涵养。应优先保障生态湿地区域的自然生态功能,特别是对于八卦洲、龙潭等沿江重点湿地区域,要严格落实湿地管理办法,杜绝毁湿地造耕地的行为。

四是保障沿江农业发展的配套用地指标。特别是在八卦洲等拟打造"绿色生态岛"的区域,可在全局规划的指导下,适度调整土地性质,增加建设用

地指标,为都市高效绿色农业的发展创造空间。

(二) 优化绿色产业结构布局,建立绿色农业全产业链

根据沿江5公里各板块的土壤环境质量、耕地类别、耕地障碍修复利用规划等,结合各板块现代农业产业优势、区域特点,规划产业发展方向和布局,有序扩展现有示范点、示范基地的辐射范围,通过以点带面,促进农业向全过程绿色化转型延伸。

一是加强绿色品种和种养模式的引进和推广,促进生态优势向经济优势转化。充分发挥沿江5公里示范带临水自然优势,优先布局绿色高效农业品种和产业。可扩大八卦洲芦蒿、阳光玫瑰葡萄等附加值较高的特色农产品的种养规模,引进水生蔬菜、草莓等特色品种。加快推广"稻鱼、稻鸭、稻蟹"等绿色水稻种植模式,以及绿色棚膜果蔬以及绿色生猪种养结合模式。积极探索发展"绿色农业+"的新业态,可基于原有的主导产业,打造诸如"水稻公园"等类型的一二三产业融合发展示范园。科学布局种养产业,建设畜禽粪污、农业废弃物处理等配套设施,加快构建区域内的多级循环体系。从沿江大布局来看,可考虑由江边向内陆依次安排林果种植、蔬菜种植和稻麦种植,充分利用林果作物进行沿江水土保持,避免农田退水直入长江。从循环布局来看,应立足区县统筹,构建"主体小循环、区域中循环、全域大循环"三级循环体系。围绕规模化养殖企业,形成"主体小循环",依据其产生的粪污量、土壤消纳能力和运输成本等因素,在周边科学规划林果或蔬菜等作物的种植,形成"畜—沼—果/林/菜"的循环种养模式。"区域中循环"则是在沿江或者就近的腹地,选址建设农业废弃物集中处理中心,解决种养殖纳污和种植用肥的双向需求。"全域大循环"则需要立足全市,建立畜禽粪污收储运信息采集平台和耕地测土配方施肥平台,实时掌控各镇街畜禽粪污收储运信息及耕地土壤养分需求信息,及时调配资源,实现全域种养结合的统筹发展。

二是推动农业绿色全产业链建设,充分实现绿色农业的生产、生态和生活价值。积极构建稻米产品绿色供应链,就近建设仓储加工基地,变稻为米,提升品质,实现溢价。强化蔬菜水果等生鲜农产品的仓储、运输和物流建设,支持对接各类销售平台对沿江生态农产品进行展示和销售,培育农村电商经营主体,形成线上线下双流通的商贸格局。在生态修复的基础上打造特色景观,连点成线,呈现出以绿色稻麦、果蔬为一产,以绿色农产品加工、展销为二产,以康养、度假、休闲、运动为三产的产业融合发展态势。

三是健全农业废弃物收储、运输、综合利用的静脉产业链。村建立秸秆收储点,镇建设秸秆收储厂房,发展从事秸秆及蔬菜肥料储运的社会化服务组织,依托企业开展秸秆的基料化、能源化、饲料化的应用。建立"企业回收、农户参与、政府监管、市场推进"的农田残膜和农药包装废弃物回收再利用体系,探索"以旧换新""以销定收"模式,调动种植户回收废旧地膜积极性。

(三) 加快培育绿色农业主体,激发发展的内生动力

加快培育绿色农业主体,是推动绿色农业可持续发展的根本。绿色农业主体是现代农业发展到一定阶段的产物。各农业主体往往长期扎根农业,持续投入,只有承受一定的风险进行尝试和突破,才能实现产业和技术的绿色化迭代升级。因此可以说绿色农业主体有着更先进的理念、技术和更强的经营能力,是新型农业经营主体的"升级版"。要加快这类主体的培育和成长过程,使各经营主体间形成集群化协同联动效应。

一是继续推动土地流转和适度规模经营,强化新型农业经营主体的培育和提升。规范农村土地流转,鼓励土地通过村集体流转实行街道(乡镇)统一管理。可借鉴上海崇明经验,联合土地管理部门探索使用GIS农业地理信息监管系统,实现农业绿色地块信息入网入库、信息共享和实时管控。探索集体领办土地股份合作社模式,开展规模化种养,如赵坝村村集体领办土地合作社+绿色稻麦种产销模式。支持农民专业合作社、农业龙头企业等积极连接小农户,扩大带动范围。鼓励发展较为成熟、具备多样化分销渠道的主体牵头成立绿色农业合作联社、绿色农业产业联盟等,形成强弱互补、资源共享的共赢格局。

二是培育和引进领军型绿色农业主体,加强示范带动效应。建立绿色农业主体储备库,选择目前种养技术标准高、产业链条长、市场前景好、抗风险能力强、适用绿色技术较为成熟的主体入库,并分批进行重点扶持。对培育主体的特色新品种种养、绿色农资采购和施用、绿色田间管理、绿色有机食品认证、农业废弃物综合利用、耕地质量保护和改良等绿色行为,进行全程支持和补贴。协助和鼓励培育主体对接商超、有机绿色食品专卖店、线上平台、机关企事业单位食堂等,建立差异化的绿色产品销售渠道,保障合理的市场溢价。鼓励成熟的绿色农业主体开展技术展示和培训,成立生产联盟,共享资源和技术。持续开展农业招商,引进国内乃至国际高水平的绿色农业生产经营主体落户沿江。对农业生产产生的污染源、违规行为、落后产能等开展减

量清退,腾出空间让位绿色先进产能。

三是培育农业社会化绿色服务主体,形成市场为主、政府为辅的绿色生产支持体系。以农户需求为导向,重点培育专业化、企业化从事机耕种收、品牌营销、测土配方、统防统治、农废收储运组织和综合利用等方面的第三方主体。发挥各类农民专业合作社以及农村互助性绿色技术服务组织的纽带作用,提高各类新型农业经营主体和农户参与绿色农业新技术试用和推广的积极性。建立区、街道、村三级助农绿色服务体系,选择全国优势科研院所作为技术支撑,建立专家团队服务机制,开展绿色技术攻关,进行宣传培训与技术指导,并建立平台帮助农户链接合适的社会化服务主体。

(四)持续完善政策支持体系,全方位助力绿色发展

在现有基础上,未来沿江农业绿色发展的支持政策,应以"聚焦、灵活、整合、带动、增效"为标准,建立重点明晰、高效持续的系统性政策支持体系。

一是聚焦绿色发展补贴支持对象。对土壤污染防治、农田基础设施建设、秸秆综合利用等少数项目采用普惠制补贴。"两减"、"两无化"、绿色防控、绿色认证等政策支持和补贴则应优先聚焦发展基础较好、绿色发展意愿强烈的专业大户、合作社、家庭农场等,激励他们发挥引导和示范效应,从而带动大范围的农业绿色生产行为。

二是探索更灵活的补贴支持方式。对大田作物,可根据田间管理规律,提前进行招标采购,统一时点发放,或推广"免费发放有机肥+包撒到户"的方式,统一科学施撒提高使用效率。抑或借鉴上海崇明做法,与供销社下属服务公司等单位对接,转移部分职能,提高补贴运行效率。对蔬菜、水果等品类多样且有特异性需求的农作物,可参考农机购置补贴,采取推荐目录采购补贴或点单式采购补贴的方式,形成供需信息互动,避免供需错位导致的浪费。绿色防控补贴的各类设备要与经营主体签订使用协议,明确设备使用年限和经营主体后续管护的责任。

三是提升政策支持的系统性。要从现有重点支持生产端绿色化,逐步向产中技术输入、产后营销平台打造、农业废弃物综合再利用等环节扩展,从"上下游、产供销、用排循"全链条、全过程的视角考虑和安排系统性的支持政策。重点补贴和支持公共品牌线上线下销售、绿色农产品运输、绿色技术的服务和指导、废弃物收集储运等。

四是加强资金整合,发挥财政资金的"乘数效应"与"杠杆效应"。进一步明确农业农村部门和财政部门的牵头、协调与管理职能,重点发挥区、街道两级政府在农业绿色发展资金上的整合作用,完善资金监管评价体系,提升使用绩效。把有限的财力用到最关键和最亟需解决的事情上。探索建立以政府扶持为基础,种养殖主体自主筹集资金为主体,工商资本积极投资的多元化、社会化融资机制。可设立沿江农业绿色发展基金,加快专项金融创新,用市场的办法解决建设资金问题。

(作者:韩道辉、周方元、张荣)

加快南京预制菜产业发展的调研与思考

2023年2月,国家发布《中共中央 国务院关于做好2023年全面推进乡村振兴重点工作的意见》,明确提出"提升净菜、中央厨房等产业标准化和规范化水平。培育发展预制菜产业"。这是预制菜产业首次被写入中央文件,为预制菜产业高质量发展注入了强大的政策动力,也打开了未来的发展空间。国内预制菜产业作为一个未来规模可破万亿的重要风口,已成为全民关注的"舌尖上的大产业"。本文将着重从"大"字入手,对南京如何推动预制菜产业做大做强提出相关建议。

一、明本质:发展预制菜产业——意义重大

预制菜是运用现代标准化流水作业,对菜品原料进行前期准备工作,简化制作步骤,经过卫生、科学包装,再通过加热或蒸炒等方式直接食用的便捷菜品。预制菜产业一头连着餐桌,另一头连着田间地头,其兴起和壮大不仅是消费升级的具体体现,也是乡村振兴的有力支撑。

(一)发展预制菜产业是强化食品安全与国民健康的重要保证

当前,餐饮需求在衣食住行等人类基本需求中处于重要地位,随着生活水平提升,国民对食品安全与健康饮食的需求不断提升。一方面,长期以来食品供应存在农药残留与重金属超标、添加剂滥用、加工环境恶劣等情况,导致食品安全无法保证等问题,不同程度影响了人民餐饮安全与身体健康;另一方面,人们对餐饮需求已从吃饱向吃好、吃健康、吃营养,甚至吃功能(如高血糖、高血脂等调理性食品)转变升级。预制菜产业采取规模化供应、工厂化加工、标准化生产的方式,在保证食品安全的前提下,也可满足人们对餐饮食品简单简洁的需求,更重要的是满足人们对吃营养、吃健康、吃功能的需求,

对保障国民健康有着重要的意义。

（二）发展预制菜产业是加快乡村振兴和城乡融合的重要助力

乡村振兴是我国当前及今后一个发展时期的重大发展战略。乡村振兴绝不是单独"乡村"振兴，而是全局性、整体性、全面性振兴。就我国发展现状及发展阶段来看，只有加快实现工业与农业相互促进发展，实现城乡资源、供应、市场、资本、人才等要素之间的相互流动、相互促进、相互配置，才能真正实现乡村全面振兴。从预制菜产业特点看，产业原料供应源头是生态种养业，中间是加工储运，终点是餐饮市场消费，产业前端在乡村，可以促进农业种养的现代化与高标准种植供应基地与养殖基地建设，中间加工与储运环节可以促进农产品加工园区与现代食品产业园发展，解决农业工业化、园区化、规模化、品质化与标准化的问题，后端主要消费市场在城市，这样就打通了农产品生产供应与餐饮消费之间的链条，搭建了"小农户"对接"大市场"的桥梁，有利于农民"接二连三"增收致富，实现城乡之间多种价值融合发展，促进乡村振兴和城乡融合。

（三）发展预制菜产业是促进餐饮消费需求侧升级的重要路径

近年来，我国大力深化农业供给侧改革，从供应量、供应规模到供应品质提升去满足市场需求，但就餐饮市场分析看，餐饮消费结构、消费规模与消费水平等方面仍存在着巨大的升级空间。在当前经济发展乏力、内外部压力与挑战不断加大、消费市场动力下降的发展形势下，餐饮不仅是人们的必需性消费，而且拥有巨大的市场潜力，因此通过促进消费升级激活市场供应，对于激发市场消费活力，激活餐饮消费，加快构建农产品生产供应与市场需求之间的循环格局具有重大现实意义。预制菜产业采取半成品或成品的餐饮产品供应，并通过营养化、多样化、功能化的供应品类与数字化、智能化、智慧化的供应方式，极大促进了餐饮市场需求升级，并向供应端也就是农产品生产端传导，从而促进了农业供给侧与餐饮需求侧的同步升级、互动发展。

二、鉴海外：发展预制菜产业——前景广大

预制菜最早起源于美国，在20世纪40年代处于萌芽期，随后在快餐店、冷链物流设施发展的双向刺激下，美国预制菜产业呈现规模化和快速化发展。20世纪60年代，日本接过预制菜产业高速发展的接力棒，其预制食品占

冷冻食品比例已从30%飙升至目前的80%。美国和日本预制菜产业发展给我们带来了有益启示。

(一) 成熟的冷链技术是核心驱动力

美国发明的冷冻机在二战后逐步实现商业化,带动了20世纪40年代美国预制菜产业超过35%的复合增速。冷链物流传入日本可追溯到20世纪50年代。1960年,随着冰箱普及率超过50%,冷链物流商业化加速,1965年起预制食品销量实现五年32%复合增速。

(二) 稳定的供应链是规模化的关键

预制菜产业成本端主要以原材料为主,但是原材料价格特别是肉类价格波动较大,头部供应商均通过向上游延伸以最大程度锁定原材料成本和供给量波动,向下游拓展以保障优质服务和稳固品牌力。如:日本预制菜龙头企业日冷集团重视下游建设,其在日本国内有80个地点经营仓储和配送中心,并设有200万吨冷藏设施,总量达到日本全国的10%,优质的仓储和配送体系保证了其产品质量的稳定性。另一个龙头企业神户物产以近千家零售超市布局销售市场,有着较强的上游议价权,同时其产品安全性、服务质量以及品牌形象始终良好。

(三) 主食优先且具有较强地域性

主食是各国需求最为统一且较易实现规模效应的产品。从日本看,在2020年产量、产值排名前6的预制菜品中,饺子、乌冬等面类主食超过4个。从美国看,主菜、比萨分别占预制食品总量26%、9%,明显高于其他品类。地域属性则体现在:一方面,因各地饮食习惯不同,导致需求的预制产品往往存在差异;另一方面,因预制食品毛利大约在20%,冷链物流费用相对较贵,跨省运输成本较高,因此往往形成以区域为主的发展现象。

(四) 产业发展脉络均是"先B后C"

C端(消费者)预制需求主要在于便利性,B端(企业)驱动主要在于成本、标准化以及便利性,B端需求更为刚性,导致B端往往先发展起来。日本1997年以来核心发展均在B端,行业降速后,C端需求促进行业成长期延长。且B、C两端预制菜企业集中度均较低,C端呈现更加分散的状态,核心原因在于消费个性化差异较大,口味繁多,单一产品往往难以做大,这导致拥有渠道资源、供应链资源的综合性企业容易占尽先机,比如雀巢、日冷。

从国内发展来看,2000年前后,我国陆续出现了预制菜企业,但受限于早期冷冻技术及冷链运输的高成本,行业在很长一段时间里处于缓慢发展状态。2014年前后,外卖平台的快速发展使得预制菜产业在B端率先发力。2020年开始,消费升级叠加疫情催化,预制菜产业开始在C端迎来消费加速期。特别是2022年,各地迎来地域性的预制菜"政策潮",各省市陆续出台行业规范和鼓励政策(见表1),对预制菜产业的良性快速发展产生明显的助推效应。数据显示,2022年我国预制菜市场规模达4 196亿元,同比增长21.3%。业内人士预测,"十四五"时期末,我国预制菜产业规模有望破万亿。南京作为特大城市、中心城市,同时也是八大菜系之一"江苏菜"的省会城市,未来预制菜产业发展规模有望达到500亿元。

表1 各地支持预制菜产业发展政策一览表

地区	文件名称	发布时间	政策概要
山东	《2023年山东省政府工作报告》	2023年1月	大力发展乡村富民产业,启动预制菜"十百千"培育行动,打造一批预制菜产业高地
山东	《山东省人民政府办公厅关于推进全省预制菜产业高质量发展的意见》	2022年11月	培育壮大预制菜加工企业。支持大型企业集团牵头建设预制菜产业示范园区(基地)。到2025年,培育10家以上百亿级预制菜领军企业
河南	《2023年河南省政府工作报告》	2023年1月	积极发展冷链食品、休闲食品和特色功能食品,大力发展预制菜
河南	《河南省加快预制菜产业发展行动方案(2022—2025年)》	2022年10月	建设全国重要的预制菜生产基地、全国有影响力的预制菜生产大省。到2025年,全省规模以上预制菜企业主营业务收入突破1 000亿元
广东	《2023年广东省政府工作报告》	2023年1月	深化农产品"12221"市场体系建设,培育壮大休闲旅游、数字农业、预制菜、农业微生物产业等新业态
广东	《加快推进广东预制菜产业高质量发展十条措施》	2022年3月	充分发挥省农产品加工服务产业园牵头作用,建立预制菜联合研发平台。培育广东预制菜十强百优企业,力争五年内培育一批在全国乃至全球有影响力的预制菜龙头企业和单项冠军企业

续表

地区	文件名称	发布时间	政策概要
广西	《2023年广西壮族自治区政府工作报告》	2023年1月	继续整县推进农产品产地冷藏保鲜设施建设,大力发展农产品加工和"桂味"预制菜产业
广西	《广西强商贸扩内需促消费行动方案(2022—2025年)》	2022年12月	举办各类"农餐对接"活动,鼓励预制菜研发,延长餐饮产业上下游供应链
沪苏浙皖	《长三角预制菜生产许可审查指引》	2023年1月	规范长三角预制菜生产许可审查工作,制定预制菜生产许可分类目录及审查依据,对预制菜加工生产场所、设备设施、工艺流程、管理制度等多方面做出标准化指引
四川	《支持预制菜产业高质量发展的若干措施》	2022年12月	加强预制菜企业梯度培育,在肉制品、粮油、调味料等具有四川特色优势行业领域和冷链物流、装备研制、包装设计等关键环节培育一批"领军"企业、高新技术企业、科技型中小企业
福建	《加快推进预制菜产业高质量发展的措施》	2022年11月	力争到2025年,建设30个现代农业产业园,20个优势特色产业集群;支持认定一批从事预制菜农业产业化省级以上龙头企业;全省预制菜产业科技创新支撑能力得到有效提升
温州	《温州市人民政府办公室关于加快推动预制菜产业高质量发展的若干政策意见》	2022年8月	支持企业转型升级。预制菜企业实施智能化改造,根据一年内生产性设备与信息化投入金额给予补助

三、省自身:南京预制菜产业——基础强大

(一)南京预制菜产业发展基础

(1)较强冷链物流基础。南京市拥有规模以上冷库51个,总库容269.63万立方米,冷链运输车保有量达730辆。冷链物流产品集散量全国领先,农副产品交易量1 477万吨、交易额1 220亿元,交易规模稳居全省第一、全国第三。

(2)旺盛的餐饮消费需求。2022年,全市餐饮服务单位总数为58 699家,在全省排名第一。2023年上半年全市限额以上单位餐饮收入同比增长23.6%,拉动全市限上社零额增长1.4个百分点。在国内万亿GDP城市中,全市到店餐饮和外卖订单排名均高于GDP排名,餐饮消费活力旺盛。

(3) 高效便捷交通枢纽支撑。南京是全省唯一一个同时拥有千万级大型机场、亿吨级港口和国家级高铁枢纽的城市,高速铁路 234 公里,实现与 24 个省会城市铁路快速通达以及与省内所有设区市 2 小时通达,沪宁杭合形成"一小时高铁交通圈"。

(4) 广阔市场辐射能力。南京是全国"南菜北调""北菜南下""西果东送"的重要枢纽,汇聚了全国乃至世界各地的农副产品,供应南京都市圈及周边 3 500 万人的农产品消费。从南京市流通的农产品来源看,蔬菜 75%、水产 80%、肉类 95%、果品 75%来自全国其他省份乃至世界各地;从销售去向看,蔬菜 40%、水果 65%、肉类 67%、水产 70%流向南京都市圈及全国其他城市。

(5) 超前的工作谋划策划。2023 年 4 月 19 日,江苏省成立预制菜产业创新联盟,南京预制菜企业积极参与全省产业布局,7 家企业入选副理事长单位,全省占比 30%;10 家入选理事单位,全省占比 31%。市级层面已于 2022 年起推进中央厨房建设,南京市 2023 年"菜篮子"工作要点提出鼓励发展预制菜等新型食品加工业。

(二) 面临的主要问题

(1) 政策体系有待完善。从全市层面来看,南京尚未出台支持预制菜产业的发展政策,特别是土地资源、人力成本等制约产业发展的先行卡口尚未突破,对行业发展引导以及资本投入吸引力不足。同时,主管部门分散且层级不统一,导致产业资源难以有效整合、协同联动发展暂未实现。

(2) 产业链条相对割裂。预制菜产业链上下游关联密切,当前南京预制菜产业链各环节协作还不够深入,尚未形成预制菜产业集聚区,且由于准入门槛较低,长期以来缺乏规范约束,产业发展存在小、散、乱现象。

(3) 龙头示范引领不强。南京目前具有中央厨房性质的餐饮企业有 49 户,大惠企业、古南都集团、小厨娘等规模以上餐饮企业以及以乐鹰为代表的中央厨房项目集成商虽已经形成主动引领的意识,但是带动作用不够明显,在基地建设、品牌创建、品质提升等方面尚未形成齐头并进的协同发展态势。

(4) 标准化建设亟待加强。因标准化体系建设滞后,南京预制菜生产在口味复原程度、食品安全、种类多样化发展等方面尚未出台地方标准或团体标准,且现有产品宣传推广不到位,消费者接受程度低。

四、析未来:南京预制菜产业——大有可为

(一)聚焦链条打造,共筑产业生态圈

一是科学谋划产业布局。建立农业农村、工信、发展改革、商务、科技、市场监管等部门联动机制,推动信息资源跨部门互联互通,结合南京市产业发展规划,超前谋划部署,统一指导、统筹布局。二是搭建发展平台载体。依托南京空港经济开发区建设预制菜产业园,鼓励以"农业基地+中央厨房+生产企业+物流配送"模式开展紧密合作。三是培育龙头示范企业。建立市级优质预制菜企业培育库,重点扶持以"菜篮子"产品预加工为核心,牵引上游农产品生产加工销售、下游餐饮的配套制造业发展。培育南京预制菜"十强"企业,充分发挥其在新发展格局中促消费、稳增长的重要作用。四是打造全链条产业体系。整合南京现有农产品交易、冷链物流、食品加工、展览销售等资源,打造以"原料+加工+运输+销售"一条龙发展的全链条产业,力争建设在全省乃至全国有影响力的预制菜产业基地。五是构建全过程产业标准。从行业规范、安全和卫生、品质管控、产业园区建设等方面,逐步完善预制菜全过程标准体系,推进预制菜产业标准化、规模化发展。

(二)聚焦技术创新,锻造核心竞争力

一是加强技术创新转化。鼓励预制菜食品生产企业加大研发投入,重点解决生产、加工、贮运、保鲜等关键技术难题,建立预制菜原料和菜谱数据库。二是提升产业数字化水平。创建预制菜大数据管理平台,为预制菜的生产加工企业、经销商与采购商,提供全方位的"一站式"服务,扶持预制菜加工装备研发机构和生产创制企业。三是培育特色产品体系。打造涵盖"淮扬菜""南京菜""秦淮小吃"招牌菜单品、建立面向不同群体和特定风俗场景及满足养生需求的套餐等多层级产品体系。

(三)聚焦品牌推广,下好销售先手棋

一是鼓励组建产业联盟。依托"产销学研"等全链条企业、单位的信息互通和商业互动,推动组建南京市预制菜产业联盟,推动标准建立、资源整合、服务优化、规范管理。二是创新销售渠道模式。支持建设富有南京特色的预制菜美食文化街,推进预制菜产业与休闲、旅游、文化产业等深度融合,持续

开展"食在南京""南京喊全国吃菜"系列活动,利用抖音、小红书等短视频平台,打造一批预制菜网红打卡地。三是加强品牌宣传推广。定期举办预制菜推介会、厨艺创新大赛等活动,积极承办全国性、行业性预制菜产业峰会、行业论坛等,让南京预制菜成为新餐饮风尚、新餐饮模式、新餐饮文化产业的引领者。

(四)聚焦要素保障,形成良好软环境

一是加强质量安全保障。加大预制菜生产、流通和销售环节质量安全监管力度,督促预制菜食品生产企业、预制菜"中央厨房"经营企业根据生产规模、产品定位、销售渠道等因素申请获得食品生产许可或者食品经营许可,建立健全预制菜食品安全追溯体系。二是加强物流设施保障。组织引领仓储冷链物流企业与预制菜生产企业对接,充分发挥南京国家骨干冷链物流基地的牵引辐射作用,支持生产基地建设预制菜专供田头智慧小站和销区前置仓,破解"最先一公里"和"最后一公里"问题。三是加强专业人才保障。实施预制菜产业人才培养工程,探索"学校+企业+基地"培育模式,每年评选一批南京预制菜行业代表人物,积极培养预制菜菜品研发、全产业链技术创新与应用、装备研制、管理和服务人才。四是加强政策要素保障。对预制菜产业园区内企业所得税、增值税、个人所得税地方留成部分,以社会经济效益贡献名义,按照一定比例给予奖励。在项目购地、厂房租赁、设备购置、研发机构建设等方面予以资金扶持。支持将预制菜企业纳入应急物资储备名录及军粮热食保障名录,提升全市军需民食应急保障能力。

(作者:汤晋、何牧、甘露)

面向质效的动力特色：
发力健康产业　构筑生命屏障

党的二十大报告指出，人民健康是民族昌盛和国家强盛的重要标志。把保障人民健康放在优先发展的战略位置，完善人民健康促进政策。早在2016年10月，国家就出台《"健康中国2030"规划纲要》，提出到2030年我国健康服务业总体规模将达16万亿元。随着我国社会老龄化进程的加快和人民生活水平的不断提高，人们对医养旅游、康体健身及中医养生等需求也在不断增长。疫情的发生，更提醒人们加强重视疾病预防和健康管理，健康产业的市场潜力不可估量。

一、当前加快发展健康产业显得更为迫切

健康产业分为以产品为主导的产业和以服务为主导的产业。前者包括医疗机构设施设备及医用药品耗材，后者包括健康评估与体检监测、健康教育等。医疗健康产业是一个"永远的朝阳产业"，正焕发出新的生机与活力。

（一）健康产业是促进中国式现代化的重要引擎

健康是幸福生活最重要的指标，也是现代化最为显著的特征之一。人民健康至上、健康优先发展，是中国式现代化道路的重要特征，是社会主义现代化强国的重要标志。当前，健康产业已成为全球最大的新兴产业之一，成为带动全球经济增长的"强心剂"。发展健康产业，为消费者提供更优质的产品和服务，包括健康管理＋医疗、体检、养老、养生、旅游、可穿戴设备等，不断创新个性化健康解决方案，倡导健康生活方式，提升公众健康素养，为"健康中国"贡献能量，也是中国式现代化的重要推动力。

（二）健康产业是促进消费复苏增长的重要内容

国外先进城市经验证明，随着经济发展和社会进步，人类对健康的需求逐渐从传统单一的医疗治疗型，转变为疾病预防、保健和健康促进型，对健康需求类型层次也与日俱增，这不但是对提升城市服务功能的要求，也是推进消费升级的重要力量。从世界发展趋势来看，当人均GDP超过1万美元之后，健康服务需求将驶入快车道，过去20年间，美国健康服务业增长36倍，日本增长32倍，欧盟年均增速为17%。2024年我国人均GDP超过了1.35万美元，南京人均GDP为2.71万美元，健康服务需求将进入快速发展阶段，成为疫情之后人们新的消费热点。

（三）健康产业是促进产业优化升级的重要途径

作为城市转型发展的典范，美国波士顿从传统工业城市演变为西方医疗圣地的成功转型，充分证明了具有知识密集、绿色低碳、资源消耗低、环境污染小、就业带动大等特征的健康服务业，对于形成以现代服务业为主导的城市产业的重要支柱作用。因此，大力发展面向全体居民的健康服务业，以居民的健康消费需求为导向，促进健康产业与一二三产业有机融合、互动发展，不仅能满足居民对多样化健康的需求，对于改善城市产业结构、促进产业优化升级也具有重要的推动作用。

二、南京健康产业发展现状及面临的问题

目前南京医疗健康服务体系不断完善，根据清华大学发布的《清华城市健康指数2024》排名，南京位列全国第4。从疫情应对情况看，南京市公共卫生建设及应急体系有待提升，医疗服务信息化、智慧化建设相对不足，健康产业核心竞争力还不够强。

（一）医疗卫生服务设施建设加快，但水平仍低于杭州武汉等

截至2023年底，全市各级各类卫生机构共3846家，全市二级及以上医疗机构共121家。全市医疗机构总床位数为7.25万张，其中公立医疗机构床位数占比超74%；全市每千常住人口床位数达7.59张。全市医疗机构卫生人员总数为13.91万人。全市每千常住人口执业（助理）医师数、注册护士数分别为4.19人和5.34人，居全省首位。在同级别城市比较中，南京市每千常

住人口执业(助理)医师数和每千常住人口注册护士数等指标均相对较高,但医疗机构数和每千常住人口床位数低于杭州、武汉、成都、长沙等城市,医疗设施建设仍有较大提升空间。

(二)医疗卫生服务体系不断完善,但为老服务资源仍显不足

疫情期间,南京市建成市公共卫生医疗中心,基本建成"横向到边、纵向到底"的卫生应急预案体系,初步构建大传染病防治格局。建成综合、中毒、传染病、儿童等多个市级紧急医学救援基地,疾病预防控制能力有效提升。构建综合连续、覆盖城乡的老年健康服务体系,老年人健康管理率达70%。当前南京即将步入千万人口超大城市行列,60岁及以上人口占21.97%,65岁及以上人口占16.01%,比重均高于全国平均水平。南京市康复、护理等专科医疗机构发展相对滞后,不能适应老年人口快速增长的需求。优质医疗资源空间分布不均,城墙外三级医疗资源亟待增加。

(三)多元化办医得到较快发展,但健康产业融合发展不够

近年来,南京多元化办医空间得到拓展,成功申报省级社会办医试点地区,但全市有民营医疗机构占比不到36%,私立医院发展缓慢。一方面社会办医机构总体水平不高,有规模、有专科特色的民营医疗机构比重不足,高端医疗、特需医疗市场供给相对欠缺;同时进入医疗领域的资金十分有限,且大都集中在高端医疗服务项目上,使得现有医疗资源与庞大的社会需求相比显得十分紧缺。另一方面健康产业链不长,社会办医主要集中在普通医疗服务和健康体检等方面,而缺少如康美药业那样将医疗、康复、养老、旅游等产业融合发展的跨地区大型企业,对南京健康产业发展的促进作用不够。服务老年人群的康复、护理等医疗机构发展相对不足,健康养老产业发展相对滞后。

(四)智慧医疗建设取得积极进展,但与深圳、杭州仍存在差距

近年来,南京市智慧医疗水平明显提升,建成"互联网医院"41家,建成远程医疗会诊、临检、影像、心电、病理等五大中心。南京12320公众健康平台注册用户超过500万,位居全国前列。从疫情防控来看,南京市还存在中高端人才缺乏,智能化、信息化管理程度不高等问题。目前南京市智慧医疗正处于由信息化建设向智慧化发展的转变提升阶段,面临着体制机制有待完善、信息共享有待加强、智慧应用有待拓展、发展环境有待优化等方面困难。如市

级有关数据无法共享,"信息孤岛"现象依然存在;各区智慧医疗建设进展不一等。与深圳、杭州等先进城市相比,南京市智慧医疗产业规模小,尚未形成集群效应。

(五)医疗健康产业发展加快,但产业规模和发展后劲需提升

南京在新医药与生命健康产业具有独特的科教人才优势和创新研发优势及产业链条优势。2023 年南京市生物医药产业营收规模 2 008 亿元,增长 10.2%,规模以上制造业产值 531.8 亿元,居全省第 4。全市拥有生物医药领域企业 845 家,高新技术企业 231 家,独角兽企业 4 家,瞪羚企业 24 家,4 家企业入围中国化药企业百强。全市新获批上市药品 94 个品规,居全省第 1;获批药械数量在省内仅次于苏州。但南京市生物医药产业规模位居省内第 4,与生物医药产业强市上海、苏州等仍有不小差距。2023 年中国生物医药园区竞争力排行榜中,南京生物医药谷的综合竞争力排第 8 位,综合竞争力有所上升。但产业整体规模距 2025 年实现超 5 400 亿元目标,还有很远的路要走。

(六)中医药产业发展优势明显,但产业化发展步伐仍较缓慢

当前,南京中医药事业发展领跑全国,省、市中医院架构完整,社区医疗服务里的中医药元素丰富,特色科室广受欢迎。民营中医药企业如圣爱中医馆养生服务、南医堂中药养生系列产品等都在快速扩张,显示出巨大的社会需求。在院校教育方面,南京中医药大学在中医药研究、教学等方面全国领先,仅次于天津中医药大学和广州中医药大学。但南京中医药发展有事业无产业,绝大多数中药制剂受制于西药管理框架下的品牌、认证等规定,不能产业化。相较而言,山东聊城仅阿胶系列产品就有 70 亿元产值,延伸产业链潜力巨大;云南白药集团仅以白药为主的自制药品年产值就超过 100 亿元。目前南京丰富的中医药资源开发仍处于初期阶段,中医养生馆、药膳馆等商业空间还有待开发。南部新城市中医院已正式运营,但由于未预留发展健康产业的空间,未来产业规模化发展将受到极大限制。

三、南京市发展健康产业构建生命屏障路径选择

疫情之后,南京市应坚持以人的健康为根本、以人的需求为导向,加快推进医疗卫生行业产业化,做大做强医疗服务业规模实力,提升健康产业核心竞争力,加快形成面向未来的各类疫情及健康挑战的综合应对体系,打造城

市竞争新品牌、新优势。

(一) 完善医疗救治和应急处置体系

一是健全医疗救治体系。加快在资源薄弱区及新城区新建三级医院,推进重大疫情救治基地和医疗机构传染病房楼或可转换病区建设,提升可转换ICU收治能力,打造中心城区10分钟、新城区12分钟医疗急救圈,争创国家级紧急医学救援中心。完善基层医疗卫生服务体系,稳步提高基层医疗卫生机构防病治病和健康管理能力。二是强化公共卫生体系建设。按照"省内领先、全国一流"定位,以疾控机构、传染病专科医院、卫生监督机构为主体,以基层医疗卫生机构为网底,以院前急救机构为纽带,建立权责清晰、功能完善、运转高效、协同联动、保障有力的公共卫生体系。加大公共卫生机构基础设施建设和设备投入,强化公共卫生人才队伍建设。三是健全重大公共卫生应急管理体系。成立市公共卫生应急管理委员会和市公共卫生应急指挥中心,推行扁平化管理,实现基于多部门、大数据、实时化、一体化的公共卫生应急指挥。构建多层级的监测预警体系,建成覆盖全市的传染病动态监测系统,打造前沿监测哨点,提升公共卫生应急响应能力。

(二) 加快发展智慧医疗产业

一是发展新一代信息技术相关产业集群。围绕智慧医疗细分领域的具体需求,构建一批生成、存储和运用数据的应用场景,推动软件和信息服务业转型升级,培育发展5G、物联网、人工智能等技术开发应用企业,形成一批上下游关联性强的产业集群。二是发展智能装备产业集群。围绕智慧医院建设,集聚发展医疗物联网设备等硬件生产产业,培育适应医院内部场景的智能机器人等数字医疗设备产业。针对居民更高品质健康需求,集聚发展可收集个人健康数据的穿戴式植入式设备产业。三是发展医疗健康服务新模式。深入开发运用健康医疗大数据,创新发展智能诊疗、智能健康管理等数字服务新业态。围绕个性化精准化医疗健康服务,培育发展生产靶向药物、精准疫苗、精准医疗设备等精准医疗产业集群。四是建好国家健康医疗大数据(东部)中心。构建实时生成的完整个人健康医疗数据库,衍生发展覆盖个人全生命周期的健康管理和服务,建设心脑血管、糖尿病等方面的高端专科医疗服务机构。聚焦基因测序、大分子药物等前沿热点、重点领域,探索建设以药物转化试用为主的未来医院。

（三）大力扶持医疗健康产业发展

一是壮大健康产业。培育健康服务新业态，推进新型基础设施建设，加快健康数字化发展，培育健康管理、医养康养、老年护理、婴幼儿照护等健康服务新业态。大力发展健康旅游、健身休闲、养生保健、旅居养老等健康产业，促进健康新消费。二是完善产能储备。以南京市各生物医药、医疗器械产业园区为抓手，加大公共卫生耗材、体外诊断、家用医疗器械等相关产业扶持力度，从政策、配套服务、人才供给、资金支持等方面提供良好的生态环境。加快形成错位分工、交叉渗透、跨界融合的都市圈产业生态系统，鼓励和引导企业与上下游供应链、产业链进行良好合作、合理分工、有效集成。三是提振产业能级。推动东南大学"工"、南京医科大学"医"、省产研院"融"特色互补互促，打造医工交叉创新研究院。支持柯菲平"江苏省心脑血管药物工程技术研究中心"等省级工程技术研究中心建设，推动创新资源向企业汇聚。建设更多高能级科创平台，加强创新药等突破性技术和高端核心产品的研发攻关，招引培育龙头企业和高层次人才，促进健康产业链强链延链补链。

（四）支持社会办医向高端化规模化集团化方向发展

落实社会办医扶持政策，鼓励与公立医疗机构规范开展医疗协作，支持社会办医向高端化、规模化、集团化方向发展。重点面向南京地区已涉足健康产业又有投资医院意愿的民企，探索民资以多种形式参与公立医院改革试点。一是试点开展市级三级或二级医院引进民资，通过企业参股或控股现有公立医疗机构，建设市场化运营的现代医疗机构。二是试点企业和公立医院合作建立新城新区医院。围绕放大公立医院优质医疗资源，鼓励南京鼓楼医院等名院通过引进战略投资者，新建三级甲等综合医疗机构。三是试点公立医院与社会资本共办康复、养老等医养融合型机构，加快建设以"大型综合医院为龙头、康复专科医院为核心、社区卫生服务机构为基础"的三级康复医联服务网的新型发展模式。综合医院与康复医院之间实行业务对接，实现康复期病人"向下转诊"，与医保管理机构实现连续结算，最大程度解决大型综合医院住院难、一床难求的矛盾。四是发挥民营企业灵活的市场机制，引进国外最先进医疗技术，加强国际医学战略合作交流，推动国际医院、国际诊所、国际医疗会诊平台等高端医疗机构的在宁发展。

（五）鼓励公立医院拓展延伸产业链

探索促进医疗服务产业与先进制造业、现代服务业融合发展的新举措，加快构建和完善南京健康产业链。一是加快建设专业化连锁经营的健康管理中心。以实施公立医院改革为契机，引进社会资本参与公立医院健康管理中心建设，全面推进公立医院健康管理中心市场化、产业化运营，以医院先进设施为依托，以精湛的技术、优秀的专家群为基础，开展健康评估、健康促进，积极引领健康管理中心（机构）连锁发展。二是建设"互联网＋"云医院。加快推进国家公共医疗健康大数据服务平台建设，联合打造并运营面向全国并影响世界的集诊断、治疗、康复于一体的互联网综合医疗项目，提升南京智慧医疗的辐射影响力。三是推进医疗服务与养老、旅游、体育、保险等产业融合发展，联合大企业开展医养融合、医疗保健、医疗保险等试点。

（六）着力推动中医药产业发展

一是积极改变中医药有事业无产业的发展格局。利用省、市中医院传承中药制剂和膏方较多的优势，加快推进中药"二次开发"，促进和规范经典名方产业发展。积极利用现代生物技术，加强中药制造工艺、信息技术、临床评价等研究，研发出更多质优价廉的中成药。开展中药追溯和标准体系建设，打造"放心中药"。二是打造莫愁路中医药特色街区。整体推进莫愁路小机电产品一条街业态调整，为国家名中医构建面向市民的工作窗口，为中小型优质中医专科诊疗和康复养生机构等提供空间，打造"看中医、买中药到莫愁路"的环境氛围。在莫愁路南端建设多功能的中医药博物馆。三是规划布局中医药康养区。结合浦口汤泉康养基地、南中医丰盛健康城、汤山温泉小镇等建设，联合省、市中医院为国内游客提供高端定制健康服务，打造一流的中医药旅游示范区。打造集旅游、体验于一体的秦淮健康养生旅游专线。在南部新城市中医院周边预留健康产业发展用地，进一步发挥市中医院产业发展效应。鼓励在江宁等郊区规划建设中药饮片生产和实习基地。

（作者：南京智库联盟课题组）

厘清条块职责边界　健全网格化管理机制

2013年,党的十八届三中全会提出,以网格化管理、社会化服务为方向,健全基层综合服务管理平台,此后全国各地相继推进以网格化管理为核心的基层治理模式,管理内容从起步阶段以综治、城管为主逐步延伸至民政、人社、水务、房管等多条口工作,形成"条"(职能部门)的"重心下移、资源下沉、权力下放","块"(街道或镇、社区、网格)的综合治理能力不断加强的发展趋势,这种"条块结合"的治理格局,在社会治理中发挥着越来越重要的作用。然而基层反映,一段时期以来,部分机关部门借"属地化"之名,将各类责任转嫁到基层和网格,而"权随责走、费随事转"机制尚未有效落实。看似工作层层压实任务,实则可能层层转嫁责任;看似逐级落实工作,实则有可能在"甩包袱",这些问题在推进网格化管理时要高度重视。

一、网格承接部门职责出现的主要问题

网格化管理作为基层治理模式的创新,对于推动社会治理体系与治理能力现代化具有重要作用,并日益成为城市必不可少的治理模式。然而,当前南京市一些地方在推行网格化管理过程中,还存在责任界限不清晰,将网格变成"大箩筐",一些部门以"属地管理"名义,将难度较大的本职工作安排给基层网格,并以工作督查代替履行职责,使网络化治理面临一些新问题。

(一)职责准入标准不统一

网格职责来自社区职责,社区任务特别是摸排、统计等工作,一般都通过网格承担落实。因此,社区职责明确是网格职责明确的前提。但目前对于哪些部门职责可以下沉社区乃至网格,仍有少数地方缺少统一标准规范,部门职责下沉情况不尽相同,甚至同区域不同街道之间也有差别。而部门职责下

沉社区、网格的标准不规范、不统一,也造成社区协助承担越来越多的行政事务。

(二)"擦边球"式"植入"任务

由于网格管理有精细化的优势、网格员对基层情况相对熟悉,少数部门和街道内设机构产生向社区和网格"借力"的想法。调研发现,有的部门设置规定之外的网格"专员",给社工"安"上信访员、安全员等"头衔",有"头衔"即有责,名虽为"专",实则为"兼"。有的条口工作虽然不在考核事项中,但很多软性指标由"印象分"决定,社区和网格不得不干,如协调居民安装"安心管"本应由燃气公司上门做工作,实际也交至网格员处理。

(三)社区和网格专业知识欠缺

部分条口工作专业性较强,布置到社区后,并未相应做好业务培训指导。网格员由于缺乏知识储备,只能凭感觉开展工作,有的工作甚至需要社工互相交流摸索,才知道怎么干。一些"下沉"的常规性工作,如消防安全检查、房屋安全检查、危化品检查等,网格员凭着"消防通道有杂物""墙上有裂缝"等感官常识判定是否合规,一定程度造成检查流于形式,风险隐患藏于忽视。个别阶段性工作,如教辅机构清查,网格员在上门时,也无法判断是否拿证、是否合法,并遭到机构质疑,影响工作的权威性。

二、部门职责下沉不当的影响

自网格化管理开展以来,任务一级传一级的现象越发明显,各种细化的工作职责落到了基层。再加上网格员服务的手段缺乏,直接导致了基层治理新模式运行不畅,甚至出现了负面声音。

(一)削减了基层干事创业热情

一些部门容易以网格之名"压担子""甩包袱",以"责任状"代替抓落实,把分内工作、应担责任向下传导,层层加码、压力甩锅,导致各级网格不堪重负。下沉任务多,加上专业性、工作难度等因素,基层干部吃苦的同时,容易产生干得越多、错得越多的想法,使得基层干部"疲于应付",干事创业热情削减。特别是临近文明城市创建等任务攻坚期,都会出现一定程度的社工流失。

（二）降低了政策法规执行效率

如若职责边界不清，部门与各级网格之间容易出现你推我搡、互相"踢皮球"现象，导致工作落实不力。个别部门将上级原则性、一般性要求转至社区和网格，对具体怎么干、干成什么样缺少详细指导。网格员在落实中碰到疑难问题时，缺乏解决的权力、资源和能力，为了消弭问责风险，往往通过请示报告等方式将决策权转移至职能部门，陷入相互避责的循环，影响了政策的贯彻执行。据了解，个别部门职责下沉后，该事项在基层的执法总量较下沉前明显减少。

（三）偏离了为居民服务的本职

近年来，南京市落实中央关于整治形式主义为基层减负的相关部署，基层社区的工作环境、工作氛围得到很大改善。但总体而言社区依然过量承担了上级部门交办任务，其工作被迫围着考核转、围着数据转，工作重心严重偏离为社区居民服务的本职。网格员以从事上级交办的行政任务为中心，牵扯了原本网格日常巡查和服务居民本职工作的精力，导致深入群众不够、网格人头不熟，主动发现居民需求和协调各方资源的意愿不够强，发动群众、组织群众自治的能力和水平受到一定影响。

三、部门职责下沉不当的原因分析

部门责任转嫁现象的出现，主要因为现有的网格化管理的体制机制仍不健全，条块职责边界仍没有厘清，部门担当作为意识不强等。

（一）条块职责边界仍未厘清

以网格形式细化社会治理单元，实现精细化管理，始于基层创新，其出发点是通过部门事权下放和服务下沉，实现群众"就近办、多点办、快速办"，更好地服务群众。但在事权下放过程中，框架性制度少，多是基层根据实际工作需要组织实施，这就造成差别大、标准难统一。哪些职责可以下放、哪些不可以；可以下放的，下放到哪一层，是街道还是社区、网格，谁主责、谁配合，都缺乏牵头抓总性质的调查研究和制度性安排。久而久之，即便出发点是好的，也难以避免下放不规范、责任转嫁基层等情况。

（二）配套工作机制不健全

基层人手相对紧张，职责下沉后，专业力量、经费等保障不足，出现"权责利不匹配"的情况，特别是面对应急突发下沉任务时，保障能否落实到位的不确定因素较多。有的街道通过选拔一批年轻干部作为"政务通专员"，下沉社区办理各类审批服务事项，但面上统一的常态长效保障机制跟不上，"人随事走""费随事走"等工作机制还需进一步完善。

（三）缺少科学管理和评估

从目前看，下沉的职责，基层能否接得住、接得好，职责履行情况如何，还缺乏综合管理和评估。很多地方一般都由职责部门进行评估，导致基层成为被"考核"对象，沦为机关部门的"腿"。另外，正由于缺乏综合管理和评估，哪些职责下放不合适，需要采取哪些有效措施来纠正，一定程度上出现"无人管、无人问"的现象。

四、防止部门职责转嫁的建议

为防止网格化管理中出现部门职责转嫁的情况，进一步厘清条块之间的权责关系，明确责任边界，完善工作机制，切实整合资源，提升网格化管理实效，建议做到以下几点。

（一）强化源头治理，减轻网格负担

进一步理顺关系、把好关口，推动社区和网格回归自治本位，从源头上减轻社区和网格工作负担。建立社区工作准入监督机制，除中央和省、市有明确规定外，各级各部门不得随意将清单外的任务转交社区承担，确需下沉社区的事项，必须"凡进必审""费随事转"。严格划定属地责任边界，对行政专项工作和任务的属地责任，不得分解到社区，坚决杜绝层层向社区转嫁责任，避免"属地管理"泛化。剥离社区的专业性执法工作职能，工商、环保、文化、交管、警务、城管等专业性较强，且在街道及以上机关已成立专业执法队伍的条线，不得将巡逻、检查、执法、报告等日常任务下派到社区和网格，不得对网格进行以完成量、发生率等为标准的指标性考核。

（二）加强顶层设计，完善职责清单

充分发挥党建引领基层治理牵头抓总作用，进一步完善网格划分，逐步推进"警务""安监""城管""水务""消防"等各类网格的整合融合，实现数据一网报送、事件一网处置。划定"网格化管理"事项原则要求、责任边界，明确属地责任"属"到哪一层级，统一建立事项准入机制。进一步制定完善社区主体责任清单、协助办理事项准入清单、网格服务管理事项清单和社工职责清单，针对清单之外的任务，确需下沉社区和网格的，须经市级党委审核同意。对现有下沉社区和网格的事项进行整顿清理，对需要保留或新增的管理事项，进行合理性、必要性审查；对需要网格承担的事项，明确主体责任和配合责任，推动基层网格和上级部门各司其职；对无实施必要、交叉重复或实践发现不合理的网格化管理事项，及时进行纠正，必要时由条口部门收回。同时建立负面清单，对不能转嫁给网格的责任进行明确规定，让基层从"兜底责任"的包袱中解脱出来，投入更多的精力服务群众。

（三）推动资源下移，为基层赋能

树立大抓基层鲜明导向，坚持重心下移、力量下沉、保障下倾。对清单之外的任务，确需下沉社区（村）和网格的，按照权责和事项对等的原则，推动人力、物力、财力随事转移，根据实际需要配置资源，让网格具备与事权相匹配的专业力量、资源保障。压紧压实职能部门的监督指导职责，推动服务站所、联勤联动平台以及村居治理微平台等建设，梳理业务机制和流程，配备治理和服务资源，做好跟踪指导和监督检查工作。推动职能部门常态化到基层现场办公、听诊服务，建立和优化各类民呼我应、接诉即办、未诉先办等机制，以解决问题为导向，驱动基层治理体系的高效运转。

（四）实施信息共享，促进协调联动

由大数据部门牵头，会同相关部门对功能相近、用户重叠的政务APP、网络信息平台、在线学习软件等，实行清单化管理，原则上已有市级平台的不再保留区街两级平台。打造横跨多部门的民情民生信息平台，对于民情民生信息，由网格定期报送并动态调整，各部门各条线根据实际需要在赋权后进行数据信息的抓取和筛选使用，非必要不向基层和网格要数据。破除数据壁垒，整合网格内人口、企业、地理等各项基础信息，打通人口计生、综合治理、城市管理等领域端口,实现部门端口互联、信息数据共享。加快建设"社区一体化治理信息平台",更加注重听取网格员、基层工作人员的意见建议,探索建立社区、网格与区级机关部门、街道之间的协调联动、双向互评等机制,进一步实现上级派单更科学、基层办单更细致、群众评价更满意。

(五)加强队伍建设,打牢治理基础

加强网格服务队伍职业教育,对纳入清单的工作任务,通过综合业务培训、轮岗等方式提升网格员综合能力;鼓励职能部门派出志愿者或兼职网格员,充实网格服务力量。建立稳定长效的激励保障机制,不断健全社工薪酬体系和增长机制,持续提高基层干部队伍待遇,适当放宽定向招录公务员和享受事业编条件,拓展职业发展空间。推行轮休调休、健康体检、心理疏导等制度,运用好"三项机制",及时为网格员澄清不实信息、消除负面影响,营造积极向上、担当作为的良好氛围。

(作者:南京智库联盟课题组)

探索联审新机制　提质增效促规范

——南京市文旅行政许可事项联合审批改革探索研究

党的二十大报告指出，中国式现代化是物质文明和精神文明相协调的现代化。物质富足、精神富有是社会主义现代化的根本要求。而深入推进文旅行政许可事项审批制度改革，对繁荣文化市场、丰富精神世界具有十分重要的意义。南京作为文化底蕴厚重的副省级省会城市，应在文旅审批制度改革上先行先试，探索联审联办新模式，为规范文化市场、活跃文化消费、促进精神富有贡献文旅力量。课题组深入南京市各区，对全市文旅行政许可事项审批职能归并集中后的运行情况进行调查，结果显示，总体运行情况良好，群众办事满意率高。但具体实践中仍存在各区集中审批事项标准不统一、审批平台对接不顺畅、审批监管执法协同不到位、数据共享难度较大、审批专职人员不足等问题，必须引起足够重视。

一、南京市文旅行政许可事项审批现状

（一）工作成效

（1）审批职能进一步明确。行政审批制度改革以来，市、区两级按照审批权限，进一步明确了各自承担的文旅审批事项，持续调整优化行政审批方式：一方面进一步"放权"，取消了多项行政许可审批，将市场交还给经营者；另一方面承接了省级"行政审批职能下放"的事项，让经营者能就近申请办理文旅项目。文旅审批工作更加贴近群众、更加便利化。

（2）审批规范进一步加强。对市、区文旅政务服务事项进行了全面梳理，并遵循"最小颗粒度"原则，对实施清单进行了业务项拆分，对办事指南进行标准化建设，按照"依法行政、热情服务、廉洁高效、文明和谐"的服务宗旨，不

断精简办理材料,优化办事流程,提高行政效能,确保行政审批工作公开、公平、公正,文旅审批工作更加规范、高效。

(3)审批改革进一步加快。推进审批数字化建设,加大文旅电子政务利用率,全面推行"不见面审批""无纸化网上审批""一网通办""全程网办"等,市、区文旅许可事项审批均可依托7个监管与服务平台,基本实现了文旅事项线上办理。为提高审批服务效能,方便群众办事,南京市积极探索推进文旅审批新模式。

(二)审批现状

(1)审批主体情况。全市各区实施行政许可权相对集中改革以来,加快了审批和监管的分离,区级行政许可事项审批职能按要求应划归区行政审批局,但各区在实际划转的文旅审批事项上存在较大差异:有全部划转的、有部分划转的,还有仅为形式上的划转,总体上可归纳为三类审批模式(见表1)。

表1 三类审批模式

类型		审批主体	事项	相关区
第一类		区文旅局	全部事项	玄武、栖霞、江北新区
第二类		区文旅局	移交事项+未移交事项	六合区
第三类	1	区审批局	少部分移交事项	雨花台、建邺、高淳、溧水区
	2	区审批局	一半移交事项	江宁、浦口区
	3	区审批局	大部分移交事项	秦淮、鼓楼区

(2)审批流程情况。目前文旅行政审批手段主要分为线上审批和线下审批两种,并逐步由线下审批为主、线上审批为辅转变为线上审批为主、线下审批为辅,凸显了时代发展的特征。线上受理审批平台,采用个人授权电子签章的手段,统一和规范了文旅行政审批的各类制度,只有通过相应的线上审批步骤才能做出审批决定和文书,减少了行政不作为和行政乱作为的现象。但目前各审批平台之间技术互通权限受限,相关信息互不相通,审批材料往往需要重复提供,无形之中增加了行政成本。

(3)审批事项情况。文旅行业经营业态差异较大,分类较广,各类审批事项审批标准各不相同。按照《南京市行政许可事项清单(2023年版)》,由市文旅局作为主管部门的事项共28大项,包括文化、旅游、文物、广电四大类别。另外,剧本杀、密室逃脱等新的文化业态发展迅速,以及按照"双减"政策,文化艺术类非学科校外培训机构划归文化和旅游局(文旅局)审批,当前,有关这些新生事物的法律法规缺失严重,后期监管困难,存在安全风险。

二、南京市文旅行政许可审批中的问题

(一) 部门之间协调沟通不畅

(1) 体制不协调造成上下运行不畅。南京市实施相对集中审批制度改革以来,由于没有"职责同构"的上级主管部门,很多省市文旅部门文件只发到区文旅部门,不会发到区行政审批局,由此带来信息不畅。从市级层面看,市文旅部门也难以协调各区行政审批局的相关审批业务,不利于全市文旅审批工作的开展。另外,市、区两级行政审批事项标准、审批权限相对含糊,影响审批效能。

(2) 改革不配套造成左右联络不畅。区级审批部门与文旅部门、其他关联部门的审批权责界限还不十分清晰,导致左右协调联络不顺畅。一些审批事项在政策尺度把握、专业标准认定、现场勘验等方面仍需审批部门与文旅部门协商,一定程度上增加了审批部门横向沟通成本,降低了行政效率。

(二) 部门之间联审机制不健全

(1) 没有建立横向联审机制。文化行政审批事项中有许多是需要多个部门审批或出具相关认定证明材料的。如娱乐经营场所设立许可需要文化、公安、消防、卫生、环保、工商等多个部门认定。由于目前没有建立横向联审机制,每个部门按照承诺时限15个工作日办结,完成审批总计需要两三个月。如果建立了横向联审机制,平均可缩短四分之三审批时间。

(2) "容缺受理""告知承诺"等审批机制尚不健全。目前在文旅行政审批事项中推出"告知承诺""容缺受理"的事项并不多,大多数文旅事项仍需申请材料齐全后方可受理,还不能有效避免办事企业和群众来回跑、反复跑问题。

(三) 各区文旅审批制度改革推进不一

目前各区涉及的文旅行政审批事项清单尚不一致,承担的审批权限也有所不同,同一事项在不同区域,因区域差别,办理的要求也不完全一致,从某种程度上讲,会影响群众办事的便利度。从各区文旅条口推进情况看,文旅行政许可事项集中度仍相对较低。一方面,受市级文旅审批机制影响,目前

市级层面的文化类、广电类、文物类、旅游类事项和文化类民办非企业单位（以下简称民非）的前置审查，均由市文旅部门全程审批。另一方面，区级文旅行政审批权限没有移交区审批局，绝大多数审批事项仍由区文旅部门审批，一些区即使将部分事项划转到区审批部门，区审批部门也仅仅是窗口受理，审批工作还是由文旅部门执行。如江北新区、建邺区、栖霞区，行政审批部门只负责收件、发件。目前推进文旅审批事项相对集中的有鼓楼区、秦淮区、江宁区、高淳区、溧水区，很多高频事项均直接由区审批局全程审批。对于文旅系统需要集中审批的事项，哪些应由审批局审批，哪些应由文旅局审批，全市应有一个相对统一的谋划和部署（见表2）。

表2 各区审批事项一览表

序号	各区	审批事项	文旅局	审批局	审批局事项类型
1	玄武区	24	24	0	—
2	秦淮区	24	7	17	演出娱乐类4项、广电卫星类7项、文物保护类5项、文化类民非前置审查
3	建邺区	25	25	0	—
4	鼓楼区	24	6	18	演出娱乐类4项、广电卫星类14项
5	雨花台区	24	20	4	互联网上网服务场所（网吧）、娱乐场所、演出经纪机构审批，文化类民非前置审查
6	栖霞区	24	24	0	—
7	江宁区	25	13	12	演出娱乐类4项、广电卫星类5项、文物保护类2项、文化类民非前置审查
8	浦口区	24	14	10	演出娱乐类4项、广电卫星类3项、文保类2项、文化类民非前置审查
9	六合区	25	25	0	—
10	溧水区	24	20	4	营利性演出、互联网上网服务场所（网吧）、娱乐场所、文艺表演团体
11	高淳区	25	21	4	营利性演出、互联网上网服务场所（网吧）、娱乐场所、文艺表演团体
12	江北新区	24	24	0	—

（四）审批与监管执法衔接尚不到位

区文旅部门长期面临工作人员和文化经营场所配比失衡、工作人员偏少问题,难以将区域内文化场所的日常监管全覆盖常态化,对市场监管问题的"发现机制"难以落实,也无法在监管中将信息数据进一步动态更新。成立审批局后,已移交行政审批事项的,在前置审批和后期监管方面衔接不畅,权责不清,容易出现脱节现象。加上监管信息共享不够,部门联动、上下联动不足,对法律、市场、技术手段运用不够,导致事中、事后监管乏力。以娱乐场所审批和监管为例,《娱乐场所管理条例》明确在经营过程中出现严重的违法行为,需要"由原发证机关吊销娱乐经营许可证",而行政审批局没有行政处罚权,如何与文化执法部门衔接执法工作亟待加强。

(五)部门之间信息共享不畅

文旅事项中有许多会涉及工商、公安、消防、卫健、城管等多个行政职能部门,但部门互相之间数据不联通,关联信息共享不畅。目前区级文旅部门,在行政审批事前、事中和事后几个阶段都很难取得相关部门的信息交互,各部门均处于信息孤岛,既损害了申请人的权益,也极大降低了行政审批效能。行政审批完成后,区文化审批部门仅通过邮寄报表形式向公安部门、行政执法大队等后续监管执法部门抄送,而后续监管中的抄告文书少有回复,如遇问题易扯皮,各信息平台之间的互联互通建设仍需加强。

(六)人力配备和专业支撑不足

(1)力量整体薄弱。一方面是人员偏少。大部分区局行政审批科人员不足,有的仅有一人,尤其在审批权限下放后,人手更显捉襟见肘。另一方面是借聘者多。除借用街镇人员外,还有退休返聘人员,甚至聘用临时人员。根据行政许可法要求,审批机关必须有两名以上工作人员参与对相关材料和场地的勘察,一些郊区面积大,外出工作地域跨度大,持续时间长,都增添了审批的难度。

(2)缺乏专业支撑。文旅审批涉及各类文化产品,其特殊性体现在意识形态上。不同于其他行业的审批标准有具体数值、有明确界限,文化产品只能通过宽泛的描述作为标准。《营业性演出管理条例》规定,审批部门必须对演出内容进行审核,审核要求为第二十五条列举的十项内容,不得含有包括违宪,危害国家安全,涉及民族问题,破坏社会稳定,宣扬淫秽、色情、邪教、迷信或者渲染暴力等内容。但在实际执行过程中,涉及政治、道德等话题的尺度依然难以把握。市局有宣传处、法规处、审批处、市场处等部门,而区级文旅部门却没有一一对应科室,市级专家资源未能有效衔接到位,使得区级审批现状日趋严峻。

三、构建文旅审批服务新高地的建议

（一）对区级审批事项进行合理划分，明确审批部门

进一步明确区级审批与业务主管部门间的审批权限、审批流程，加强审批联动，确保审批高效。考虑行政许可事项设定和实施的依据，以及审批办理的技术性、时效性等因素，建议区级许可事项可以按照以下方式进行划分（见表3）。

表3 区级文旅许可事项的审批划分

类型	事项	区文旅局	区审批局
文化类	1. 文艺表演团体设立审批	全程监管	窗口受理前端审批联合文旅现场勘验
	2. 营业性演出审批		
	3. 娱乐场所经营活动审批		
	4. 上网服务营业场所筹建审批		
	5. 上网服务经营活动审批		
文物类	6. 建设工程文物保护许可	全程审批全程监管	窗口受理
	7. 文物保护单位原址保护措施审批		
	8. 不可移动文物修缮审批		
	9. 借用国有馆藏文物审批		
	10. 处理无保存价值的文物审批		
广电类	11. 广播电视专用频段频率使用许可	部分审批全程监管	窗口受理前端审批联合文旅逐级上报
	12. 广播电台、电视台设立终止审批		
	13. 广播电台、电视台变更台名、台标、节目设置范围等审批		
	14. 乡镇设立广播电视站和机关企事业单位设立有线广播电视站审批		
	15. 有线广播电视传输覆盖网工程验收审核		
	16. 广播电视视频点播业务审批		
	17. 卫星电视广播地面接收设施安装服务许可		
	18. 设置卫星电视广播地面接收设施审批		
	19. 广播电台、电视台使用方言播音审批		
旅游管理类	20. 旅行社分社及服务网点备案	全程监管	备案登记发放证明
	21. 旅游景区质量等级初评		不参与

（二）建立市区文旅联审机制，审批信息及时互通

建立市区联动审批机制，全面提速政务服务，方便企业群众办事。对于市、区两级均有的审批事项，要明确市、区两级各自的受理对象、审批权限、审批流程等。对需要市、区两级以上文化行政部门审核审批的事项，区局受理后要及时通过审批网络平台上传申报信息。如需现场勘察的，市级委托区级或市区共同组织现场勘察，符合要求的，市级可当场作出审批决定；如遇现场勘察后需要整改的，由区级负责督办整改，在进行重新勘察合格后，上传合格信息报市级终审部门作出审批决定。对于区级独立审批事项，在区级作出审批决定后，要第一时间传送相关的审批信息，以便市级部门能及时掌握情况，全市"一盘棋"，共同筑牢文化和旅游市场审批安全防线。

（三）大力推进文旅事项"一件事一次办"审批改革

为方便群众办事，优化文旅市场营商环境，针对文旅审批中涉及多部门协同的事项，联合相关部门共同打造文旅事项"一件事"办理。对相关部门的申请材料进行精简、优化、合并，整合编制成"一件事"办理的目录清单，设立"一件事一次办"的综合受理窗口，构建"一件事一次办"的业务办理系统，制作"一件事一次办"的办事指南，可以设立文旅高频事项先行试点，成熟一个，推广一个，以点带面，带动更多的文旅多部门联合审批事项尽快实行"一件事"的审批办理模式，提高文旅审批效能。

（四）推广"告知承诺"和"容缺受理"的服务模式

"告知承诺"是针对申报材料符合法定条件的企业，企业现场写出条件保证达到法定要求的"承诺书"后，行政审批机关先核发证照，后补办相关手续。如果兑现不了承诺，到期后收回证照。"容缺受理"是在申请人具备基本条件、主要申报材料齐全但非关键性材料缺失的情况下，可让申请人作出书面承诺，承诺在限定时间内将材料补齐补正，行政机关可先行受理、审批。这两种服务模式都是为了解决办事企业和群众"来回跑""多次跑""办事慢"的问题，极大地压缩了前期办理手续的时限，推动审批全面提速。

（五）打通部门壁垒，实现信息数据共享

进一步健全和完善各文旅市场审批平台的建设。探索建立市级文旅市

场大数据管理制度,统一数据采集标准、使用标准、安全要求,明确不同数据管理部门的职责分工,避免因数据壁垒影响数据使用。推动审管信息共享,审批部门将行政许可的基本信息、申请材料、审批过程及审批结果等及时推送给监管部门,让监管部门第一时间获知,为监管部门主动开展监管提供全面依据。监管部门按照权限清单认领查看已推送的审批信息,并在事中、事后监管中将监管和执法信息通过系统实时反馈给审批部门,实现审批与监管"双推送双回路"。同时,推动审批监管信息及时对接政府服务门户网站,方便企业和群众直接登录网站线上办理业务、查询办理情况等。

(六)建立健全审管联动机制

建立制定信息推送清单责任制,完善审管联席会议制度,把监管责任主体、时限、范围及处罚和审批程序做到无缝对接,使审批和监管不断档。常态化开展审管联动活动,审批与监管、执法部门共赴现场,及时发现问题,解决问题,防范化解负面影响,形成"事前管标准、事中管检查、事后管处罚、信用管终身"的工作格局,共同营造良好的社会文化环境。

(七)建立一支力量强、业务精的审批队伍

强化人才引进,针对文化、文物、广电等技术要求高的审批岗位,制定专业人才引进计划,用业务能力保证审批效率。加强警示教育,牢固树立"为人民服务"理念,压实审批干部意识形态、安全生产、廉政风险等责任意识,培养提升审批干部的审批业务能力、应急处变能力、化解风险能力,培养出一支思想稳定、本领过硬的高素质的文旅审批队伍。

(作者:南京智库联盟课题组)

推进功能区空间资源整合
加快打造面向新时代特大城市

——关于南京行政区划调整的思考与建议

党的二十大报告指出,要加快转变超大特大城市发展方式,这是今后一个时期推进超大特大城市发展的根本遵循和行动指南。改革创新为发展的根本动力,唯有破除制约转变发展方式的体制机制障碍,才能持续增强其发展动力和活力。作为特大城市的南京,以调整优化行政区划破解转变发展方式过程中碰到的难题,是南京率先探索中国式城市现代化、加快高质量发展走在前列的重大使命。

一、行政区划调整突破了南京市空间发展制约

进入21世纪以来,为加快全市经济社会发展,南京市对行政区划做出多轮调整。通过行政区划调整,城市空间有效拓展,空间制约得到突破;发展资源得到整合,城市结构日趋完善;管理体制得到优化,发展潜力有效释放,增强了南京作为全国重要中心城市的辐射带动作用。

第一阶段:以区划调整拓展发展空间。2000年12月,撤销江宁县,设立江宁区;2002年4月,撤销浦口区和江浦县,设立新的浦口区,撤销大厂区和六合县,设立新的六合区,形成11区2县的区划格局;2002年10月,对建邺区、白下区、雨花台区和鼓楼区的部分行政区划进行了调整。在这轮区划调整以前,南京功能培育与要素主要集中于主城,被束缚在相对狭小的行政区域内,传统产业的转移扩散与新兴产业的发展在空间上受到限制。经过2000年和2002年两次区划调整,全市11个区的面积达4 737平方千米,解决了中心城区发展空间不足等突出问题。同时,通过对建邺区等主城部分行政区划

进行调整,进一步优化了中心城区功能布局,对加快河西新城区的建设具有重要的推动作用,为树立南京城市新形象奠定了基础。

第二阶段:以区划调整整合空间资源。2013年2月,撤销秦淮区和白下区设立新的秦淮区,撤销鼓楼区和下关区设立新的鼓楼区,撤销溧水县设立溧水区,撤销高淳县设立高淳区。在这轮区划调整以前,一方面,南京主城区各行政区的面积和人口相差较大,尤其是主城各区发展空间十分有限,制约了南京城市的优化布局。如当时位居老城区的秦淮、鼓楼和白下三区,它们的面积都不到30平方千米,空间发展的制约十分突出,造成其优势资源未能得到充分释放。由于空间相对狭小,产业布局的雷同,各区县甚至街道,为了提升自己的经济发展水平,加快发展速度,相互之间进行着广泛的税源竞争,竞相出台优惠政策,既影响了全市的产业合理布局,又造成了恶性和同质竞争,过多消耗资源,导致全市总的税源流失,对全市经济的发展造成了较大影响。另一方面,一直以来,南京经济发展短板和弱项在郊区,从统筹全市资源布局全局的角度看,重点是解决城乡之间规划分割的问题,统筹考虑城乡空间布局,把规划覆盖到广大农村地区,使城市和农村的规划无缝对接。

第三阶段:以区划调整优化管理体制。2017年5月,江北新区设立直管区,即将高新区和化工园区整建制并入江北新区(两园区原托管的沿江街道、泰山街道、盘城街道、大厂街道、长芦街道一并划入),另明确顶山街道、葛塘街道由新区统一托管。南京江北新区是由国务院正式批复,于2015年6月正式设立的中国第13个、江苏首个国家级新区。但江北新区刚成立的时候,新区和所在行政区存在多头管理的问题,比如顶山街道浦口区能管,江北新区也能管。直管区的设立更好地厘清了江北新区管理体制,加快了江北新区向功能区和行政区转型。南京近年行政区划变迁历程,真实地反映了行政区划的客观发展规律,即行政区划体制与南京的经济社会发展状况紧密相连,既有一段频繁调整的时期,也有一段相对稳定的时期,当工业化、城镇化步入加速发展的时期,为适应生产力发展需要,行政区划体制就会做出相应的调整完善。

二、行政区划调整是南京发展动能转换的必由之路

一直以来,行政区划调整都是促进区域发展的重要手段之一,诸多大中型城市在其发展的不同时期,皆会选择在城市空间结构上有所突破,这也是加快动能转换、提升城市能级的必由之路。然而南京现有部分行政区划已不

适应新阶段、新形势、新要求,区域空间不协调、产业布局不合理、空间规划不协同等问题日益凸显,成为制约城市高质量发展的瓶颈。

(一)中心城区动能需要再造

经过近十年的发展,南京综合实力显著增强,2023年GDP达17 421.4亿元,稳居全国前十;中心城区发展框架已经拉开,多心开敞、轴向组团的空间格局初步形成。但从整体上看,南京中心城区的空间不够优、功能不够强、活力不够足,这也影响了南京在下一轮竞争中的位置和国家战略中的地位,促生其能否承担起国家中心城市作用的重大战略问题。这就要求南京必须在"优空间、强功能、增活力"下更大功夫,通过区划调整整合中心城区发展资源,以相对集中的资源和要素投放培育新的城市创新和功能升级板块,再造中心城区的发展动能,形成综合功能强大、辐射功能更强、运行效率更高的都市区,带动城市功能扩张和空间提质,成为都市圈乃至全国人口、资本、创新种子竞相集聚的中心。

(二)板块之间发展存在割裂

从行政隶属上来看,有些发展板块同属一个行政区,但由于发展主体不同,造成各板块发展人为割裂,亟需通过区划调整或管理体制创新实现发展一体化、融合化。突出表现在以下两个区域:一是江北新区和浦口区。两板块制度设计仍不明晰,在区域发展不平衡、资源分布不均衡的现实条件下,新区与周边区域行政沟通、协调落地、区域联动等治理成本较高,治理效能较低。二是栖霞区和南京经开区、仙林大学城。行政区、经开区、大学城均属南京市辖区(派出机构),相对独立、互不隶属,在性质上分属行政区和功能区,而在地理范围上又相互重叠交织,因此在顶层设计特别是规划统筹上难以充分融合。

(三)重大功能空间资源亟需整合

重大功能区是南京优化城市空间结构的关键区域,是提升南京城市能级的核心增长极,以区划调整加快重点功能区的培育,对全市发展具有十分重要的意义。但目前南京市仍有部分重点发展功能区的行政管辖范围相互交错重叠,在管理上提高了协调难度,在效益上提高了行政管理成本,在区域发展上增加了协调的难度,主要体现在以下几个区域:一是临空经济示范区。

示范区由江宁、溧水两区及机场集团三个发展主体管辖,三大板块间建设仍缺乏有效整合,尤其是作为省管的机场封闭运作,难以发挥有效的协同效应,制约了资源的优化整合、产业的集聚提升和管理效率的提高,多年来这些体制机制障碍是制约临空地区发展的一个重要原因。二是南部新城。南京南站于2011年6月建成投入使用,但南站地区发展现状与规划的枢纽型经济高地发展目标仍有较大差距。南京南站涉及江宁区、秦淮区和雨花台区三个行政区,其中高铁南站主站台在雨花区,南广场基本上属于江宁区,任何一个区推进核心区建设,都面临着开发纵深不足的窘境。

三、杭州中心城区区划重大调整及对南京的借鉴

杭州市原下辖10个区,以及2个县、1个县级市。2021年4月,杭州对行政区划进行了一次大刀阔斧的调整。

(1)调整思路:变"要发展空间"为"要整合空间"。与之前数次以撤市设区为主要方式的行政区划调整不同,杭州此次行政区划调整集中在中心城区,对除西湖区外的其他7个中心城区的管辖范围都进行了全方位优化。没有增加市辖区数量或者扩大市区面积,而是更多地通过合并、拆分、功能区升级为行政区等方式在既有存量空间中做优化,在城市原有空间格局、功能格局和资源配置方面下更大的功夫,从而在更大范围内做强区域各功能板块实力,促进各功能板块在更高水平上均衡发展。

(2)主要做法:"小区合并"+"大区拆分"+"经济功能区"升级为"行政区",实现区划调整目标。其中"小区合并"即合并上城区和江干区设立新的上城区,合并下城区和拱墅区设立新的拱墅区;"大区拆分"即拆分余杭区,分成新余杭区+临平区;"升级行政区"即将钱塘经济开发区升级成为钱塘区,钱塘经开区原隶属于萧山区的大江东和江干区的下沙(杭州经济技术开发区)。

(3)取得成效:这次的行政区划调整,有利于对杭州发展资源进行统筹思考、优化配置、整合利用,加快构建"一核九星、双网融合、三江绿楔"新型特大城市空间格局,为杭州将来较长一个时期的发展打开空间、释放潜能。这次更大范围的行政区划调整改变了资源要素流动的边界和条件,实现了资源利用的市域统筹,有效降低了杭州市内各区级行政区之间的竞争,有助于加快建设社会主义现代化国际大都市。

(4)经验借鉴:南京与杭州区位相似,为长三角南北两翼的中心城市,经济发展水平与城市规模相当。而且与杭州相似,经过21世纪以来几次较大规

模的行政区划调整,南京城市发展空间已经打开。当前,亟需借鉴杭州的经验,注重通过区划调整,加快打造面向新时代的特大城市。一是对城市空间进行整体性重塑,着力构建"多中心开敞式、轴向组团式"的新型特大城市空间格局;二是对发展资源进行系统性整合,在更大范围内做大做强区域各功能板块实力,加快打造城市发展新增长极;三是对管理体制进行集成性优化,增强城市空间治理能力,提升南京城市整体治理效能。

四、立足重大功能区建设优化行政区划

围绕打造高成长性和高质量发展的区域增长极,建议以目前正在推进的重大功能区空间资源整合为重点,对一些较为突出的行政区划问题进行调整。

(一)调整江北新区区划,设立江北新区行政区

撤销浦口区建制,并将六合葛塘、大厂、长芦三街道整体划入江北新区,并参照上海浦东新区、天津滨海新区模式,正式设立江北新区行政区,为高水平整合江北新区空间和资源,优化新区功能结构和产业布局奠定基础。实施"区政合一"行政管理模式,江北新区与所在行政区合署办公,"两块牌子"一套人马,实施大部制扁平化管理,通过优化职能机构设置,强化新区经济管理、科技创新和营商环境打造等职责。

(二)调整空港地区区划,建设临空经济示范区

优化临空经济示范区行政区划,建议将禄口街道整体划归溧水区,构建以禄口街道和柘塘街道为直管区的临空经济示范区,由溧水区对这一区域内各类资源要素、产业发展与规划建设等进行有效统筹。组建由南京市政府、禄口机场管理集团等参加的"南京临空经济示范区建设集团",集团为正局级,按照"市属区管"的模式,以市场化运营为主导,由溧水区负责集团的经营发展。

(三)调整南部新城区划,打造高铁枢纽经济区

以建设交通枢纽功能和枢纽型商贸商务功能为支撑,将这一地区整体划归秦淮区管辖,加快南部新城由综合交通枢纽功能向复合功能转变。根据南京南站枢纽可能辐射影响的范围及其与周边地区的空间关系,初步确定"南站新区"大体范围是:东至宁杭高速、北至纬七路、西到宁丹路、南到绕城高速

这一区域,具体包括秦淮区南部及红花机场地区、雨花台区西北部、江宁北部等区域。

(四)整合栖霞区空间资源,打造对接长三角的桥头堡

参照杭州钱塘区(钱塘新区)、无锡新吴区(高新区)等行政管理模式,推动栖霞区与南京经开区一体化管理,两区管辖范围重叠、边界一致,实现两区资源最大化整合,做大做强栖霞区,提升综合竞争力。优化南京经开区管理职能,以经开区为栖霞板块的经济、产业、科创平台,统筹负责栖霞区经济建设、产业发展、科技创新领域工作。推动大学城管委会向平台公司转型,明确大学城作为市级城市运营平台,统筹行使行政区内城建融资等功能,最大化发挥功能平台专业力量优势,充分释放板块发展动能。

五、推动新一轮区划调整的建议

实施行政区划调整,是顺应新时代南京发展需要的科学决策,是一项立足当前、着眼长远的战略举措,是新时代加快提升南京城市能级的重要措施,要将区划调整工作统一到促进全市经济社会全面发展的战略高度。

(一)要超前谋划研究

围绕将南京中心城区各区打造成 2 000 亿元以上的发展区目标,借鉴杭州 2021 年做大做强各区的区划调整经验,研究谋划对中心城区区划进行大规模调整优化。除上述围绕重点功能板块的区划调整建议外,可对优化麒麟科技城、铁北地区等板块区划进行深入研究,对能否拓展玄武区发展空间(除去钟山风景区,玄武区实际面积为 45 平方千米,是南京市物理发展空间最小的一个区)进行充分论证,力争通过新一轮区划调整,为南京未来 10 年发展打开空间、释放潜能。

(二)要紧扣机构改革

将机构改革与区划调整有机结合起来,要以区划调整为契机,结合各区的产业发展方向和功能定位,优化区级行政管理机构设置。要充分认识到重点功能区不是行政区,作为以产业发展为主的城市功能区,推进各管委会"去行政化"改革,以深化员额制(岗位职员和薪酬总额)改革为统领,全面推行岗位聘任制,实行薪酬总量控制,建立市场化运营管理体制,打破管委会员工的

"身份"限制，赋予功能区更大的经营、用人和分配自主权，构建更有活力、更有效率的体制机制。

（三）要厉行精简高效

坚持"精简、统一、高效"的原则，要按照国务院"约法三章"（政府性楼堂馆所一律不得新建，财政供养人员总量只减不增，"三公"经费只减不增）要求，严格执行中央和省委、省政府关于厉行节约的规定和国家土地管理法规政策，加大区域资源整合力度，优化总体布局，促进区域经济社会协调健康发展。

（作者：曹段冉、杨肖丽）

新发展阶段南京重点城镇建设研究

南京在新型城镇化建设方面已经取得长足进步,面向国家全面建成社会主义现代化强国、实现第二个百年奋斗目标所制定的空间发展蓝图和战略部署,编制了《南京市国土空间总体规划(2021—2035年)》和《南京市国民经济和社会发展第十四个五年规划和二〇三五年远景目标纲要》。我国已开启的现代化国家新征程赋予城市更为重要的作用,新的要求与挑战也不断产生。

一、南京城镇建设的演变过程及规划政策的驱动影响

(一)城市建设功能定位越来越多元化

从历次的国民经济和社会发展规划与城市总体规划的城市功能定位来看,20世纪80年代以来,历次的南京城市功能定位均明确了其经济、文化维度的发展方向;20世纪90年代增加了创新、生态维度的性质定位;进入21世纪以来,南京在创新、经济、文化维度的发展进一步强化,尤其是近些年来,创新功能定位级别显著提升,实现了滨江城市从绿色中心到人文绿都的转变。这印证了南京的经济辐射能力不断增强,区域增长极的地位越来越凸显,城市职能更加丰富,发展目标更为综合多元。

(二)城镇建设规划规模越来越大,人均建设面积越来越少

南京人口城市化程度不仅低于规划预期,而且与苏州、杭州、合肥等城市新增人口差距也较大,而土地城市建设过程过快。根据《南京市城市总体规划(1991—2010年)》(以下简称1991版规划),2010年常住人口预期目标与实施结果之间存在差距;根据《南京市城市总体规划(2011—2020年)》(以下简称2011版规划),2020年常住人口预期比实际偏低100万。在这些总体规划

中,用地规模越来越大,城镇建设用地面积从 1986 年的 87.3 km² 增长到 2015 年的 464.1 km²,净增 376.8 km²,面积扩大了 4 倍多,2015 年以来南京市建设用地扩张速度放缓。然而,南京主城的人均建设用地面积越来越少,由 2005 年的 102 m² 降至 2010 年的 81 m²,再降至 2015 年的 70 m² 以内。

(三)城镇建设规划布局越来越分散

1986 年以前,城镇建设用地主要分布在明城墙以内及城墙外的沿江、向南、向东扩展的部分,沿江地区分布有大型国有化工企业。1986—1996 年,城镇建设用地主要呈现沿长江干流分布的趋势,其扩展仍以建邺、栖霞上游和六合上游岸段最为集中。1996 年以后,城镇建设用地沿长江干流"带状扩张"并沿各方向向外扩张,尤其是 2002 年以来南京市城市化进程明显加快,仅 2000 年至 2010 年,规划用地面积就增长了 1 倍多。2011 版规划的"两带一轴"城镇空间布局下,形成"中心城—新城—新市镇"的城镇等级体系。在城镇职能方面,中心城是南京区域中心城市功能的集中承载地,重点发展现代服务业和高新技术产业。新城是产业、服务功能和城镇化人口的集聚区。新市镇是郊区县非农产业和城镇人口的重要集聚地,都市区范围相比 1991 版规划继续向南北扩展。

(四)南京城镇建设过程内部关键动力来自地方政府

20 世纪 80 年代至今,我国经济体制改革和户籍制度变化、土地有偿使用、全面住房制度改革对城市扩张产生深远影响,城市开发边界试点工作和生态文明建设对南京城市大规模扩张产生约束作用。针对南京建设用地最快速扩张的 2003—2020 年时期,基于武汉大学的杨杰和黄昕教授发布的 1990—2021 年的中国 30 m 的年度土地覆盖数据,利用 ArcMap10.2 对南京以乡镇街道为单元的建设用地扩张特征及其动因进行分析,结果显示:南京 2003—2020 年城镇建设用地新增面积的 73.26%,是在南京城市建设布局规划框架下完成的,即根据 2011 版规划在市域内构建"两带一轴"的城镇空间布局结构以及"中心城—新城—新市镇"的城镇单元框架下主导完成的。南京 2000 年、2013 年、2020 年等关键转折年份建设用地规模增长与规划要求具有总体一致性。然而,南京市近些年主要有三种城市发展政策变动对城市规划实施的影响结果表现为城镇建设增减快慢变化效应。一是文化旅游建设政策的增加效应。2013 年南京市发布实施《关于加快南京旅游产业转型升级的意见》，对比 2011 版规划"两带一轴"总体布局结构，各文化旅游区范围有所增加，且新增了明城墙—明外郭文化休闲旅游带、天生桥胭脂河生态休闲旅游度假区和竹镇乡村休闲旅游度假区。二是 2010 年南京编制"十大功能板块"行动计划的增加效应，但实际上该行动规划既不聚焦，重点也不够明确。南京提出建设独具魅力的幸福都市，相继出台了一系列政策完善城市公共服务设施体系，近年来主城外围新城普遍呈现出建设用地增速快于人口增速的发展特征，有力推动南京市老重工业基地存量土地的再开发，有利于地区环境品质提升、功能更新和布局优化。三是地铁轨道建设的建设带动效应。为保障都市圈轨道交通 S1 线的建设，在石臼湖南北两侧划出建设用地作为地铁小镇建设。另外，2010—2013 年中心城区外围近郊新市镇中葛塘、八卦洲、江心洲、麒麟、秣陵等新市镇用地增幅最大，用地增速和人口增速都较快。由于自身区位及发展条件带来的建设滞后，远离中心城区的新市镇发展滞后于规划预期要求。此外，文旅建设与生态保护带来建设减量，主要是通过建设城市和区域生态保护红线，严格控制和减少生态空间中的零星建设用地。生态红线区域保护规划的实施有利于引导各类建设向新城、新市镇集中。

（五）南京城镇建设过程的外部动力来自国家宏观制度改革

随着 20 世纪 80 年代我国经济体制由计划经济向社会主义市场经济体制转变，外向型经济发展使南京城市活力开始增强，区位优越的南京以相对低廉的土地价格和劳动力价格吸引着外国投资，使之成为城市进一步扩张的动力。户籍制度的开放，加快了城乡人口流动，使得大量农村居民移居城市，短期的农村剩余劳动力参与到城市化进程中。国家确立了土地有偿使用的法律框架，自此允许土地使用权有偿转让，土地出让金变成地方财政收入的重要组成部分，同时保证了城市建设投资的增长，城市建设用地快速扩张。1998 年我国实行全面住房制度改革，使得区位优越的中心城区地价快速上涨，工业和新增居住用地逐步向城市郊区扩张。一系列经济制度的变化，成为各城市扩张的动力。同时，1980 年至今，南京经历多次行政区划调整，市域面积和市区面积逐渐扩大，原主城区外围的县撤县设区，乡镇转变为街道，土地置换更加顺利，使城市功能组织可以在更大的区域范围内展开。

总体上，南京土地开发、土地城市化快于人口城市化，虽然进行行政区划调整助力土地城市化，但人口城市化程度不仅比规划预期低，相对于苏州、杭州、合肥等城市，新增人口也差距较大。同时，城镇建设更多是短视的居住土地开发占据了优质的山水生态资源,城市化创新、科技、文化、金融、现代服务中心等长期发展及其功能载体建设滞后。为了防止城市无序扩张,2014年,住建部、自然资源部联合开展划定城市开发边界试点工作,南京被列入试点城市,对南京城市大规模扩张产生约束作用,促使南京城市扩张由飞地式和蔓延式逐渐向填充式和集约化转变,城市规划向存量规划转变。

二、南京新发展阶段城市现代价值与建设发展需求

(一)中国城市发展与发达国家在诸多方面存在差距

城市化发展进程具有阶段性规律。诺瑟姆提出的"城市化水平发展模型",揭示了区域整体的城市化在时间轴上发展的阶段性和周期性规律,克拉森等提出的"城市化空间发展模型",揭示了城市地区的城市化在空间轴上发展的阶段性和周期性规律。美国、日本等世界发达国家已经进入城市化的后期阶段,未来发展的关键优先事项包括管理文化多样性、升级和更新老化的基础设施、解决城市收缩和衰退,以及满足日益增加的老龄人口的需求。

2022年末,全国常住人口城镇化率为65.22%,中国城市化总体处在中期阶段,纵观古今中外,从来没有一个国家像中国现在这样对城市化如此重视,如此依赖城市化推动经济增长,如此从中央到地方由各级政府强势推动"新型"城市化的发展。中国城市化总体处在中期阶段,与发达国家相比在人均GDP、创新能力、产业结构和服务业发展等方面仍存在较大差距,在医疗、教育、社会保障等公共服务领域仍需加强。目前,中国城市尤其是东部发达地区城市应该重点提升自身发展水平和国际竞争力,通过创新驱动、扩大开放、深化改革等手段来实现高质量发展和现代化建设。近几年,"新型"城市化运动已构成世界城市化发展史上的"中国奇观"。

(二)中国式现代化赋予城市更为重要的作用

党的十八大以来,中国特色社会主义进入新时代。党的十九大对实现第二个百年奋斗目标作出分两个阶段推进的战略安排,提出到2035年基本实现社会主义现代化,到21世纪中叶把我国建成富强民主文明和谐美丽的社会主义现代化强国,我国进入全面建设社会主义现代化国家的新发展阶段。我国建成富强民主文明和谐美丽的社会主义现代化强国,要坚定不移贯彻创新、

协调、绿色、开放、共享的新发展理念。"十四五"规划提出"全体人民共同富裕取得更为明显的实质性进展",在改善人民生活品质方面突出强调了扎实推动共同富裕,必将不断增强人民群众的获得感、幸福感、安全感。

2023年7月,习近平总书记在江苏考察时强调,江苏要在推进中国式现代化中走在前、做示范,谱写"强富美高"新江苏现代化建设新篇章。习近平总书记指出中国式现代化关键在科技现代化,江苏要加强优秀传统文化的保护传承和创新发展,积极参与建设长江和大运河两大国家文化公园。习近平总书记在南京考察了紫金山实验室和国家电网公司下属的能源互联网领域高科技企业南瑞集团。

近年来,习近平总书记对城市现代化作出了一系列重要指示,概括起来一是"通过大数据、云计算、人工智能等手段推进城市治理现代化,大城市也可以变得更'聪明'";二是"使城市更健康、更安全、更宜居,成为人民群众高品质生活的空间";三是"城市发展不能只考虑规模经济效益,必须把生态和安全放在更加突出的位置,统筹城市布局的经济需要、生活需要、生态需要、安全需要"。这意味现代城市化的着力点已经不是人口流动和集聚,而是提升城市的现代价值。现代城市化要发挥中心和策源地作用,以提升城市的经济、创新、文化、生态等现代价值为着力点,满足居民经济、生活、生态、安全等方面需要。未来能走多远取决于城市创新能力,重视绿色发展的城市更具魅力,以文化充实城市内涵逐渐成为新趋势,这正成为中国诸多城市的共识。同时,现代城市规划在城市发展中起着战略引领和刚性控制的重要作用,在促进经济社会发展、优化城乡布局、完善城市功能、增进民生福祉等方面发挥重要的科学支撑作用。

(三)南京城市功能定位越来越明晰,但功能建设实现的效能资源创新整合谋划不够

南京城镇功能的最新定位明确了经济、文化、生态功能定位,尤其突出升级创建全球创新中心。然而,南京自身政策不够连续的问题仍然存在,面临政治经济政策变动的影响越来越大,来自区域多级层面的压制和竞争越来越强,人口和产业流入越来越少,城市建设规划的科学性和严肃性不足,尤其是历次南京城镇规划建设的主次顺序不清晰,南京城镇建设的个性化塑造缺乏。这不仅迫切需要增强规划知识体系和理念导向支撑以及对城市发展规律的清晰认识,更需要对当前的南京城市区域发展做出科学的前瞻性认识与

长远谋划。

三、新发展阶段南京城镇建设规划过程中的关键制约及建设策略

(一)新发展阶段,南京未来城市功能定位符合世界城市发展规律与中国新时代所赋予城市的重要作用和角色定位

《南京市国土空间总体规划(2021—2035年)》是南京市面向国家全面建成社会主义现代化强国、实现第二个百年奋斗目标所制定的空间发展蓝图和战略部署,是市域国土空间保护、开发、利用、修复的行动纲领,为编制下位国土空间总体规划、详细规划和实施国土空间用途管制提供基本依据,是相关专项规划的基础。南京要围绕成为中国式现代化的城市示范引领,立足新发展阶段,贯彻新发展理念,服务构建新发展格局,坚持以人民为中心,统筹发展和安全,坚持高水平保护、高质量发展、高品质生活、高效能治理,突出耕地和永久基本农田、生态保护红线、城镇开发边界的底线约束,统筹国土空间保护、开发、利用、修复,全面提高国土空间治理能力现代化水平。

规划明确南京的城市性质为:江苏省省会,东部地区重要的中心城市,国家历史文化名城,国际性综合交通枢纽城市。同时,规划也明确了城市核心功能定位为:全国先进制造业基地,东部产业创新中心和区域性科技创新高地,东部现代服务业中心,区域性航运物流中心。最终将南京建设成为展示中国式现代化、人类文明新形态的典范城市,创新实力迈入全球城市前列,成为具有全球重要影响力的创新之都和天蓝、水清、森林环绕的幸福美好家园,拥有高度的物质文明、政治文明、精神文明、社会文明、生态文明。

(二)南京的区域地位及政策变动仍影响着城镇建设的持续性

南京的区域地位与政治经济政策变动导致发展受限,来自区域多级层面的压制和竞争越来越强。在长三角区域中,上海的影响力最强,杭州的发展规模与新经济发展质量超过南京,苏州成功从工业领域转型高端科研领域;合肥过去十年抓住经济发展趋势机遇,皖南芜湖等地崛起;而受江苏省内平均主义的影响,南京并未获得江苏的高度重视,都市圈各城市产业布局重叠,分工不明确。南京都市圈行政阻碍大,缺乏整体统筹和一致认同性,都市圈一半在安徽境内,有冲突有竞争,马鞍山、滁州未来有实质性融入,但芜湖、宣城以及扬州、镇江各自为战,南京与淮安距离太远,淮安实质性融入可能性小。

南京自身政策不够连续,建设布局整体统筹和主次顺序还需加强。近年来南京建设布局摇摆不定,追求土地财政而错失打造滨江滨湖发展新形象的时机,例如河西开发、下关码头、玄武湖等优质山水资源缺乏金融、商务、创新中心等城市长远谋划整合,而是建成了高档居住小区,导致城市缺乏长期可持续的宏观发展规划。

(三)当前城市建设规划科学性和严肃性不足带来发展问题

规划是政府决策实施的手段和工具,规划自身的理论建设及政策影响决定了规划科学性和严肃性。南京一直以来都十分注重均衡化发展,核心城区和郊区同样都有着巨大的投入,但对于郊区来说,南京早期规划过于乐观,新城镇规模总体上都规划过大,投入过多,本地产业和人口并不匹配,发展多年的郊区新城大多本质上还是"睡城"。而部分具备功能分担作用的少数核心城区却有着资金不足的窘境。可见,南京在城镇建设主次关系上没有把握好,在资源有限的情况下,势必需要分清主次和顺序。南京城镇建设的个性化塑造缺乏。南京的历史文化属性强,主要体现在城墙内的老主城,如今的明故宫公园根本体现不了南京过去的辉煌。同样,南京的长江、秦淮河、玄武湖等滨江滨湖城市形象,同样没有打造出来。南京的各行各业都有不错的发展,在芯片、新能源、光伏、人工智能领域都广泛投入,但在全国没有一个响亮的名片,相应的顶尖人才很难被南京吸引。

规划知识体系和理念导向支撑不足,对城市发展规律认识不清。从20世纪60年代至今,创造规划知识最多的国家一直是美国,规划知识体系一直在向社会学、管理学、技术、IT行业扩张,大量吸纳地理学、经济学、美学、心理学、文化学、生态学知识,从论文的研究方向来看,规划知识体系出现频率最高的是在环境科学中,其次是地理学,再次是计算机科学。当前,知识体系的缺位导致国土空间规划的盲目性与学科支撑的缺位,缺乏前瞻性的预判及未来的知识补充,缺乏人才的配置依据,影响未来学科架构的系统性。城市是支撑文明的最重要载体,规划编制的第一维是理想导向,空间规划长期承载着人民情感与人类梦想;第二维是问题导向,空间面临着生产生活方式改变而带来的大规模重组与变革;第三维是规律导向,特别强调文明发展的规律。只有按照规律导向完成的空间规划,才能够在理想导向、问题导向和规律导向的基础上回归空间规划的本质和学科理性。

(四)南京城市功能定位迫切需要资源整合创新,提出建设分区综合效能提升的科学方法

南京最新功能建设定位符合城市发展规律及未来国家战略需要,但目前南京城市形象中庸化,规划内容中规中矩,全面而简单,定位不够大胆、深入、创新,没有摆脱已有框架,重点城镇功能需要进一步整合优化。规划研究不够,资源环境承载力与生态功能重要性评估的研究人员知识结构单一,尽管顺应城市发展趋势和国家战略需求,但规划工具陈旧;虽然以资源环境承载能力和国土空间开发适宜性评价为基础,建立了优先确保农业空间、生态空间前提下空间发展新模式,但本质上是分要素、功能分区规划理念,分区与分区之间的功能联系。因此,每个分区的综合效能不足仍然是规划体系的科学缺陷,未来由形到流,由物质到社会,即效能分区是关键。

在以人为本的个性化消费、精准化生产的新经济模式里,生产生活生态活动对空间弹性使用需求有增无减。任何功能类别,均要符合"(有)效能指标"功能流,例如交通、生产生活供用水、污水、空气污染、噪声、生物迁徙与保护、防火、日照等。效能指标在特定的生产生活生态活动里,表示人对空间安全、方便、舒适、美观的接受程度。目前,功能分区很难废弃,以效能分区去补充、指引生产生活生态活动选择合适空间,能够有助于开展符合未来城市可持续发展趋势的空间保护与利用关系统筹。

(五)南京城镇建设效能资源整合创新总体思路

综上所述,南京规划建设问题成因以及规划自身现状问题主要有以下几点。首先,在城镇建设功能价值定位上,要遵循问题导向和规律导向,针对城镇建设的均衡化和个性化问题,结合不同区域层级城市发展规律,形成南京城镇建设重点及新形象。其次,在具体城镇规划建设策略上,要针对当前功能分区理念缺陷,突出不同定位与不同功能分区之间的效能资源整合视角,以及多学科交叉的科学支撑。采用关键优化策略,实现创新核心、经济基础、文化持续动力、生态魅力等四个维度及其效能资源之间的整合,是提升中心城市能级和溢出效应,以及带动副城和新城综合功能升级的关键前提,此外,非城区、郊区全面开发,面面俱到。最后,围绕中心城区综合功能提升,为打造国家中心城市和全球创新城市这一长远目标谋划。未来需重点做到政策稳定,规划引领,主次分明:今后完善的关键方向是中心城区范围内功能分区

向综合功能提升;完善的核心是国家中心地位、全球创新中心等核心功能和基础功能,并与彰显山水古都文化与优质生态资源整合、个性化特色打造相互结合;需要重点突破开展分区效能资源整合,突破四大功能价值有机整体观念,弥补现有功能分区机械割裂的不足。需重点完善的四个效能整合载体包括:中心城区山水格局体系及建设功能格局体系的总体框架、山水(秦淮东河)资源与创新资源整合的麒麟创新片区及其城镇建设、拥江河西和江北CBD(长江和秦淮外河)现代金融商务区及河西中部改造、人文绿都玄武湖紫金山创意旅游发展。

(六)城镇功能建设格局需要彰显山水古都资源格局

长期以来,以城墙内秦淮内河夫子庙、鼓楼与新街口为中心的内陆地区形象突出,古都文化和现代拥江城市是南京未来的两个发展定位。目前,城墙内文化古都与秦淮河、玄武湖、紫金山生态资源的整合,以及城墙外长江和秦淮河生态资源与现代城市创新经济的整合,缺乏长远和整体规划,短期的土地财政占据了更多的优质生态资源,对人才、创新及高端商务、金融资源的吸引不足。

现代滨江城市功能建设建议聚集南部秦淮外河入江口鱼嘴湿地公园及河西中轴的现代滨江城市功能,同步推进秦淮内河入江口至长江大桥的下关滨江外滩的区域升级;通过跨江呼应国家级江北新区的核心区,强化商务金融、医疗教育等高端服务配套。江南主城古都文化保护重点围绕环玄武湖片区加强历史文化资源保护和特色彰显,仙林片区和麒麟片区着力构建环紫金山科技创新带,依托秦淮东河核心轴线整合区域科教资源和生态要素。

(七)麒麟重点创新载体建设资源集成策略

南京在建设具有国际影响力的创新名城进程中,面临重大科技基础设施供给不足,创新主体的创新能力不强,创新生态系统不完善等问题。麒麟创新片区及其城镇山水资源与创新资源整合建设,遵循世界科学中心发展规律和学科集聚、空间集群的建设要求,多方合力将麒麟科技城打造成空间集聚、学科集群核心区,成为创新驱动的先锋城区、知识创新高新技术产业高地和品质宜居城区。摒弃学科平衡发展思路,聚焦信息、生命、材料和环境四大领域,偏重信息领域前瞻技术研究。重视创新生态建设,增强生态资源与创新人才资源整合吸引力,首先重视软件建设,尤其是人才引进、管理和留住机制;其次,将文化与生态看作创新主体建设的核心资源,建立山水资源与创新资源整合建设管理机制;最后,提出消除区划分割破碎问题和管理盲区问题的解决方案。

(八)拥江金融商务中心建设需彰显滨江新风貌

打造南部秦淮外河入江口鱼嘴湿地公园及河西中轴的现代滨江城市功能,重点集聚现代服务业,完善公共服务,使之成为南京现代化国际性中心;打造北部秦淮内河入江口至长江大桥的下关滨江外滩的现代滨江城市功能,通过用地功能优化、绿化环境美化、公共空间微更新、适老化设施改造等,完善城市服务设施和功能配套,提升城市品质。在江北新区中心片区,重点推动商务金融、医疗教育等高端服务集聚,全面提升国家级新区的区域服务能力。目前,关键是做好江北新区CBD建设的功能准备:一是进行形象塑造规划,增强滨江景观标识性,展现长江南京段大江风貌、秀美生态和人文景观;二是解决紧要的民生需求,包括交通、就业等,落实人才购房优惠机制,打牢人口与产业流入基础。

(九)环玄武湖人文绿都生态文化经济价值实现路径

环玄武湖的文化资源、生态资源和旅游、消费、商务、金融等功能之间的整合严重不足,未来创新提升的核心,在于加强历史文化资源保护和特色彰显,塑造世界文化名城核心区。在总体设计层面,应加大古都文化与当代文化的融合,积极建设"文学之都""博览之都""艺术之都""文化体验之都",提升城市文化氛围,建设国际文化旅游目的地;坚持"严格保护与合理利用、更新与复兴相结合"的方针,突出玄武湖东北部的南京"绿、文、城"的特色要素,利用玄武湖西部湖南路、鼓楼东北角等消费和旅游人流复兴鼓楼,调整玄武湖街道,以促进北京东路历史城区重点保护和展示片区实现"山环水抱、城林相融"的格局和风貌。可考虑将南京市政府迁至城南,利用行政功能南迁释放历史空间,在城墙沿线构建公共空间,结合鸡鸣寺文化轴线打造"玄武湖—台城—北极阁"遗产活化示范带。

(作者:南京智库联盟课题组)

关于推动南京市轨道交通高质量可持续发展的几点建议

发展轨道交通是"交通强国"建设不可或缺的重要组成部分，也是影响当前经济平稳发展的重要变量。经过20多年快速发展，南京地铁发展步入建设和运管并重期，面临支出压力大、总体营收不高、资源综合开发水平较低等难题。本文建议强化"有效建设"理念，建立高位协调机制，支持地铁自主开发，保障地铁建设资金链安全，推动南京轨道交通高质量可持续发展。

一、南京地铁运营现状

截至2024年底，南京地铁已开通运营13条线路，运营里程484公里。南京是全国第一个区县全部开通地铁的城市，也是继广州、上海、武汉之后全国第四个开通跨市地铁线路的城市。目前，南京地铁每万人运营里程0.46公里，在国内同类城市中名列第一；2022年安全运送乘客7.67亿乘次，全年公交分担率首破60%。此外，南京地铁还有10个在建项目，总里程约200公里，预计"十四五"末南京地铁通车里程超过550公里。2020—2022年，南京地铁集团在服务城市轨道交通发展的同时，加强地铁非票务资源经营开发，通过市场化运作、品牌化经营，实现年均收益3亿～4亿元，为南京地铁可持续发展提供一定支撑。

二、南京地铁发展建设面临的困难与挑战

（一）建设运营线路多、成本高，有效融资渠道不畅，债务负担较重

2016—2022年，南京地铁建设、运营、化债等资金需求增长15.23%，远高

于 7.75% 的 GDP 年均增幅,导致南京地铁集团债务规模不断扩张,2020—2022 年债务平均增长率达 14.2%,2022 年债务余额 1 862 亿元(见表1)。一方面,多条线路同时建设面临大规模的投资需求。另一方面,地铁储备土地出让进度与资金需求不匹配,受指标、征拆等因素影响,需要投入较长时间才能具备出让条件。在不能按原计划获得土地收入的情况下,地铁资金回笼势必形成断档期,影响现金流且增加财务成本。此外,随着各线路运营年限增加,设施维修保养成本逐年增长,支出还将继续增长。

表1 2020—2022 年南京地铁负债总额及增幅

年份	负债总额(亿元)	增幅(%)
2020	1 444	15.4%
2021	1 682	16.5%
2022	1 862	10.7%
平均		14.2%

(二) 总体营收不高,线路收支倒挂,财政压力加大

南京地铁运营线路不算短,但是营业总收入不高,地铁整体客运强度为 0.62 万人次/日公里(2023 年 6 月),低于国家 0.7 万人次/日公里的基本要求。据测算,2020—2022 年南京地铁收支倒挂,均产生运营亏损,市郊 6 条线客运强度更低,较城区 6 线亏损金额更大。一些地铁线路尤其是郊区线路,对沿线和站点周围人口聚集的拉动效应不明显,对沿线土地、物业、环境的优化和利用与预期有一定差距。2022 年政府对南京地铁补助(含综合补贴、运营亏损补贴等)总额达 50.06 亿元。

(三) 地铁资源综合开发水平偏低,多元化创收格局尚未形成,难以形成有效反哺

2022 年,南京地铁运营总收入 24.50 亿元,其中票务收入 14.82 亿元、其他收入 9.68 亿元,归母净利润 2.46 亿元,非票务收入平均每公里 0.02 亿元。在全国已开通轨道交通并公布 2022 年度财报及信用评级报告的 23 个城市中,南京地铁营业总收入排名第 16,归母净利润排名第 14,非票务收入远低于 0.12 亿元/公里的平均水平(见表2)。目前,南京地铁资源开发仍依赖传统的"广通商"创收,TOD(公共交通导向型开发)主要针对与轨道站点有紧密联系

的单个地块实施高强度开发，对场站附近其他地块的开发则缺乏整体谋划，在已规划的72个站点和车辆段综合开发项目中，尚未出现成功案例。

表2　已开通轨道交通并公布2022年度财报及信用评级报告的城市相关数据

	公司	营业总收入（亿元）	票务收入（亿元）	其他收入（亿元）	其他收入/里程［亿元/(公里·年)］	归母净利润（亿元）
1	深圳地铁	239.76	36.99	202.77	0.37	10.42
2	北京基础设施投资	150.85	46.24	104.61	0.13	21.82
3	广州地铁	122.85	59.44	63.41	0.07	8.38
4	成都轨道交通	117.99	28.70	89.29	0.16	6.48
5	厦门轨道交通	107.91	—	—	—	3.44
6	武汉地铁	101.50	31.27	70.23	0.16	15.70
7	苏州轨道交通	90.76	75.51	15.25	0.07	0.08
8	济南轨道交通	87.99	61.28	26.71	0.32	2.14
9	宁波轨道交通	48.07	—	—	—	1.95
10	青岛地铁	46.78	5.01	41.77	0.13	4.61
11	长沙轨道交通	43.05	8.12	34.93	0.24	3.05
12	杭州地铁	33.09	21.15	11.94	0.02	7.14
13	无锡地铁	31.89	11.31	20.58	0.16	1.20
14	南宁轨道交通	31.79	—	—	—	3.68
15	南昌轨道交通	29.94	5.10	24.84	0.19	1.20
16	南京地铁	24.50	14.82	9.68	0.02	2.46
17	福州地铁	22.27	1.26	21.01	0.15	2.78
18	重庆轨道交通	22.21	12.42（1—9月）	9.79	0.02	0.20
19	天津轨道交通	19.69	3.57	16.12	0.06	6.01
20	西安轨道交通	16.65	14.29	2.36	0.01	0.37
21	沈阳地铁	9.55	—	—	—	−6.57
22	长春轨道交通	7.35	2.07	5.28	0.02	9.50
23	兰州轨道交通	2.70	1.12	1.58	0.05	−4.81
	平均				0.12	—

三、对策建议

（一）强化"有效建设"理念

地铁建设从追求速度、规模向更加注重质量、效益转变，挖潜力、调结构，从"多"向"强""优"转变。根据人口规模、城市财力、客运强度等，科学分析、论证项目规划与建设的必要性、可行性和经济性，提高决策科学化水平。通过大数据分析等手段测算预期客流和相应收益，对效益较差的线路（如一些郊区、跨市域线路）及时调整建设计划，合理优化城市资源配置，更加重视地铁引导的城市发展与土地开发，尤其是将增量土地指标向轨交沿线和车站周边投放。

（二）建立高位协调机制

地铁场站综合开发涉及土地资源、规划审批、征地拆迁、收益分配等诸多环节，需要市区相关部门密切配合，仅靠地铁集团协调难度较大。建议市政府建立严密的地铁综合开发组织架构，市政府分管领导定期协调相关工作，由市政府主要领导专门调度重大问题，通过建立专班或部门联席会议制度协调推进日常工作。

（三）支持地铁自主开发

一是前置地铁综合开发研究工作。地铁线路和站点规划确定前，由地铁集团主导并会同所在区选择平衡地块、编制规划方案，将综合开发的用地选址、概念设计与线路可研绑定，做好沿线的城市化及产业发展预期，推动产城融合发展，相关区和规划等部门配合办理审批手续。同时，明确上盖物业开发收益原则，通过成立合资公司等方式共同开展场站土地开发运作，共享土地开发收益，并锁定区级政府在地块中分享的收益优先用于平衡其应承担的线路建设资金。

二是放大土地资源开发效益。上海通过对轨道站点周边用地实施"容积率奖励"，引导城市开发建设向站点集聚。杭州鼓励地铁"做地主、做房东"，通过做大做强地铁物业增加其自身建设筹资和运营平衡能力，改变建设、运维长期依托市区政府的不利格局。深圳开展车辆基地上盖技术创新，探索提高上盖建筑限高，进一步提升开发效益。建议将场站上盖以及周边土地综合开发收益与建设出资任务绑定,促使地铁以及沿线各区政府充分挖掘不具备单独开发条件的用地参与上盖开发,推动潜力用地"应储尽储",鼓励综合开发实施主体实现既有资源最大化利用。

三是加强多样化场景导入和多元化产业拓展。深圳地铁与优质国有房企合作,利用地铁站点交通便利叠加国有房企质量品牌优势,2022年在站城一体化开发上获益160亿元,其中仅通过土地二级开发每年盈利超过100亿元。成都地铁场站综合开发收益达62亿元,北京地铁房地产开发收益超过55亿元。运营维护主要依托地铁建设过程中逐步形成的、与地铁紧密关联且由地铁运营而产生收益的资源,如商办、咨询广告等固定资产的经营、自持优质物业及轨道上下游产业关联业务衍生发展带来的客流转化效益。2022年广州地铁物业经营收益超过17亿元,宁波、青岛、南宁、武汉等城市地铁也取得了数亿至数十亿的收入。建议借鉴国内先进城市在TOD综合开发中的新发展理念,运用土地运营思路,实现地铁建设资金主要来源于土地一、二级开发收益。

(四)保障地铁建设资金链安全

一方面,坚持全市统筹、适度控制投资规模,落实落细在建项目建设资金来源;另一方面,充分发挥地铁集团自身优势和市场主体地位,积极向金融机构争取低息、长期融资。充分发挥项目贷、企业债等短期低息贷的周转功能,切实落实地铁筹资机制。

(作者:李菁怡)

关于进一步增强南京人口吸引力的对策建议

党的二十大提出,要优化人口发展战略。二十届中央财经委员会第一次会议也强调,必须全面认识、正确看待我国人口发展新形势。要着眼强国建设、民族复兴的战略安排,完善新时代人口发展战略。对南京而言,人口发展的规模质量是事关城市未来发展的基础性、全局性和战略性问题,必须以系统观念统筹谋划南京人口问题,以改革创新举措进一步增强南京人口吸引力。

一、南京人口发展的基本情况

2023年南京常住人口规模达954.7万人,比上年增加5.59万人(其中自然增长0.59万人,机械增长5万人),增量居全省第一。总体来看,全市人口发展呈现以下特征。

第一,从总量规模来看,南京人口增速逐步放缓,与长三角同类城市相比已存在明显差距。从省内看,南京市人口总量仅次于苏州(1 295.8万人);与长三角同类城市相比,低于合肥(985.3万人),与杭州(1 252.2万人)差距较大。2023年南京市常住人口仅增长5.59万人,低于长三角地区的合肥(21.9万人)、杭州(14.6万人)、宁波(7.9万人)等城市。从人口发展阶段来看,2010年南京市与杭州人口规模相当,同属于800万量级;至2020年,与杭州差距拉大,并被合肥、宁波赶超;尤其是近年来南京市人口增速持续放缓,合肥常住人口呈"狂飙式"增长,差距不断拉大(见表1)。

表1 南京市2010—2020年、2020—2023年人口增长情况与部分城市比较

城市	2010年常住人口(万人)	2020年常住人口(万人)	2010—2020年年均增长(万人)	2023年常住人口(万人)	2020—2023年年均增长(万人)
南京	800.8	931.5	13.07	954.7	7.73
合肥	745.7	937.0	19.13	985.3	16.10

续表

城市	2010年常住人口(万人)	2020年常住人口(万人)	2010—2020年年均增长(万人)	2023年常住人口(万人)	2020—2023年年均增长(万人)
苏州	1 046.9	1 274.8	22.79	1 295.8	7.00
杭州	870.0	1 193.6	32.36	1 252.2	19.53
宁波	760.6	940.4	17.98	969.7	9.77

其次,从自然增长来看,适龄人群生育意愿低下,少子化、老龄化倾向开始显现。2023年南京人口自然增长率仅0.62‰,低于合肥(1.82‰)、杭州(1.30‰),2010—2023年,南京人口自然增长率由1.22‰降至0.62‰,人口自然增长下滑趋势明显。2023年,南京常住人口出生率为5.68‰,高于江苏省平均水平,但与杭州(6.70‰)、合肥(7.98‰)等城市相比处于劣势。2023年,全市0—14岁少龄人口规模为115.84万人,占常住人口比重为12.13%,与合肥(15.78%)、杭州(12.69%)等城市均存在一定差距。南京老龄化进程不断加速,目前已处于轻度老龄化社会。

最后,从机械增长来看,外来人口流入增量开始回落,南京市人口吸引力逐步下降。从增长方式看,目前南京市人口以机械增长为主。2022年自省内其他城市流入南京的常住人口总计29.67万人,南京流出至省内其他城市总计32.89万人,省内净流出3.22万人,南京对省内人口吸引力显著不足。自省外流入南京的有33.58万人,主要来自安徽(13.99万人),未来南京人口增长量更多取决于对省外人口的吸引能力。值得注意的是,南京市2010—2021年年均迁入户籍人口14.28万,2022年为9.2万,而2023年降至8万,且首次出现户籍迁入人口小于迁出人口的情况,这意味着南京户籍对人口的吸引力有所下降。

二、影响南京人口增长的相关因素分析

(一) 城市群发展对人口腹地的挤压

根据区域经济学的虹吸效应,中心城市会对城市群腹地城市的人口产生吸引作用。2023年,安徽全省人口减少6万人,而合肥市增加了21.9万人。据了解,流入合肥的外来人口中大部分来安徽省内其他城市。合肥得益于长三角一体化国家战略和安徽的强省会战略双重红利,呈现出对安徽省乃至长三角地区人口的虹吸效应。与此同时,南京市外来人口流入也依赖于对周边

省外人口的吸引能力,且其中接近一半人口均来自安徽省。南京虽然有都市圈腹地支撑,但自身并非强省会,无法如合肥一样虹吸省内人口。在未能得到省内人口大量流入的支撑,以及安徽流入人口被合肥分流的双重压力下,近年来南京外来人口流入逐步趋缓。

(二) 产业发展对人口就业吸纳不足

人随产业走,产业经济发展是人口发展最关键的因素。近年来,南京市持续加大产业转型、动能转换力度,但传统支柱产业增长后劲和潜力不足,新增长点的形成尚需时日,就业端对人口的吸纳能力有限。一是南京市产业结构整体偏重,相较劳动密集型企业可提供的就业岗位偏少。2023年,制造业中钢铁、石化等重工业占比达31.3%,受西方"筑墙设垒""脱钩断链"等做法影响,劳动密集型、成本敏感型等产业链呈现对外转移趋势,部分订单转移至东南亚国家,这进一步影响了南京的就业吸纳能力。二是头部企业金融、制造业占比高,新兴产业企业规模小、集聚度不高,就业吸纳能力不强。截至2023年,南京A股上市公司数量共123家、市值超百亿公司共30家,两项指标显著低于杭州(227家,61家)和苏州(217家,42家),整体就业容量有限。三是民营经济活力不足、增长偏慢。民营企业基数大、提供就业岗位多,民营经济活力不足与常住人口增长乏力呈高度正相关性。"十四五"以来,南京新增企业数为74.01万家,低于杭州(78.22万家)、合肥(75.01万家)。2023年,全市新登记市场主体同比下降4.5%,市场主体注销吊销数同比增长44.4%,其中绝大多数都是民营企业。

(三) 生活成本较高影响了人口留宁意愿

一方面,南京在长三角主要城市中薪资水平相对不高,吸引人才竞争力不足。据智联招聘、领航集团相关报告显示,南京与一线及部分新一线城市相比,薪酬水平存在一定差距,本科生毕业在宁工作起薪多在4 000~5 000元/月,而在杭州可达6 000元左右。分行业薪酬水平比较下,南京各行业薪酬水平也全面低于杭州、上海等城市,金融、文化传媒、教育、交通物流、商业服务等行业薪资水平普遍低于苏州,难以吸引高水平人才。另一方面,南京在长三角主要城市中生活成本相对较高,在宁发展"性价比"偏低。在长三角主要城市中,南京薪资水平相对不高,但吃、住、行等整体生活成本相对较高,外来人口在宁发展的"性价比"低于周边同类城市,客观上形成一定"挤出效应"。值得注意的是,2023年,南京市人均可支配收入增长速度(4.5%)近年来首次低于同期经济增速(4.6%)。

(四) 生育观念改变影响人口自然增长

根据一项对全市大学生开展的婚育观及留居意愿调查问卷统计结果,近20%的在宁大学生认为"先恋爱,暂时不考虑结婚",超过10%的大学生表示"既不想恋爱也不想结婚",近70%的大学生认为"遇到合适的对象可以结婚"。准备结婚的人中,近10%的人不打算生育,50%的人计划婚后1~3年生育,近10%的人计划婚后4~6年生育。不愿意生育的主要原因包括:约78%的人"担心降低生活质量",72%"害怕生育过程痛苦",71%认为"经济负担太重",71%担心"孩子教育问题"。随着社会发展和观念的转变,部分育龄青年认为,婚姻不再是人生的必选项,生育也不再是家庭的必选项。而这种生育观念的转变不是南京独有的现象,而是当前全国人口增长趋缓乃至逐步下降形势下所面临的共性问题。

三、南京市人口政策与部分城市比较

(一) 人口落户政策比较

2024年3月10日出台的南京积分落户新政,与长三角同类城市对比已经相当宽松,进一步放宽落户限制的空间相当有限(见表2)。

表2 南京市人口落户政策与部分城市比较

类型	南京	苏州	合肥	杭州
人才落户(学历)	大专+35岁以下+有社保;大专+40岁以下+6个月社保;本科+45岁以下;研究生及以上+无限制	大专+35岁以下+1个月社保;本科(非全)+45岁以下+6个月社保;全日制本科+45岁以下;硕研+50岁以下;博研+55周岁以下	大专+40周岁以下+毕业两年内(毕业两年后需两年以上的劳动合同);本科及以上+40周岁以下;研究生及以上	大专(35周岁以下)+1个月社保;本科+45周岁以下+1个月社保;硕士研究生+50岁以下+1个月社保;"先落户后就业"政策:全日制本科、硕士研究生;本科(45岁以下)、硕士研究生(50岁以下)博士研究生(55岁以下)

续表

类型	南京	苏州	合肥	杭州
人才落户（职称）	中级及以上	中级+45周岁以下+有社保；副高+50周岁以下；正高+55周岁以下	中级及以上	中级+45周岁以下+1个月社保；副高+50周岁以下+1个月社保；正高+55周岁以下+1个月社保
人才落户（技能）	具有三级及以上职业资格人员	职业技能三级+40岁以下+3个月社保；职技二级+45岁以下；职技一级特级+55岁以下	职业技能等级三级及以上	职业技能等级三级（高级工）+35岁以下+6个月社保；职业技能等级二级（技师）及以上+45岁以下+6个月社保
市区常规落户	积分落户，与苏州互认，在本市合法稳定就业即可，增加居住和社保比重，租赁住房加分	积分落户，与南京互认，比南京略严	合法稳定就业2年+1年社保	积分落户，比南京略严
外围区县落户	六区：持居住证+半年社保，长三角三省一市社保累计认可	昆山：3年居住+3年社保；张家港等市：居住证+合法住所+半年社保	县市全面放开	县市全面放开

（二）住房保障政策

南京推出的共有产权房试点楼盘项目获得了良好的社会反响，但仍存在供应量小、选择余地少、产权份额划分灵活性欠缺等问题。公共租赁住房和保障性租赁住房方面，有待进一步降低准入门槛、优化保障政策。

表3 南京市与深圳市住房保障政策比较

保障房类型	南京	深圳
公共租赁房	对象：外来务工人员、中低收入家庭、新就业。条件：①外来务工：社保累计5年，无房。资产满足条件；②中低收入家庭：户籍满5年，收入、住房面积等满足条件；③新就业：南京户籍、大中专院校本科以上毕业5年内，社保1年，无房。政策：租金为市场价70%，困难家庭可至10%~50%	对象：住房困难深圳户籍居民，为社会提供基本公共服务的一线职工。条件：①社保累计3年，特殊家庭或有三个以上子女的家庭不受限制；②年满18周岁，深圳户籍；③无房，未享受住房保障政策；④资产满足条件。政策：租金为市场价30%，困难家庭可至3%

续表

保障房类型	南京	深圳
保障性租赁住房	同上	对象：符合条件的新市民、青年人、各类人才。 条件：无房、未享受住房政策，正常缴纳社保，人才引进户核准条件。 政策：租金为市场价60%，根据家庭人口变化调换住房
共有产权住房	对象：城市低收入、中等偏下收入住房困难家庭、城镇居民无房家庭、新就业人员为主。 条件：无房、未享受过购房优惠。 政策：产权份额比例50%~80%	对象：符合条件的深圳户籍居民，逐步纳入非深圳户籍常住居民。 条件：无房、深圳户籍，社保累计五年或人才社保累计三年，未享受过购房优惠。 政策：①三人以下家庭配售65平方米；②四人以上家庭配售85平方米

（三）生育支持政策

在生育假期方面，南京市生育假期政策出台时间和支持力度与广州、深圳等城市相比有差距。在生育补贴方面，深圳、杭州、郑州等地均出台了生育直补政策（见表4），合肥在子女六岁前父母均享有每年10天育儿假，包括南京在内的多个城市未有同类举措。因此南京市生育支持政策可进一步优化。

表4 南京市生育支持政策与部分城市比较

类型	南京	杭州	无锡	深圳	合肥	郑州
护理假	15天	15天	15天	15天	30天	30天
育儿假	三岁前10天/年	三岁前10天/年	三岁前10天/年	三岁前10天/年	六岁前10天/年	三岁前10天/年
生育补贴	无生育二孩或三孩补贴政策	二孩补0.2万元，三孩补0.5万元，多胞胎就高补贴	二孩最高奖1.5万元，三孩最高奖4万元	一孩补0.3万元，二孩补0.5万元，三孩补1万元	无生育二孩或三孩补贴	一孩补0.2万元，二孩补0.5万元，三孩以上补1.5万元

（四）托育支持政策

近年来，南京针对"托育难、托育贵"等问题推进了普惠性托育工程，但主要是对建设和运营方面补贴，市民直观受益感相对不强。而深圳则建立了从婴幼儿到初中生的现金直补体系，杭州出台"托幼一体"奖补政策的同时，也对二、三孩发放托育补贴（见表5）。因此，南京市托育政策有进一步优化空间。

表5 南京市托育支持政策与部分城市比较一览表

南京	杭州	深圳	合肥
市级分等级建设奖补；各区运营补贴；示范机构奖补	市级建设奖补；各区运营补贴；示范机构奖补；"托幼一体"奖补；二孩育儿奖补0.5万元；三孩奖补2万元	0~3岁幼儿消费券0.1万元，指定托育机构使用；0~3岁，一孩每年0.15万元，二孩0.2万元，三孩0.3万元；3~6岁，每人每年0.15万元，小学0.7万元，中学0.9万元	新增托位补助；收托运营补助；职业技能培训补助；市级示范机构奖补

四、进一步增强南京人口吸引力的对策建议

（一）增强连接东西、辐射区域的中心城市功能，打造更具吸引力的人口"强磁场"

充分发挥省会城市、中心城市、特大城市区位优势，不断增强城市综合竞争力和人力资源聚合力。一是拓展对核心腹地的功能带动。加快"东进、西融"，推进宁镇扬同城化，强化交通互联，加快构建1小时通勤半径的外部圈层和宁镇扬、宁马、宁滁等30分钟通勤半径的城市中心圈；深化产业互融，增强辐射都市圈的科技研发、金融服务、高端消费等功能；加强民生服务带动，在教育、医疗等领域进一步提升区域辐射功能，提高都市圈中心城市南京人口集聚规模。二是支持都市圈居民"零门槛"落户南京。以南京都市圈为人口吸纳重点目标空间，着力打造"有意就迁入、落户零门槛"的落户政策，促进人力资源合理有序流动。探索对非南京户籍的都市圈城乡居民在南京购房，特别是改善型购房享受优惠利率和税费减免等优惠政策。三是加强重点载体区域的配套建设。用足用好与南京具有良好合作基础和合作诉求的都市圈毗邻地区空间，做好产城融合规划布局，加大力度提供就业岗位，加强基础设施和公共服务设施配套，建设生活便利、宜居宜业、吸引力强的都市圈毗邻区域新型人口载体。

（二）构建动能澎湃、活力迸发的现代产业体系，提升产业结构与人才的"适配度"

城市发展离不开人，人的发展离不开产业。要因地制宜发展新质生产力，持续释放经济增长动能，推动人才集聚与产业发展同频共振。一是夯实创新型产业集群发展基础。全力培育壮大各类市场主体。进一步聚焦

"4266"产业体系构建和现代服务业发展,聚焦强链补链延链,加快打造优势产业集群。在新一代人工智能、第三代半导体、基因与细胞、元宇宙、未来网络与先进通信、储能与氢能等新领域加强培育,加快形成新质生产力。着力培育和扶持优势产业、特色产业,把产业规划和人才引进规划匹配起来,增强产业适配性。处理好人才、团队、平台、产业之间的关系,建强有利于人才集聚和人力资源吸纳的产业基础。二是增强重大项目招引能力。充分利用金洽会、软博会等活动平台,以及国内外大型综合招商推介机会,组织项目集中签约和要客接洽,推动不同板块产业合理布局,实现错位发展、特色发展、协调发展。提升招商引资精准度,针对性出台重大项目保障支持政策,加强用地计划精准配置,提高金融对重大项目的支持力度,有效破解制约项目落地和推进的瓶颈因素。三是优化民营经济发展环境。坚持"两个毫不动摇",顶格落实国家、省系列支持民营企业政策,促进民营经济高质量发展。用好全市产业发展基金和各项产业发展专项引导资金,采用直接投资、补助、贴息、以奖代补等多种方式,引导和鼓励民营企业加大再生产投入。进一步提升营商便利度。破除制约民营企业公平参与市场竞争的制度障碍,进一步优化公平竞争的市场环境,进一步放开民营企业市场准入。

(三)营造青春时尚、近悦远来的活力城市氛围,让青年成为城市发展的"合伙人"

将青年优先发展理念融入城市发展战略,在城市发展的全过程体现青春元素、照顾青年特点,打造富有青年特色的城市名片。一是构建"城市+青年"共同发展生态。统筹把握青年和城市"两个主体",根据自身资源禀赋和发展特点,结合青年发展需求,完善城市规划、建设和管理,让城市青年气息更浓、青年标识更强,不断增强青年在城市发展中的获得感、幸福感、安全感,让更多优秀青年与城市相互赋能、双向促进。二是提升城市"时尚气质"和"年轻指数"。把握"时、度、效",引入更多时尚、青年元素,因地制宜打造一批青年友好型街区、景区、商圈,不断拓展青年喜闻乐见的消费新模式新业态。加快完善基础设施建设和城市功能布局,把留才与城市公共服务供给能力结合起来,以"绣花"功夫提高城市功能形象,不断提升城市居住体验感。三是发挥科教资源优势鼓励创新创业。深化校企合作、供需对接,搭建"政校企"合作平台,为应届毕业生开拓更多就业岗位和机会。加大科技创新投入力度,打造高校、科研院所、企业等相互协作的新型科创平台。以政策帮扶吸引青年创新创业,厚植创新创业土壤,构建青年创新创业"生态圈",形成一批青年青睐的孵化基地、众创空间,持续激发青年创新创业活力。四是降低新市民、年轻人的生活成本。统筹新市民的就业、服务、生活空间规划管理,分阶段、有重点地针对新市民集聚较多的新城新区,强化优质产业导入、公共资源导入和快速交通联结,提升吸纳外来人口的综合承载力和新市民居住便利度。积极盘活存量资源,运用多种形式、多种途径筹措保障性住房和人才公寓,解决新市民住房问题。

(四)完善鼓励生育、关爱儿童的政策支持体系

构建系统全面的鼓励生育"组合拳"。大力培育生育友好文化、完善生育友好政策、营造生育友好环境,构建集孕、娩、养、育、住"五位一体"的生育服务保障体系,促进人口长期均衡发展。一是健全全生命周期生育支持举措,释放人口生育潜能。分类分步构建托幼一体化体系,加快完善社区托育服务设施布局,推进嵌入式社区托育中心建设,打通幼教和托育的政策堵点,鼓励和支持幼儿园利用空余学位、闲置空间开设托班,鼓励和支持产业园区和大单位利用自持物业开设托班。加大财政支持力度,优化提升生育津贴发放制度。在个税扣除、教育补贴等方面对多孩家庭给予更多支持。探索以家庭为单位的夫妻共享产假天数制度,探索育儿假时间延至子女6周岁并加强宣传,等等。二是构建全方位生育服务保障体系,打造生育友好城市名片。结合缴纳社保年限等条件,促进非户籍常住人口在"三育"方面享有与户籍人口同等的政策待遇。探索将灵活就业人员纳入生育保险保障范围,探索将适宜的分娩镇痛和辅助生殖技术项目纳入医保支付范围。针对南京高校学生人数多、学龄长的现实,营造友好、包容的校园舆论环境,支持硕博士研究生的合理婚育安排,对在读期间婚育研究生提供学制延长、宿舍调整、医疗保障等服务,如武汉大学的"夫妻宿舍"等。三是完善儿童友好城市建设政策举措。支持儿童友好空间和设施落地,鼓励建设妇儿之家、公共母婴室、儿童友好通学路等。参考长沙,探索制定14周岁以下儿童免费乘坐地铁和公交的政策。加大力度做好南京儿童友好城市试点的宣传,减少涉及少年儿童及校园的舆情风险。

(作者:秦颖、司俊)

关于促进南京人口高质量可持续发展的建议

习近平总书记在二十届中央财经委员会第一次会议上强调,人口发展是关系中华民族伟大复兴的大事,必须着力提高人口整体素质,以人口高质量发展支撑中国式现代化。随着近年来全国人口增长速度降低,人口进入有限资源分配阶段,城市之间的"抢人大战"愈发激烈。南京应高度重视人口这一经济社会发展的基础性、全局性和战略性问题,完善人口政策,强化人口服务,引导人口合理集聚,促进人口高质量、可持续地发展,这对南京切实扛起"走在前、做示范"的省会担当,奋力推进中国式现代化南京新实践具有重要意义。

一、南京人口发展基本情况

(1)从横向上看,南京人口规模及增速与国内同类城市相比存在差距。2023年,南京市常住人口规模达954.7万人,居全省第一,但与长三角、珠三角等先发地区同类城市相比,常住人口规模仅与合肥、宁波、佛山相近,与杭州、苏州、广州、深圳等城市的差距较大。特别是2010—2023年,南京市常住人口增量总计约153.9万人,常住人口年均增长率约为1.36%,无论是增量还是增速均低于国内同类城市,且远低于广州、深圳、杭州、合肥等城市(见表1)。

表1 南京和部分同类城市常住人口比较

城市	2023年常住人口(万人)	2010年常住人口(万人)	2010—2023年常住人口增量(万人)	2010—2023年年均增长率(%)
南京	954.7	800.8	153.9	1.36
苏州	1 295.8	1 046.9	248.9	1.65
宁波	969.7	760.6	209.1	1.89
合肥	985.3	745.7	239.6	2.17

续表

城市	2023年常住人口(万人)	2010年常住人口(万人)	2010—2023年常住人口增量(万人)	2010—2023年年均增长率(%)
杭州	1 193.6	870.5	323.1	2.46
佛山	961.5	718.8	242.7	2.26
广州	1 882.7	1 271.0	668.6	3.07
深圳	1 779.0	1 037.2	741.8	4.24

(2) 从纵向上看,南京人口增长数量逐年下滑,人口结构性问题显现。从自然增长上看,2010—2023年,南京人口自然增长率由1.22‰降低至0.62‰,人口自然增长下滑趋势较明显;从机械增长上看,2010—2021年年均迁入户籍人口14.28万人,而2023年仅有约8万人,外来人口流入增量开始回落;从人口结构上看,"七普"数据显示,南京60岁及以上老龄人口已达176.77万人,占2020年南京常住人口总量的18.98%,高于全国平均水平。"六普"至"七普",南京60岁及以上人口比重上升了5.23个百分点,老龄化程度快速加深;劳动年龄人口比重下降了8.46百分点,"七普"数据显示劳动年龄人口总数为635.94万人,占比68.24%,劳动力供给水平降低,社会抚养压力加大。

二、南京人口发展的主要问题

从南京人口生育率下滑、外来人口吸引力不足、老龄化加剧等现象出发,挖掘其影响因素,主要存在三个方面问题。

(一)"三育"政策支持有限,人口生育意愿不足

在生育政策方面,南京市生育假期、生育补贴政策等的出台时间和支持力度相对落后于广州、深圳、杭州等城市,例如,深圳、杭州等城市对不同胎次生育实行分批次或一次性的直接现金补助奖励政策,南京尚未有同等举措。在托育政策方面,南京以加强托育设施建设和运营支持为主,广度和力度有限,人民直观受益感不强,而深圳已建立了从婴幼儿到初中生的现金补贴制度,对于0~3岁一胎婴幼儿每年补贴1 500元,二胎每年补贴2 000元,三胎每年补贴3 000元,在园儿童(3~6岁)成长补贴每人每年1 500元,小学每人每年补贴7 000元,初中每人每年补贴9 000元。在教育政策方面,南京"教育

焦虑"问题突出,教育成本较高,义务教育顶尖教育资源相对集中、空间不均衡,外来人口随迁子女难以享受更好的教育资源。

(二) 就业岗位新增有限,人口吸纳能力不强

从产业结构上看,产业整体偏重,重工业企业占比大而总量不多,相较劳动密集型企业而言可提供的就业岗位偏少。根据互联网企业平台大数据测算,南京制造业中重工业企业数量占比达46.9%,规模以上工业中重工业企业数量占比达74.72%,均远远高于广州、武汉、成都、合肥、杭州等城市。从经济形式上看,民营经济缺乏活力、培育不足、增长偏慢。"十四五"以来,合肥制造业民营企业新增14 572家,超出南京5 000家;服务业民营企业新增28.2万家,超出南京5.2万家。从企业构成上看,头部企业较少,带动就业不足。截至2022年,南京共有境内上市公司104家、创造就业岗位数38万个、市值超百亿公司30余家,三项指标显著低于杭州(179家,55万个,57家)和苏州(141家,41.5万个,37家)。

(三) 收入支出"性价比"有限,人口吸引力不够

从收入上看,南京在长三角主要城市中薪资水平相对不高,竞争力不足。除政府和非营利机构外,南京各行业薪酬水平全面低于杭州,地产建筑、金融、文体娱乐、文化教育、交通物流、商业服务等行业薪资水平均低于苏州,众多行业薪酬待遇在同类城市中缺乏竞争力,难以吸引外来人才和留住本地人才。从支出上看,南京以房价为主的生活成本较高。2022年南京商品住宅价格增长至2010年的1.99倍,增幅均高于杭州(1.66倍)、宁波(1.46倍)、合肥(1.97倍)等长三角同类城市。2022年南京人均可支配收入与住房均价比为2.74,即个人一年的可支配收入仅能购买2.74平方米住房,低于苏州(3.38)、合肥(3.03)等同类城市。

表2 南京和苏州、杭州主要行业平均招聘薪酬比较(单位:元/月)

城市	互联网	地产建筑	服务业	交通物流	金融	贸易租赁	环保能源	农林牧副渔	商业服务	制造加工	文体娱乐	文化教育
南京	12 346	9 459	8 469	9 590	12 385	9 333	10 814	9 223	10 427	10 584	11 827	9 654
苏州	11 134	10 086	8 635	9 761	13 101	9 021	10 457	9 453	10 827	10 395	14 647	9 851
杭州	12 821	10 857	9 321	11 099	13 568	10 082	11 513	10 034	12 161	11 445	13 579	10 124

三、促进南京人口高质量可持续发展的建议

针对南京市当前人口发展现状以及存在的主要问题,聚焦促进生育、招才引智等方面,提出以下建议。

(一)加强生育友好、儿童友好的人口政策支持

优化生育休假制度、完善生育保险和生育补贴,加强普惠托育和优质教育资源供给,帮助职工平衡工作和家庭关系,打造生育友好、儿童友好的社会氛围,促进人口长期可持续发展。一是探索推行更强有力的"三育"政策体系。优化现有学前教育资源,支持有条件的幼儿园招收0～3岁婴幼儿。推进托育与社区服务设施功能相衔接,开展社区托幼、居家帮助、课后照顾等多种服务。鼓励企事业单位和产业园区利用自持闲置空间办托办园,为职工提供托育服务。加大财政支持力度,制定完善的生育津贴发放制度,对生育一孩、二孩、三孩及以上的家庭分类给予一次性生育奖励,针对多孩家庭育儿阶段在个税扣除、教育补贴等方面给予政策支持。在全国率先探索以家庭为单位的男女共享产假和育儿假,延长男性陪产假。二是加快推进"三育"政策与户籍脱钩。结合缴纳社保年限等条件,促进非户籍常住人口在"三育"方面享有与户籍人口同等的政策待遇。针对南京在校大学生人数多、学龄长的现实,探索将大学生、研究生纳入生育保险范围,支持硕士、博士研究生的合理婚育安排,完善在校大学生婚育服务和医疗保障。三是完善儿童友好城市建设政策举措。打造儿童友好的15分钟生活圈,支持空间场所和设施落地,鼓励建设儿童友好基地、儿童议事会、妇女儿童之家、公共场所母婴室、儿童友好通学路等。

(二)打造人才荟萃、青年会聚的创新城市环境

做好"人才+产业"的顶层设计,积极谋划与人才结构相匹配的产业培育和转型升级,聚焦就业促进、定向引航、"双创"托举、社会融入等方面,打造聚才强磁场,促进产业与人才同频共振、青年与城市彼此成就。一是发挥高校科教资源优势,推动"校地企"供需对接,定向引航,共育人才。深化校企服务合作,紧密对接产业需求,协调高校职校、科研机构以及各类职业技能培训机构与高新技术企业开展对接合作,开展技术技能人才订单式培养,推广现代学徒制、企业新型学徒制,精准匹配企业需求输送适岗人才。二是着

力优化创新创业环境,激发人才创新创业活力。理顺政府、市场、社会和用人主体关系,营造识才爱才、敬才用才、鼓励创新、宽容失败的社会环境,让各类人才在基层创业有机会、干事有平台、发展有空间。结合高校、科创产业园区等,建立覆盖全市、功能完善的大学生创新创业园,提供"一站式、全方位"创新创业孵化服务和转化服务。三是加快完善人才公共服务保障体系。根据各类人才的需求,健全优化管理机制、分配机制和激励机制,做深做细服务保障,切实解决人才干事创业的后顾之忧。拓展紫金山英才卡综合服务功能和服务覆盖面,健全创新创业"一站式"服务机制,整合公共服务及相关市场资源,为人才提供教育医疗、文化旅游、体育健身、交通出行、法律金融等优质服务。四是提升城市空间文化内涵和年轻活力,增强人才和青年对城市的认同感。推广建邺"西城夜未央"模式,在人才和青年人口较为集聚的空间,因地制宜打造一批青年友好型文化活力街区、景区、商圈,推动建设"年轻态"15分钟社区生活圈。加强城市设计,塑造有韵味、有活力、有魅力的公共活动和设施空间,形成具有人气的"打卡点",植入文化体育、艺术创意、休闲健身、时尚消费、夜间经济、网红经济等业态功能,不断拓展青年喜闻乐见的消费新模式新业态,支持青年兼职就业,不断提升场所的"时尚气质"和"年轻指数"。

(三) 构筑宜居宜业、宜学宜养的公共服务体系

坚持以人民为中心的发展理念,促进城市就业、完善城市功能、改善城市形象、提升城市生活服务品质,增强城市对外来人口的吸引力,促进"新市民"享有更高品质的城市生活。一是推进便民生活圈全面覆盖和品质提升。结合人口规模、人群特征、消费习惯等,持续推进南京市15分钟社区生活圈全面覆盖和完善建设。加强社区绿地和小广场小游园建设,丰富公共文化和体育设施供给,增加社区组织举办文体活动、展览讲座等的频率,促进外来人口进一步融入社区、认知城市,加强对城市的认同感和向心力。完善菜场、超市、餐饮等生活消费空间,优化公共交通服务,全面提升生活便利度。二是着力降低新市民居住成本,完善住房保障体系。着力落实《关于规划建设保障性住房的指导意见》,加快实现"市场+保障"双轨制,加大保障性住房建设和供给,让新市民群体逐步实现居者有其屋,消除"住房焦虑",稳定落地南京,放开手脚为美好生活奋斗;积极盘活存量资源,鼓励建设多种市场机制的人才公寓和安居社区,采用"租、售、补"并举机制,着力解决新市民

住房问题;持续加大共有产权住房等的建设力度,增加新市民群体以较低成本购房的机会。三是培育壮大民营经济,加强就业吸纳能力。加快转变政府职能,全面保护涉企权益,积极参与产业政策公平竞争后评估制度建设,及时清理废除妨碍统一市场和公平竞争的规定和做法。定期召开民营企业家圆桌会议,持续听取民营企业经营发展情况、面临的"急愁盼难"问题,有针对性地提供解决方案。优化营商环境,支持培育具有根植性的本土民营企业,加大力度鼓励自主创业。四是加强对外来人口提供就业培训服务,搭建就业直通车。市人社部门牵头,打破未就业人口、政府培训供给与企业就业需求三方之间的信息壁垒,推动订单式的职业培训,提升培训的精准性和实效性,帮助更多重点群体实现高质量就业。鼓励各区(市、开发区)结合乡村振兴、基层治理、产业发展,积极开发和引导形成劳动社保、社区管理服务、医疗卫生、托育服务、养老服务、农业科技、社会救助、中小企业服务、网络服务等各类基层就业岗位、市场化岗位,加强新业态技能培训,促进就业吸纳。

(四)打造疏密有致、承载有力的城市空间格局

结合近年来人口由中心城区向新城新区流动的"逆城市化"态势,有针对性地完善城市功能,加快中心城区品质提升和高端功能植入,推动新城新区快出形象、快聚人口。一是疏解主城非核心功能。深入贯彻落实特大城市发展方式转型,合理控制老城密度,推进市域公共配套设施优化布局,减少中心城区在教育、医疗、公共服务设施等方面的过载,缓解交通、就业、环保等方面的压力,着力防治"大城市病"。推进中心城区动能再造,统筹低效用地再开发、招商引资和配套设施建设,增强中心城区高端产业引领、科技创新等核心功能。二是提升新城新区人口承载能力。深入研究南京新城新区人口承载能力、人口增长态势和不同人群需求,统筹新市民的就业、服务、生活空间规划管理,分阶段、有重点地针对性新市民集聚的新城新区,强化主导产业发展、公共资源导入、快速交通连接,提升吸纳外来人口的综合承载力。三是加强都市圈重点载体配套建设。率先探索对南京都市圈城市放开落户限制,增强都市圈城市对中心城市的向心力和认同感。用足用好与南京具有良好合作基础和合作诉求的都市圈毗邻地区空间区域,做好产城融合规划布局,加大力度提供就业岗位,加强基础设施和公共服务设施配套,成为生活便利、宜居宜业、吸引力强的新型人口载体。四是推进有温度的城市更

新。坚持民生为要,把吸引人口与城市空间品质优化、公共服务供给提升结合起来,以"绣花"功夫推动渐进式城市有机更新,提高城市功能形象,体现南京文化气质。做好主城棚户区和低品质居住区的设施补缺,让城市焕发全新活力和魅力。

(作者:徐海贤、侯冰婕)

南京打造现代化宜居宜业都市研究

一、研究背景

党的二十大报告提出,坚持人民城市人民建、人民城市为人民。习近平总书记主持召开高标准高质量推进雄安新区建设座谈会时强调,要同步推进城市治理现代化,从一开始就下好"绣花"功夫,积极推进基本公共服务均等化,构筑新时代宜业宜居的"人民之城"。这对于我们做好城市工作、走出一条中国特色城市发展道路具有重要指导意义。

在新时代背景下,城市宜居、宜业构成城市高质量发展的核心内容。宜居是指城市能够为居民提供良好的生活环境和公共服务,满足居民的基本需求和多元化需求,保障居民的健康和安全,提升居民的幸福感和获得感;宜业是指城市能够为企业和创业者提供良好的营商环境和创新条件,满足企业和创业者的发展需求和创新需求,保障企业和创业者的合法权益和发展空间,提升企业和创业者的活力和竞争力。这两个维度之间存在着复杂而富有内涵的互动关系。从宜居角度来看,一个优质的生活环境不仅需要良好的生态条件,还需要强大的经济支持和丰富的人文资源。与此同时,良好的宜居环境也是产业发展的关键基础,它不仅需要高端技术和先进设备的支持,还需要依赖大量高素质人才。高质量的产业发展还需要有适宜的创业和创新环境,以激励更多人参与到经济建设中来。

二、南京打造现代化宜居宜业都市现状

南京在改善民生、激发经济活力等方面进行了一系列推进,正在成为一个集宜居、宜业为一体的现代化都市,这为南京未来的发展奠定了坚实基础。

(一) 以人为本:铺就宜居之路,人民安居为首位

根据《南京市国民经济和社会发展第十四个五年规划和二〇三五年远景目标纲要》,今后五年,南京将发展成为常住人口突破千万、经济总量突破两万亿的超大城市,将聚力建设以人民为中心的美丽古都、高品质生活的幸福宜居城市。南京市以满足人民对美好生活的向往为根本出发点,系统、创新、统筹推进美丽宜居城市建设试点,不断丰富完善试点建设方法路径,促进城乡建设事业高质量发展。

在区域生态环境质量方面,南京市通过清淤疏浚、排水改造、生态修复、引流补水等综合措施,全面提升南京市水环境。在公共基础设施方面,南京市通过积极推进各类市政综合,开展智慧化运维,提升地下综合管廊的运行质量。同时进一步落实低碳发展、节能减排理念,推动绿色建筑向规模化、高星级化发展。作为全国首批实施共有产权保障房政策的城市,南京通过出台《南京市共有产权保障性住房交易实施细则》,在全国范围内率先打通了共有产权政策全流程运作,引入封闭运作新政,解决老政策的份额增购和上市交易问题,完成了共有产权保障房制度层面相关工作。

(二) 双轮驱动:宜居与宜业的高度融合

近年来,南京始终大力实施创新驱动发展战略,以科技创新引领全面创新的制度体系不断完善。"十三五"期间,全市高新技术产业产值增至1.2万亿元、增长35.5%,高新技术企业数增至6507家、增长4.1倍,软件和信息服务业等入选首批国家先进制造业集群。南京市通过"一镇一建议",在风貌塑造、文化挖掘、品牌塑造上找短板、提策略,进一步提升小城镇的发展动能。以科技赋能、产业富农、人才"复兴"等方式,大力推进三产融合。

(三) 全球视野:宜游助推南京成为现代化国际都市

南京市从2016年成为国家首批文化消费试点城市,到2020年升级为首批国家文化和旅游消费示范城市,再到2022年入选国家文化产业和旅游产业工作激励地方名单,南京文化和旅游的产业家底越发殷实,文化和旅游的消费市场越发庞大。"十三五"期间,南京旅游产业年均增长率为13.33%,旅游项目投资额位居全省第一。2023年春节黄金周期间,全市共接待游客617.36万人次,同比增长33.1%,恢复至2019年的108.1%;实现旅游收入67.91亿

元,同比增长36.4%,恢复至2019年的109.7%。南京建立"国家文旅消费示范城市(南京)智能综合服务"平台,采取直接补贴消费者、积分奖励补贴、绩效奖励等多种形式,将财政文化消费专项资金补贴给文化市场的供给端和消费端。据不完全统计,政策红包直接拉动演出市场消费比为1:7.6,间接拉动旅游、餐饮、住宿等其他行业消费比例超过1:12.5。

三、南京打造现代化宜居宜业都市的挑战

南京在打造现代化宜居宜业宜游都市的过程中,虽然有着诸多优势和成就,但也面临一些挑战,需要进一步加强改革创新,提升城市功能和品质,增强城市竞争力和吸引力。

(一)宜居方面

1. 城市空间结构存在一定的不合理性,城乡差距较大

南京的城市空间结构采用了"一核多心"的布局模式,这一模式虽然有效地集聚了人力、物力和资本,但也导致了一系列挑战,包括交通拥堵、环境污染和生活成本的上升。与此同时,由于南京主城区的高度影响力和吸引力,周边城市在诸如高新技术、教育和医疗等关键领域常常表现出相对滞后的发展态势。此外,主城区与周边农村地区在基础设施、公共服务和生态环境等方面存在不平等,为城乡一体化发展带来了复杂性。

2. 生态环境压力较大,绿色发展水平有待提高

面对经济和社会的快速发展,南京也正遭遇一系列与生态环境保护紧密相关的问题。在空气质量、水污染以及土地退化方面依然面临严峻挑战。其中,工业排放和车辆尾气是主要的污染源。

3. 公共服务供给不足,民生保障有待加强

南京不仅是一座拥有深厚历史和文化底蕴的名城,还是国家在教育、科技和文化领域的重要中心之一。然而,在公共服务供应方面还面临一些明显的挑战。尤其需要提升服务质量和效率,以满足居民多样化和日益增长的需求。具体而言,从多个关键指标来看,南京在教育、医疗、社保和文化等多个方面仍有较大的提升空间。例如,南京在文化活动和设施方面相对较为丰富,但在文化普及和民俗保护方面还有许多待改进之处。这些问题的存在限制了文化资源更为广泛和深入地服务于社会,也影响了文化遗产的长期传承。

(二)宜业方面

1. 城市规划与用地布局

南京市在城市化进程中,城市郊区的农田和绿地面积减少,而住宅区和商业区的扩张相对较快,导致一些潜在的宜业用地被占用。南京东部新区、江北新区等新兴产业区域的发展相对较快,导致一些城市功能分区之间的差异,且与城市其他区域的协调尚需加强。

2. 基础设施与体系建设

根据南京市政府发布的数据,2021年底南京市机动车辆总量超过300万辆,而城市的交通基础设施建设相对滞后。主干道拥堵现象频繁,影响了企业和创业者的出行效率。南京的一些新兴产业区域在基础设施建设上相对滞后,例如,有些区域的供电、供水、通信等基础设施还需要进一步改善。

3. 政策支持与法治环境

南京的宜业政策体系逐渐完善,但在一些新兴领域,法规仍有待进一步明确。企业和创业者可能因为政策不透明而犹豫投资。同时,一些宜业政策的执行力度和效果还需要进一步提高,确保政策真正落地生根。

4. 人才引进与团队培养

尽管南京有众多高校,但在一些前沿科技领域,人才依然相对短缺。数据显示,一些企业在招聘时发现难以找到符合要求的高素质人才。南京市的高校与企业合作的机制不够灵活,企业需求与人才培养之间存在一定脱节。需要建立更紧密的产学研合作关系,以满足宜业的人才需求。

5. 产业转型与业态培育

南京市的传统经济结构以制造业为主,而新兴产业相对欠发达。需要更有力度地推动新兴产业的培育和发展,加大对创新型企业的支持力度。数据显示,南京在新材料、生物医药等新兴产业领域的投资仍相对较少,需要加强对这些领域的引导和支持。

6. 历史文化与城市融合

南京市具有悠久的历史文化,但在新兴产业区域,企业之间可能存在文化差异。建立文化交流平台,促进多元文化的融合,有助于形成更加包容的宜业环境。南京市在社会融合方面取得了一些进展,但在宜业建设中,需要更多地推动企业与社会的互动,形成良好的社会共生态势。

以上方面的发展将有助于提高南京的整体宜业水平,打造国际一流的创新生态体系,吸引和留住高层次人才,打造国际化、法治化、便利化的营商环境,促使企业和创业者在南京蓬勃发展,建设现代化经济体系。

四、建设宜居宜业现代化新南京的对策建议

(一)居:打造"绿色智慧家园",让南京市民享受高品质生活

南京市作为国家历史文化名城、国际化大都市、长三角区域中心城市,面临着人口增长、城市扩张、资源环境压力等多重挑战,需要从人、绿、智三个方面,打造"绿色智慧家园",提升城市的居住品质、生态宜居性和智慧便捷性,让南京市民享受高品质的生活。

1. 以人为本,提升居住品质

坚持以人民为中心的发展思想,满足不同收入水平、不同居住需求的市民的住房需求,保障其合理居住权益,提升其居住安全感和幸福感。

加快推进老旧小区改造,提升居民住房安全舒适度,完善配套设施和公共服务,提高社区治理水平。推进城乡住房保障体系建设,实施租购并举的住房政策,满足不同群体的多样化住房需求。同时,南京市应加大对低收入家庭、新就业人员、外来务工人员等困难群体的住房保障力度,提高其住房保障覆盖率和满意度。推动建筑节能与绿色建筑发展,实现建筑能源利用效率稳步提升,建筑能耗和碳排放增长趋势得到有效控制。加强对绿色建筑的创建、评价、奖励和推广,提高绿色建筑的比例和星级等级,促进建筑绿色低碳发展。

2. 以绿为本,打造生态宜居环境

坚持生态优先、绿色发展理念,落实国家生态文明建设目标和要求,打造国家生态文明试验区,保护好南京的"母亲河"长江和"母亲山"紫金山,构建完整的生态安全屏障,提高城市的生态环境质量和美誉度。

加强城市绿化建设,提高城市绿化覆盖率和森林覆盖率,增加城市公园绿地面积和人均公园绿地面积,完善城市生态廊道和绿色空间网络。加强城市水系治理,提高城市水资源利用效率和水环境质量,构建海绵城市体系。实施雨洪综合管理和水环境综合治理工程,提升城市防洪排涝能力和水循环利用效率。加强城市固废管理,推进垃圾分类、减量化、资源化、无害化处理。

3. 以智为本,构建智慧便捷服务

南京市应充分利用数字技术的创新和应用,打造数字经济、数字政府、数

字社会的发展格局,提高城市的智慧化水平和竞争力。

加快推进数字城市建设,完善城市信息基础设施和数据资源体系,提升城市数字治理能力和水平。加快推进5G、物联网、云计算等新一代信息技术的应用,提升城市信息传输和处理的速度和效率,保障城市信息网络的稳定和安全。加快推进智慧社区建设,利用物联网、云计算、大数据等技术手段,实现社区公共服务设施的智能化、网络化、信息化管理和服务。提升社区安全防范能力,安装智能设备,优化社区公共服务,满足居民需求。加快推进智慧家庭建设,促进家庭信息消费和数字文化消费,提升居民数字生活水平和品质。

(二)业:打造"创新驱动引擎",让南京经济高质量发展

在面对全球经济一体化和技术快速演变的新形势下,南京作为江苏省的省会和重要的经济、文化中心,急需打造一个创新驱动的发展引擎以维持和提升其竞争力。这不仅意味着要推动科技创新,还包括了更广泛的产业升级、人才聚集和政策配套。

1. 完善城市规划与用地布局,提升基础设施建设

加强用地调查和规划,明确各功能区域的定位,优化用地结构,确保宜业区域的合理规划和布局。加大对交通和基础设施建设的投入,优化交通网络,提高基础设施覆盖率,为宜业提供更好的支持。

2. 及时修订和更新政策,提高政策可操作性和执行效果

加强与企业和创业者的沟通,深入了解宜业需求,及时修订和更新政策,提高政策的可操作性和执行效果。完善科技创新政策体系,加大对科技创新项目的资金支持和税收优惠。简化行政审批流程,降低科研项目门槛,复杂烦琐的审批流程可能会抑制科研人员和企业的创新活力。推动产学研一体化,强化与企业的合作关系。比如设立专项资金鼓励合作研究,或通过税收优惠等方式激励企业与研究机构进行合作,实现科技创新和经济发展的双重提升。

3. 制定人才引进计划,加强人才培训

根据重点产业和领域的人才需求,制定人才引进计划,明确人才引进的目标、范围、标准、渠道、方式和奖励等内容。建立人才数据库,精准对接产业需求,加大对新兴产业领域的人才培育力度,形成人才培养与市场需求相匹配的机制。加强与高校和研究机构的合作,形成产学研一体化的创新模式。通过与这些机构合作,企业可以更快地获取前沿技术和高质量的人才资源。

市政府可以作为桥梁,推动这种合作模式,比如通过举办各类技术研讨会、产业对接会等活动,或是建立专门的信息平台,以便信息的及时、准确传递。

4. 加快发展战略性新兴产业,培育经济发展新动能

围绕国家战略需求和国际竞争优势,重点发展集成电路、生物医药、新能源汽车等战略性新兴产业,打造一批具有国际影响力的产业集群和品牌企业。加快推进数字经济、智能经济、共享经济等新型经济形态的发展,利用大数据、云计算、人工智能等前沿技术,提升传统产业的数字化、智能化水平,增强产业竞争力和创造力。政府可以通过政策激励,比如税收优惠、补贴等手段,来鼓励企业进行相关改造,让传统产业获得"第二生命",从而提升整体经济的活力和创造力。

5. 推动不同企业间的文化交流,提升社会文化融合水平

一是设立专门的宜业文化交流平台,鼓励企业在此分享自身文化、价值观和成功经验。企业可以通过举办论坛、研讨会、文化艺术展览等方式来实现。二是定期举办企业文化节,为企业提供展示自身文化特色的机会。企业可以通过展台、演出、文化体验等形式展示其独特的文化风采,促进交流与互动。三是组织跨行业的文化交流大会,鼓励不同行业之间的企业相互学习和分享,有助于打破行业壁垒,促进全市范围内的文化融合。四是设立奖励机制,鼓励企业积极参与文化交流活动,通过评选"文化交流先进企业"、颁发文化交流奖项等方式来激励企业的积极参与。五是推动企业文化代表团之间的互访,促进企业文化的深度了解。

企业可以组织员工互访,进行企业文化交流,推动不同企业文化的融合。举办文化主题活动,例如文艺晚会、文创市集等,为企业提供展示文化的平台,加深企业之间的交流,增进相互理解。提倡企业合作推出文化交流项目,例如联合推出文化产品、共同举办文化活动等,通过项目合作促进企业间的深度合作。

考虑到文旅产业在现代城市经济发展中的重要地位,同时,南京拥有丰富的历史文化资源,也有现代化的城市风貌和发展,因此"宜游"在南京宜居宜业的建设中发挥着不可忽视的作用。通过丰富的文化旅游资源和多样化的娱乐活动,宜游不仅可以提升城市形象和居民生活品质,而且为企业和创业者创造了经济机会,进一步推动城市的经济繁荣。宜游活动的举办不仅带动了周边商业的繁荣,也通过大规模的宣传和推广提高了城市的知名度和吸引力,有助于吸引更多企业和人才选择南京。同时,宜游作为社区凝聚的平

台,促进了社区居民之间的交流,增强了凝聚力,推动了社区的和谐发展。通过注重环保理念和可持续发展,宜游还有助于树立城市的绿色形象,推动城市朝着生态宜居的方向不断提升。综合而言,宜游在南京打造宜居宜业的现代都市中起着不可忽视的作用。

(三)游:打造"文化旅游名城",让南京魅力彰显

1. 保护传承历史文化遗产,打造南京城市文化名片

充分挖掘和利用南京丰富的历史文化资源,保护好南京城墙、明故宫、中山陵等历史文化名城名镇和历史文化街区的历史肌理、空间尺度、景观环境,推动非物质文化遗产融入城市规划建设。发展红色旅游、文化遗产旅游和旅游演艺,打造一批具有南京特色和影响力的文化旅游品牌和产品。同时加强文化遗产与旅游产品的整合。以南京的重要文化遗产为节点,设计多条文化旅游路线。以文化遗产为灵感,开发一系列文化旅游商品,进一步推广南京的文化和历史。

2. 推进全域旅游,打造南京城市旅游新体验

以长江为轴,以山水为骨,以城市为肉,构建"一核三极"重点功能布局,形成"多心开敞、轴向组团、城乡融合"的城镇空间布局,实现生产、生活、生态"三生共赢"。例如,长江作为中国最重要的河流之一,具有极高的旅游价值。在这个前提下,长江游轮旅游可以更进一步地多元化和品质化。除了传统的观光游之外,可以开发如文化探索、生态体验、美食之旅等多种主题游程。

3. 利用科技赋能,打造南京智慧旅游新服务

南京市文化和旅游局出台《南京文化和旅游领域数字化转型工作方案(2022—2025)》,提升文化和旅游领域数字化发展水平。推动文旅领域数字政府建设,推进"一网统管""一网通办",进一步提升南京智慧文旅平台功能。提升文旅数字化公共服务效能,推动文旅公共服务数字化,完善南京文旅网上集散中心功能。推动文旅行业数字化转型升级,促进艺术生产、文化遗产保护利用、文旅产业、消费场景、南京品牌等领域数字化推广应用。构建开放共享的文旅数据资源体系,建立健全数据采集和共享利用机制。运用数字技术构建智慧文旅体验和消费场景,不断创新沉浸式文旅体验,帮助游客真切感受南京历史文化的魅力。

(作者:南京智库联盟课题组)

南京文化消费制约因素及对策

促进文化消费,是持续拉动消费增长、满足居民日益旺盛的文化消费需求的重要突破口。2023年至今,南京文化市场跑出复苏"加速度",但仍存在大幅上升空间。为此需要深入分析南京文化消费的制约因素,在进一步深化文化体制改革、改善营商环境、优化公共文化服务、完善文化消费载体和场景建设、构建数字文化消费新生态、统筹推进文旅融合、挖掘潜在文化消费需求、密切跟踪当前消费倾向等方面持续发力。

一、南京文化消费现状及发展趋势

近年来,南京市委、市政府高度重视文化传承和文化工作,出台了《市政府办公厅关于培育新业态拓展新消费促进我市文旅产业高质量发展的实施意见》等政策纲领性文件,提振文化市场、推进文化产业高质量发展;发布了《南京市人民政府办公厅关于印发南京市"十四五"文化和旅游发展规划的通知》,拟定未来十年全市文化和旅游发展目标体系;出台了《南京市促进文化产业竞争力提升行动方案(2022—2025年)》《南京市贯彻落实国家文化数字化战略实施方案》,提升文化产业能级和核心竞争力。2023年,南京文化市场跑出复苏"加速度"。

(一) 文化和相关产业呈现复苏向上态势,供需两旺

2023年1月至8月,南京市接待游客同比2022年增长71.38%,游客人数比2019年增长44.64%;实现旅游总收入2 310.65亿元,同比2022年增长66.57%,比2019年增长33.71%。南京智慧旅游大数据运行监测平台显示,南京对全国旅游市场的"辐射力"显著增强,外地游客取代本地市民成为"主力军",对南京市"吃住行游购娱"等文旅相关产业的带动作用立竿见影。银

联消费数据显示,2023年1—6月,来自外地游客消费占比约64%,而本地游客消费占比约36%。2023年上半年江苏旅游游客满意度调查中南京以综合得分85.41分名列全省第一,达到"满意度高"水平(85分以上),南京文化产业供给服务经受住了市场考验。从南京居民文化需求来看,途牛《2023年上半年度旅游消费报告》显示,南京出游人次位列"2023年上半年出游热门客源地TOP"榜单第二位,仅次于上海,南京居民文化需求已被大幅度激发,文化市场呈现供需两旺的繁荣局面。

(二)文化和相关产业热点频发,文化"含金量"增加

2023年上半年全国各市旅游人次和收入呈现"双增长",文化和相关产业热点频发,高潮迭起,在此大环境的影响下,南京文化和相关产业热度持续不减,老牌焕新的夫子庙、钟山风景区、玄武湖已然成为"圈粉"大户。南京文博场馆致力于传承发展中华优秀传统文化,越来越多的市民和游客走进文博场馆,品读书香,感受城市的千年文脉。南京智慧旅游大数据运行监测平台的数据显示,2023年上半年,南京市文博场馆共接待游客483.90万人次,同比激增348%。其中,南京博物院迎客量位列榜首。南京中国科举博物馆、六朝博物馆、云锦博物馆等文博场馆也名列前茅。可见,文化产业的文化"含金量"是产业兴盛的重要资源和保证。

(三)数字文化消费方兴未艾,前景可期

互联网广告、智能文化消费设备、文化软件等是近几年南京文化产业营收增长的重要增长极。2023年上半年,南京2 041家规模以上文化企业实现营业收入1 771.28亿元,比上年同期增长2.5%。与互联网相关的16个文化新业态持续向好发展,分别实现营业收入和营业利润749.91亿元和41.61亿元,同比增速均超过10%。

二、南京文化消费制约因素分析

南京文化消费促进了经济发展,推动了文化传播,给居民和游客带来了体验的提升。但是,南京文化产业也面临着从网红变成"长红"的诸多问题,需要从文化产业供给侧和需求侧深入分析南京文化消费制约因素,从而保持南京文化消费持续红火,助推城市高质量发展。

(一)制约新时代南京文化消费的供给侧因素

1. 文化产业营商环境方面

在营商环境供给方面存在的制约因素如下:一是政策支持不足。尽管南京市政府已经出台了一系列扶持文化产业发展的政策,但在具体实施过程中还存在一些问题,如政策落实不到位、缺乏针对性和实效性等,需要进一步完善和加强。二是消费软环境不够优化,体现在消费信用体系、知识产权保护、消费新业态新模式监管上较为滞后。三是公平竞争制度有待进一步完善。当前文化消费政策供给存在一定程度的挤出效应。文化消费政府补贴政策提振了文化消费,但对龙头企业的补贴政策给绝大部分未得到补贴的文化产品和服务提供方(中小微企业居多)在市场上的公平竞争带来了负面影响,打击了中小微企业投资积极性。四是文化消费信息处理、信息公开不足。文化旅游资源的信息处理能力和技术水平落后,缺乏信息系统的建立,难以及时准确地传递和处理文化旅游资源信息,导致政府、企业和消费者信息沟通不畅,阻碍了文化产业发展。五是文化市场开放程度不够。南京文化市场对外开放程度还有待提高,文化产品和服务"走出去""引进来"的比重不高,这限制了南京文化企业与国际接轨的机会,也影响了国外优秀文化产品和服务进入南京市场。

2. 公共文化服务供给方面

公共文化服务是文化消费的蓄水池。为了培养大众的文化消费习惯,公共文化服务的投入必不可少。当前南京公共文化服务方面存在以下制约因素:一是投入不足。公共文化服务需要政府投入大量的资金和资源,但目前在这方面的投入相对较少,分布不均,导致公共文化服务设施还不够完善、服务质量不高、服务内容单一,以及服务表面化、粗放化、形式化等问题。二是机制不健全。公共文化服务需要有一个健全的机制来保障其顺利实施,包括政策法规、管理体制、运行机制等方面。然而,目前这些方面还存在一些问题,如政策法规不健全、管理体制不顺畅、运行机制不灵活等,制约了公共文化服务的有效开展。三是社会参与不足。公共文化服务应该是全社会共同参与的事业,但目前在这方面的社会参与程度还不够高,缺乏社会各界的广泛参与和支持,导致公共文化服务的覆盖面和影响力不足。四是区域不平衡。南京不同地区的公共文化服务水平存在较大差异,一些地区特别是乡村地区的公共文化服务设施不完善、服务质量不高,导致当地居民的文化需求得不到满足。五是服务内容单一。目前一些公共文化服务的内容比较单一,缺乏多样性和创新性,不能满足不同群体的文化需求,导致公众的参与度和满意度不高。

3. 文化消费载体和场景供给方面

南京要打造国际性文化消费引擎,在文化消费载体和场景方面有待优化和国际化。其制约因素有:一是文化消费环境还不够优。消费硬件设施的消费通达性有待改进,在核心景区、核心商圈、商业综合体、特色商业街区服务质量和商业配套设施衔接,特别是国际化衔接上尚有较大提升空间。二是文化消费场景创新力不够。多样化、个性化、定制化产品和服务供给不足。三是缺少有国际影响力的文化消费载体平台,新的商业模式、服务方式和管理方法还不普及,对新型消费观、消费潮流的追踪不成体系,文化服务业发展空间还很大,还需挖掘推动文化消费产业发展的新增长点。

4. 文化产业培育方面

南京的文化产业还不够壮大,在市场竞争中面临挑战。南京文化产业培育方面的制约因素有:一是当前国际国内大环境变化给文化企业带来了新的挑战。近年来世界经济增速大幅下降、全球性通胀、全球金融、货币市场动荡、全球化已有格局被打破等因素对文化市场或多或少带来了冲击。目前"Z世代"已成为文化消费主力军。他们有着与众不同的消费习性、消费选择和消费方式,并且形成自己独特的消费品位、消费模态和消费特质,消费需求变化快,不易把握。二是文化资源开发不足。南京拥有丰富的文化资源,但是从文化资源到文化产品的转化才是考验一个城市文化水准最关键的因素。目前,南京相当大一部分的文化资源开发还处于初级阶段,缺乏深度和广度,导致文化产品和服务的质量和数量都受到限制。三是南京文化产业竞争力不强。部分富有特色的文化消费支柱产业还不够壮大,国际知名文化消费类会展不多,商旅文体联动不够密切,特色消费节庆活动影响力不够大。四是南京本土文化产品和服务品牌影响力不足。在国际国内知名文化消费品牌引入和中华老字号品牌现代化开发上还不够深入,本土文化消费品牌与新技术、新场景运用融合度不高,欠缺对消费升级、消费潮流转换等现象的实时有效跟踪。五是文化产品和服务质量不高。由于缺乏足够的有效的转化手段,南京文化资源转化成文化产品和服务的质量还有待提高。尤其是在新媒体时代,一些传统文化的表现形式已经无法满足现代消费者的需求,需要结合数字技术等新技术、新手段不断创新和改进。

5. 文化传播方面

一个完善的文化传播体系可以扩大文化产品的影响力、实现文化产品独特性和消费者品位之间的匹配,通过降低交易成本来扩大文化消费。当前南京文化传播方面存在以下制约因素:一是传播途径不够广泛。在后工业化时代,对外文化交流途径与方式不断增多,但仍离不开人员往来这一交流传播渠道。南京对外开放程度还不够大,文化传播路径相对狭窄,导致一些优秀的文化无法有效地传播到其他地区和国家。二是政府和民间"各自为政"。在一定程度上南京存在政府和民间在优秀传统文化传承和弘扬上"各自为政""两张皮"的现象,缺乏有效的手段吸纳和推广民间优秀的经验和做法,不能充分发挥家庭、科研院所、社区、社会组织、企业等社会力量的积极作用。三是缺乏有效的现代传播手段。传统文化只有在传播中才能得到升华,但当前的传播手段相对单一,主要是以官方媒介为主,大量的自媒体和社交媒体缺少有效引导和积极监管,导致传播内容失真,传播效率低下,严重影响了传统文化的生命力。

(二)制约新时代南京文化消费的需求侧因素

1. 教育文化娱乐需求方面

当消费者拥有较高的可支配收入时,购买力也会随之提高。一是南京城市居民储蓄率高,教育文化娱乐消费与收入不匹配。2022年南京人均城市居民可支配收入为76 643元,人均消费支出为43 629元,支出收入比为56.92%,教育文化娱乐支出占比达15.17%,而2022年全国平均支出收入比为66.53%,全国人均教育文化娱乐支出占比为10.06%。可以看出,南京市城市居民教育文化娱乐支出远高于全国平均水平,但是储蓄率相对全国均值偏高,消费潜力有待进一步挖掘。储蓄率高,一方面是风险意识强的表现,另一方面也可能是消费需求没有得到充分满足。二是农村居民教育文化娱乐需求不强。2022年南京农村居民支出收入比达73.05%,但是农村居民人均教育文化娱乐支出占消费支出比重和城市居民一样也呈下降趋势,只有12.64%,甚至低于2018年的15.13%,农村居民人均教育文化娱乐支出金额和占比大幅低于城市居民。可见,缩小城乡差距,提升收入水平,特别是农村居民收入水平,追踪探索城乡居民文化消费需求是扩大文化消费的必由之路。

2. 消费意愿和消费倾向方面

进一步释放文化需求,必须熟悉当前社会文化消费意愿和消费倾向。一是当前大量文化消费意愿被压抑。据调查,大量城市消费者文化消费意愿强烈,但是由于工作压力、家务压力、社会流行的加班文化等因素,大量文化消费意愿不能正常释放。二是每逢节假日的文化消费爆棚也带来文化消费体验欠佳的不良后果,导致消费意愿降低。每年国内文化消费高峰集中在春节、清明、五一、端午、国庆等小长假,而工作日文化消费寥寥,这种市场巨幅波动导致优质文化服务供给不足,难以满足消费者需求,带来消费体验不高,重复消费率低。三是银发族消费需求未受重视。随着老龄化社会的到来,银发经济正在成为拉动我国经济发展的重要力量。中老年人越来越有钱,也越来越舍得花钱。而文化产品和服务市场上针对中老年、银发族的产品和服务偏少,服务质量堪忧,远未能满足他们的文化需求。四是数码时代消费倾向变化快。数码时代,新消费方式传播迅速。2023年以来,学生党"特种兵"式旅游、"Citywalk"、"进淄赶烤"美食游、研学游、"村超与村BA"全民运动、"演唱会经济"等新消费倾向层出不穷,文化市场竞争更加激烈,新消费需求难以把握。五是居民文化消费习惯有待进一步培养。文化消费场所不够多,不够均衡,主城文化消费场所比较集中,而一些新区文化消费场所明显不足。文化活动不够丰富多彩,一些文化活动商业氛围过重而文化水准不高;一些文化惠民政策、文化教育活动以及优秀文化产品有待进一步推广传播,以提高居民文化素质和审美水平,培养居民的文化消费习惯。另外,可通过提供消费补贴、减免税收等方式,鼓励居民进行文化消费。

三、提振南京文化消费的对策建议

扩大文化消费空间,以新时代文化消费需求为导向,以5G、物联网、云平台等新载体和新技术为依托,打通消费堵点,释放消费潜力,引领新型消费,促进跨界消费需要从外部大环境以及文化消费供给侧、需求侧同时发力。提振南京文化消费的对策建议如下。

(一)进一步深化文化体制改革,改善营商环境

为提升文化市场的活力与竞争力,促进文化产业的持续发展和文化消费质量的提升,南京市需要进一步深化文化体制改革,培育现代文化市场体系,健全宏观管理体制,坚持勇于实践、大胆创新的文化发展观,坚持把社会效益放在首位,努力实现社会效益和经济效益相统一;需要持续改善营商环境,健全消费信用体系,重视知识产权保护,加强消费新业态新模式监管;需要引入

市场机制,提倡公平竞争;引导文化市场、经营场所诚信经营,文明服务,提升旅游文化行业公共服务满意度,推行文化市场信用等级评定和文化企业信用建设"红黑榜"制度;积极组织文化企业申报国家级、省级文化专项资金;作为国家文化消费试点城市开展文化惠民工程,优化补贴模式,可采取直接补贴消费者、积分奖励补贴、绩效奖励等多种形式相结合的方式,将财政文化消费专项资金补贴给文化市场供给端和消费端,激活演出市场潜力;加快完善文化市场制度,发挥相关政策的引领和保障作用,构建一个有利于文化产业长效发展的制度环境,以优质的市场环境和消费制度促进文化消费质量的提升。

(二)继续优化公共文化服务

公共文化服务是文化消费的蓄水池,在培养居民文化消费习惯方面可起到巨大作用。继续优化公共文化服务,需要积极推进文化惠民工程,改善文化消费环境。推进以"普惠"为内涵的文化惠民工程,推出一批脍炙人口的大众项目,保障居民基本文化权益。推进以"均等"为内涵的文化惠民工程,侧重向城镇中低收入人群、农村居民和困难群众提供便利、便宜的专门项目,活跃文化消费市场。推进以"品质"为内涵的文化惠民工程,打造一批精品项目,引领文化消费市场发展;增加公共文化产品供给,加大财政对文化消费基础设施的投资,建立健全公共文化服务政策执行监督机制,推进公共文化服务政策绩效评估工作,提高公共文化服务质量;积极拓展文化传播途径,加强政府和民间的合作,运用现代科技手段等多种方式推动中华文化的传播和发展。

(三)重点完善文化消费载体和场景建设

文化消费倾向的变化对文化消费载体和场景的创新提出了新的要求。建议优化城市商业网点布局,做到"老的出新"。要加快核心商圈基础设施数字化改造,加强商圈商贸功能精细化治理,围绕文化、科技、体育、医疗、养老等核心内涵,沉淀特色优势,提升文化集聚区域市场化运营管理能力。加快建设国家级、省级试点特色街区,活化利用历史文化资源"复原"消费街区。拓展新兴消费,做到"新的出彩"。重视发展文化产业数字经济、夜间经济,运用新一代信息技术促进文化载体数字化融合和改造;以夜间文化旅游项目和夜间品牌塑造为重点,增加常态化、标志性实景演出,打造一批有较高影响力的夜购、夜秀、夜游、夜娱等跨界融合项目。

(四)积极构建数字文化消费新生态

文化产业和数字技术是"双向赋能"的融合关系。"旅游+科技"能够产生"蝴蝶效应",从而产生一系列融合性的行业发展机会。建议进一步实践"文化 IP 化、IP 数字化、数字产业化"三大理念,落实这三大理念在城市更新新范式、文化旅游新模式、科普教育新理念、数字文博新体验和艺术数字新生态等方面的文化数字化新路径;用"文化创意+科技创新"积极打造文化体验新场景;加强技术创新,利用新兴技术提高旅游服务的质量和效率;构建更加完善的数字化旅游产业链,促进旅游产业的升级和转型;强化数字文化产业政策规划、市场调控、服务平台、技术监管,加快数字文化产业生态系统治理体系建设。

(五)统筹推进文旅融合

进一步落实《南京市"十四五"文化和旅游发展规划》,注重与城市更新、新型城镇化建设、美丽乡村建设、生态文明建设等相结合,实现整体联动、统筹推进;实施重大项目引领。以文旅融合的思路谋划、储备、实施一批具有牵引性的重大项目,如文化旅游综合体、特色小镇、乡村旅游等,以项目为抓手,推动文旅融合的深入发展;通过深化"放管服"改革,完善"投资+运营+营销+服务"的产业发展环境,加强文旅康养示范区、文旅消费集聚区、旅游休闲街区等市场主体集聚平台建设,形成支撑文旅企业和文旅产业高质量发展的良好产业生态;完善文旅融合相关财政支持、税收优惠、金融扶持、资源共享、品牌建设、人才培养等;充分整合各类资源,包括文化资源、旅游资源、人力资源、技术资源等。通过资源整合,实现优势互补,提高文旅融合的整体效益;在项目设计、产品开发、市场营销等方面加强创新,提升文旅融合的竞争力和吸引力;加强国际合作,引进国外先进的文旅理念和经验,推动南京文旅产业走向世界;加强人才培养,建立一支高素质的文旅融合人才队伍,为文旅融合提供坚实的人才保障。

(六)深入挖掘潜在文化消费需求

南京城市居民教育文化娱乐消费走低,一个重要原因是居民文化休闲娱乐时间不充足。建议全面落实带薪休假制度,鼓励错峰休假、弹性作息;取消不休假补贴,反对无限制加班;落实减税方案,降低居民住房、教育、医疗、养老负担,增加居民收入。借城乡融合、文化融合政策红利稳步提升农村居民收入,借助文化惠民"百千万工程"引导农村居民增加文化消费;为进一步提升外地游客占比,增加外地游客的文化消费,需要继续提高南京旅游业的开放程度、吸引力、多元化和市场竞争力,强化高文化"含金量"、高"南京特色"的优质文化产品和服务供给。此外,银发经济已然蓄势崛起,中老年人消费观念在转变,开始注重追求更高的生活品质。应针对中老年人的消费需求,开发更多集康养文化于一体的产品和服务,布局银发经济。

(七)密切跟踪当前消费倾向

当前文化消费的倾向有:追求个性化和定制化,追求沉浸式、体验感,跨省游消费上升,直播云旅游,文化和美食体验,研学、高端和奢华旅游,自然和生态旅游,科技和互动体验等。建议使用南京智慧旅游大数据运行监测平台、途牛旅游网等平台持续跟踪当前文化消费数据,以便深入分析消费倾向。将时尚元素融入文化产业中,为文化产业注入新的活力,提升游客满意度,促进文化产业的发展。应积极对接国际时尚产业,引领进出口产业参与国际时尚产业链合作,引培知名设计师及工作室,建立时尚品牌孵化机制,建设时尚产业园区,打造全球性时尚高地。

(作者:南京智库联盟课题组)

关于南京市打造 Z 世代旅游首选目的地城市的研究和建议

"Z世代"指的是1995年至2009年出生的一代人,他们一出生就与网络信息时代无缝对接,是数字技术的"原住民"。目前,我国Z世代人口规模达3.28亿人,约占总人口的23%,最早出生的Z世代已步入职场,其收入和消费水平稳步上升,正逐渐成为中国消费市场的中坚力量。2023年以来,无论是"进淄赶烤"的一夜爆火,还是"总要来一趟南京吧"的成功出圈,都充分展现出Z世代引领社会风潮、带动消费增长的强大影响力。特别是携程发布的《2023年五一假期旅游报告》显示,Z世代游客的订单占比达56%,已替代"80后"成为旅游出行的核心人群。因此,哪个城市能够精准捕捉Z世代文旅消费新需求,哪个城市就能更好收获年轻群体的消费红利、抢占文旅产业的增量市场。

一、Z世代旅游出行呈现新趋势新特征

与前几辈人相比,"95后""00后"的年轻群体生活在一个从生产型社会向消费型社会转型的时期,加之受教育程度普遍较高、物质基础也相对较好,整体呈现出追求个性、重视体验的独特消费偏好,这也催生出文旅业态升级、文旅产品创新和文旅服务优化的新需求。

(一)旅游更多注重社交属性

随着社交媒体的兴起,年轻群体不再单纯地将旅游看作一种休闲行为,而是更多将其视为一种社交方式,把维系关系、结交朋友作为旅行最重要的意义。马蜂窝旅游发布的《后疫情时代的"新旅游"——Z世代旅游消费变化报告》显示,受访者中有85.09%热衷于在网络中分享自己的旅行经历,其中超过六成会通过精心编辑图片、视频展示旅行中的见闻趣事,为自己创造更

多社交话题。因此,在选择旅游目的地时,Z世代不再热衷于传统景区,而是更倾向于选择颜值高、能出片的地点。

(二)旅游更多追求新奇体验

"爱玩爱折腾"是Z世代最鲜明的标签。他们乐于探索、敢于试错,不再满足于走马观花的传统旅游方式,更愿意去尝试独特、有趣、刺激的个性化体验。比如,去上海迪士尼来一场寻梦之旅,或是到重庆李子坝乘坐穿楼而过的轻轨,抑或是在南京雨花路给闹市区内运行的绿皮火车拍照。此外,年轻人的旅游重心正呈现出向生活街区转移的趋势,他们更偏爱于通过品尝街边美食、打卡老字号店铺、体验非遗技艺等生活化方式,了解当地历史文化,感受当地风俗习惯。

(三)旅游更多源于悦己需求

对于Z世代而言,消费过程所带来的快乐体验,远比消费品本身的功能效用重要得多。相较于"70后""80后",他们更愿意为自己的兴趣买单,会为了满足看展、观剧、追星等爱好而专门安排出行计划。以南京为例,2023年"五一"期间有近13万人参加了"咪豆""满堂"等音乐节,其中半数以上为外地观众。这种为快乐付费的消费偏好,也让年轻群体的旅游呈现出"近距离、短周期、高频次"的特征。

(四)旅游更多受到网络影响

Z世代伴随着互联网的发展而成长,他们不仅通过线上平台获取旅游信息、分享旅游经历,还习惯于通过网络预订住宿交通、编制出行攻略。特别是随着自媒体和社交平台的普及,Z世代更加依赖于网络进行旅游决策,往往会在刷到某个旅游视频后瞬间下单预定,来一场"说走就走的旅行"。此外,根据《2022新旅游·消费趋势报告》,"为一部剧赴一座城"的现象正愈发普遍,超过40%的受访者会因为线上的影视或动漫作品而选择旅行目的地出游,热衷于探访电影拍摄地、寻找动漫中的原型建筑等。

(五)旅游更多关注服务品质

与前辈人相比,Z世代的消费意愿和消费能力都更强,而且从追求"性价比"转向追求"质价比",即更愿意为高品质的设施和服务、个性化的设计以及特色体验付费。马蜂窝2022年发布的《当代年轻人旅行图鉴》中显示,年轻人在民宿品质化消费方面的趋势愈发明显,千元以上的民宿预订占比涨幅达13.7%。此外,在电竞酒店、剧本杀酒店、宠物酒店等住宿新业态方面,18至27岁的年轻群体也已成为潮流引领者和核心消费人群。

二、南京打造年轻态文旅产业面临的工作短板

尽管2023年南京文旅产业迎来开门红,全市接待游客人数和旅游总收入较疫情前实现大幅增长,夫子庙—秦淮河风光带和钟山风景区接待游客量均跻身全国景区前三、创历史新高,但面向Z世代旅游出行新需求,仍存在文旅产业缺乏深层次谋划、创新性发展的问题短板。

短板一:城市形象不够突出。品牌就是效益,就是竞争力,就是附加值,独具特色的城市形象已成为参与文旅市场竞争的重要资源。当前,诸多国内热门旅游目的地都打造了鲜明的城市标签,比如上海的"海派洋气"、成都的"巴适安逸"、西安的"唐风汉韵"、重庆的"魔幻猎奇"等,让年轻人心向往之。与之相比,南京在面向年轻人的城市营销方面有所欠缺,尽管"山水城林"的自然风貌深入人心,但在人文气韵上并未形成对年轻人具有吸引力的城市形象。不少年轻游客仍然持有"来南京不是看庙就是看墓"的刻板印象,"世界文学之都""青奥之城"等标签并未形成对年轻群体的集聚作用。

短板二:创新产品略显不足。当前,国内多个城市都聚焦Z世代文旅消费新特征,积极推动文旅产业的年轻化,形成了不少增长点,比如北京的研学、上海的艺术展、杭州的动漫展、长沙的酒吧、成都的音乐节等,而南京更多依靠自然风光、历史遗存等传统旅游资源吸引游客,尚处在满足游客旅游观光、拍照打卡等初级需求的阶段,在研学旅游、亲子旅游、艺术旅游、夜间旅游等新产品的开发上相对滞后,把"新客"变为"常客"的能力偏弱。此外,南京与西安等地相比,缺少互动式旅游、演艺跨界融合等"爆款"新业态,游客更多是被动地"看",而不能主动地"玩",说明南京在持续引流上仍有明显短板。

短板三:配套服务有待提升。年轻群体的旅游选择不再局限于景点景区,而是更加倾向于用自由行的方式探索城市的各个角落,这就对目的地城市的消费环境、社会治安、公共交通、食品安全等旅游配套提出了更高的要求。但是2023年"五一"小长假期间,"南京多家酒店涨价3~4倍""民宿出现涨价毁约潮"等话题频频上榜热搜,出租车绕行宰客等负面舆情也屡见不鲜,叠加Z世代群体在互联网上的传播发酵,极大地影响了南京文旅的整体口

碑。此外,经历疫情冲击,全市注册导游人数从3万人下降至1.8万人,部分知名历史文化景点的讲解人员面临较大供需缺口,严重影响了消费者的旅游体验。

三、精准把握Z世代文旅需求的城市探索与实践

目前,越来越多的城市在推动文旅产业转型升级时,都将目光投向了年轻群体,并针对他们的旅游喜好、消费习惯进行旅游产品的开发创新,努力打造轻松自在的出行体验和轻快多变的休闲氛围,其中的不少做法值得南京学习借鉴。

(一) 构建人格化IP形象,打开流量新入口

打造拟人化的吉祥物IP,以提升人们对一座城市的关注度,已成为日本、韩国等地吸引年轻群体的普遍做法,其中最具代表性的就是日本的"熊本熊"。旅游资源并不丰富的熊本县,在吸纳当地黑灰的建筑底色,综合各种萌系要素的基础上,"无中生有"地创作出熊本熊IP形象,并通过每日更新推特和脸书、分享行程和心情、参与节目制作等人格化运营方式,培植了大量年轻粉丝群体,极大地拉近了与游客的距离,带动当地旅游人数5年增长近20%。此外,熊本县还通过免费授权方式,鼓励当地企业使用熊本熊形象,在提高IP曝光率、渗透率和游客黏性的同时,也推动形成相关文创产品2万多种,每年创造接近1 300亿日元的商品营收。

(二) 营造沉浸式互动场景,赋予游客新体验

目前,国内多地以互动表演为媒介,让游客在实现从"看景"到"入景"的转变中,获得更具现场感、满足感、价值感的旅游体验。以西安为例,按照"大唐文化+本地特色+沉浸式场景"的升级思路,通过打造大唐不夜城、长安十二时辰主题街区等文化体验空间,创新不倒翁小姐姐、盛唐密盒等互动式演出,构建了一系列"新、奇、美"的消费场景,以文化体验带动年轻人的文化消费。以洛阳为例,洛阳博物馆推出全国首个历史人文类博物馆夜宿项目——"博物馆奇妙夜",以"沉浸式戏剧+研学+剧本推理"的奇妙体验,为年轻人打开十三朝古都的城市文化魔盒。

（三）推动多产业深度融合，拓展文旅新空间

当前，不少城市正通过探索跨界引流、聚合赋能的路径，加速年轻态文旅产业发展。比如，上海以高端展演为城市导入流量，《从波提切利到梵高：英国国家美术馆珍藏展》开展3个多月，总观展人数达40万人次，其中市外观众占比高达70%，Z世代占比超50%。再比如，成都聚焦"三城三都"城市新文脉建设（三城，即世界文创名城、旅游名城、赛事名城；三都，即国际美食之都、音乐之都、会展之都），以音乐为"引线"，通过鼓励原创音乐制作、支持街头艺人表演、促进演艺市场发展等手段，打造深受Z世代欢迎的文旅新场景和新形态，在为城市文化赋能的同时，充分释放了年轻群体的潜在消费需求。

（四）探索数智化赋能路径，打造文旅新业态

"互联网+旅游"，天然契合了Z世代在线消费的特征。作为我国"数字经济第一城"，杭州坚持以互联网思维打造面向年轻群体的文旅产业。一方面，在全市195个景点、206家文旅消费场所及515家酒店推出"10秒找空房""20秒入景区""30秒住酒店"等智慧旅游应用场景，既满足了年轻群体无接触服务和消费的偏好，也带来了新奇的体验感。另一方面，在全国首推"数字经济旅游十景"，形成涵盖新经济产业园区和重点企业的新型商务会奖旅游产品，在满足赴杭商务游客对数字经济产业的考察交流、投资接洽等新需求的同时，也为年轻群体的高端研学提供了新场景。

四、南京打造Z世代旅游目的地城市的对策建议

文旅产业是典型的引擎经济、流量型经济，不仅能带来直接的经济效益，而且能带动综合消费和经济社会快速发展。当前，Z世代作为新潮流的引领者，正在悄然重塑文旅产业新业态。只要顺应他们的新需求，就能抢占文旅消费转型升级的新风口，进一步打开增量市场，提升南京对年轻群体的吸引力。

（一）开展内容共创，引导Z世代参与城市营销

城市形象的塑造对于吸引客流至关重要。传统广告式、曝光式的官方城市宣传，已经难以吸引Z世代人群的注意力，而有参与感的城市营销越来越受年轻人欢迎。2023年以来，"总要来一趟南京吧""没有人能在这个BGM中

打败南京"等相关话题阅读量超过16亿次,就是依靠年轻群体的二次创作,继而在自媒体平台引发共鸣、认同的结果。建议通过给予流量补贴的方式,鼓励在宁的年轻群体主动挖掘南京新奇的打卡点、绝佳的拍摄机位、特色的原创美食等,并通过短视频等方式激发外地游客来宁的消费冲动,真正实现"让南京的年轻人来宣传推广年轻态的南京"。

(二)打造特色街区,顺应Z世代旅游特征变化

街区正逐渐成为Z世代了解城市、感受生活的重要空间载体,可参考科巷的运营经验,打造更多满足年轻群体多元化需求的特色街区。比如,在水木秦淮、鼓楼金银街等地,增设街头艺人表演空间,引入脱口秀、LiveHouse等年轻业态,打造潮流文化集聚地;在老门东、熙南里等地,设置南京非遗和民俗互动中心,引入昆曲、南京白局等传统演艺元素,打造怀旧文化展示地;在浦口火车站、颐和路等地,复刻文学作品、影视作品中的场景,带给游客"一秒入镜"的独特体验,打造艺术文化打卡地;在南湖记忆街区等地,推动传统美食、街边小吃、夜市摊位的回归聚集,打造市井文化体验地;在江宁、浦口等美丽乡村周边,举办不插电音乐会、星空露营节等活动,增加飞盘、腰旗橄榄球等活动空间,打造露营文化活跃地。

(三)做强数字文旅,带给Z世代更多新奇体验

南京历史文化资源丰富,但众多名胜古迹因各种原因已经消失。建议借鉴德基美术馆"金陵图·数字艺术展"的做法,利用AR、MR、虚拟数字人等沉浸技术,依托古镇、街道、商业综合体等线下空间,融入古金陵48景、明故宫建筑群、《南都繁会图》等文化内核,打造细节完整、表现生动的历史体验场景。在为年轻群体提供富有想象力的感官享受的同时,破解原有物理空间新鲜感难以持续的问题,推动实体商业区、景区从单纯的消费中心转变为社交中心、时尚中心、消费中心的复合体。

(四)拓展演艺市场,满足Z世代文化消费需求

《2022年上半年全国文化消费数据报告》显示,47.9%的受访者表示会在旅游中看剧观展。建议发挥南京演艺场馆众多、受众基数较大、专业人才集中等优势,加快打造区域演艺中心。一方面,推动"五个一"工程等获奖剧目面向公众进行表演,支持本土文化企业、高校艺术剧团聚焦年轻人观剧偏好

开展艺术创作。另一方面,以门票补贴等方式引入海外资源,争取国际高端艺术展在宁首展,推动海外知名团体、经典剧目在宁首演。建议聚焦"剧本+文旅"场景,鼓励创作团队以年轻人喜爱的剧本杀、密室逃脱等为载体,基于南京的传统文化、历史故事等元素,设计游戏剧本、探秘手册,创作具有本地特色的实境戏剧游戏、沉浸式剧本娱乐。

(五)培育陪游向导,匹配 Z 世代全新出行习惯

当前,年轻群体旅游方式从过去"团队游"向现在"自由行"转变,面对这一趋势,应当鼓励文旅产业的市场主体、从业人员等积极转型。建议培育"陪游向导"新业态,面向传统导游、旅游博主等开设视频剪辑、文案设计、历史文化介绍等课程,提升其网络营销、专业讲解、路线规划等能力,为游客提供景点介绍、美食推介、拍照打卡等服务,更好为"自由行"游客提供个性化、定制化旅行方案,通过 Citywalk 等颇受年轻人喜欢的方式,带领游客深度体验最真实的南京,让其在品尝街边小吃、游览小众景点、了解民间趣闻中爱上南京。

(六)完善投诉响应,提升 Z 世代好感度认可度

旅游涉及交通、住宿、餐饮等多个环节,其中一个环节出现问题就会极大地影响旅游体验,而 Z 世代又会通过网络将其影响放大。建议由市文旅局、市交通运输局、市市场监管局以及市公安局等相关部门组成旅游投诉响应小组,将"先解决问题再说"工作机制运用于文旅投诉处理,确保游客反映的各类问题都能在 24 小时内得到妥善解决,把处理游客"吐槽"的过程变为收获游客"点赞"的过程,体现出南京的高效治理和人文关怀。

(作者:陈昊)

关于运用虚拟现实技术推动南京市研学旅行产业发展的研究和探析

一、研学旅行的兴起

习近平总书记指出,旅游是综合性产业,是拉动经济发展的重要动力。党的十八大以来,习近平总书记关于旅游业的一系列指示批示和重要论述,充分体现了以人民为中心的大众旅游发展理念,指明了新时代旅游业的创新发展方向。习近平总书记在谈到高校思想政治工作时指出,社会是个大课堂。青年要成长为国家栋梁之材,既要读万卷书,又要行万里路。2023年5月29日,习近平总书记在中共中央政治局第五次集体学习时强调,培养什么人、怎样培养人、为谁培养人是教育的根本问题,也是建设教育强国的核心课题。因此,我们要高度重视铸牢中华民族共同体意识教育的实践性,把学校小课堂同社会大课堂结合起来。

国务院办公厅在2013年颁布实施了《国民旅游休闲纲要(2013—2020年)》,其中首次提出"逐步推行中小学生研学旅行"。2016年,《教育部等11部门关于推进中小学生研学旅行的意见》发布,明确将"研学旅行"纳入中小学教育教学计划。2022年中共中央办公厅和国务院办公厅印发《"十四五"文化发展规划》,提出要"加快发展度假休闲旅游、康养旅游、研学实践活动等"。从以上政策文件均可以看出国家十分重视研学旅行的发展。

作为"教育+旅游"跨界融合的产物,研学旅游有着非常特殊的教育含义,不仅推动学生职业发展和综合素质提升,还有助于拓宽学生的视野,促进文化交流,丰富人生阅历。它作为校内教育与校外教育衔接的新形式,突破了传统教学模式限制,是学科课程内容的延伸、综合、重组与提升,有助于落实立德树人根本任务,对培养全面发展的社会主义建设者和接班人有着重要意义。

二、虚拟现实(VR)技术在研学旅行的应用

虚拟现实(VR)技术作为一种新兴的交互式体验技术,近年来在旅游业中的应用逐渐增多,为游客提供了更加沉浸式的旅游体验。虚拟现实的概念可以追溯到19世纪的立体镜和20世纪中叶的模拟器,如飞行模拟器等。Morton Heilig在1956年发明了仿真模拟器,这是一种初步的虚拟现实体验设备,能够模拟视觉、嗅觉、触觉和听觉。1968年,伊万·萨瑟兰(Ivan Sutherland)和他的学生发明了世界上第一个头戴式显示器,虽然体积庞大且需要固定装置支撑,但它奠定了现代虚拟现实头戴设备的基础。20世纪80年代,Jaron Lanier创立了VPL Research,开始开发和销售VR设备,他也是普及"虚拟现实"这一术语的关键人物。20世纪90年代,虚拟现实开始被应用到视频游戏和娱乐中,但因技术限制和高成本而普及度有限。现代VR不仅仅局限于游戏,还广泛应用于医疗、教育、军事训练和工业设计等领域。

近年来,虚拟现实与人工智能、机器学习的结合使得用户体验更加个性化和沉浸化,应用范围也在不断拓展。随着技术的不断进步和成本的降低,预计虚拟现实将在更多领域展现出其独特的应用价值。虚拟现实技术从一个小众的实验领域发展为一个广泛认可的快速增长的行业,未来的发展潜力巨大,特别是在提高人们的生活质量和工作效率方面。国内利用虚拟现实技术增强游客在文化旅游过程中的沉浸感,已有多个成功案例。例如,湖南博物馆的VR行走体验项目《国宝迷踪》,应用"全身体态识别+多维体感",借助动作捕捉技术,通过VR交互体验,打造出具有即时性、趣味性、互动性及个性化的观展体验,不仅高度还原了人物和场景,还能让参与者从视、听等多角度对虚拟环境进行感受和想象。

张凤阁通过对我国虚拟旅游的研究进行回顾和整理,指出我国未来虚拟旅游系统的设计要及时更新技术,在满足用户的多样化需求基础上,充分挖掘自身特色,拓展系统呈现景区内容的深度,不仅要拓展虚拟现实技术在旅游领域的应用范围,更要细分应用,最大限度发挥虚拟技术在旅游领域的作用,在提升虚拟旅游体验的同时,更要注重使用者对虚拟空间体验的身份与情感认同,以提升用户体验过程中的满意度。同时要注意的是,未来虚拟旅游的发展不必拘泥于对实地旅游的替代,应着力谋求二者的协同发展,探索价值共创的途径与机制。

当前，在研学旅行领域，国内学者对于通过虚拟现实技术再现景区全景漫游的研究颇多，张军爱等在图像采集、图片处理、PTGui 拼接、Pano2VR 全景漫游生成的基础上开发了博斯腾湖景区全景漫游系统；简艳英等利用数字化的技术对商丘古城进行模型搭建、材质贴图、灯光设置、动画制作、渲染出图，将获取到的文字、声音、影像等素材与虚拟场景相结合，为展现和研究商丘古城提供珍贵的参考资料。

随着教育改革的推进和旅游市场的细分，研学旅行逐渐成为旅游业的一个重要发展方向。研究者们关注研学旅行市场的需求和发展趋势，探讨如何提升研学旅行产品的质量和体验。林月等通过对北京研学旅行产品开发进行 RMP 分析，指出要深入挖掘产品文化内核、落实研学旅行作为素质教育手段的育人目的、培养高素质的专业研学导师、解决家长和学校迫切关注的安全问题等，都成为未来北京研学旅行发展的重要方向，同时也映射出国内研学旅行的发展方向。

虚拟现实技术在近年取得了显著的发展，其在教育领域的应用逐渐成熟，包括课堂教学、实验操作、历史重现等。王曦桐通过对虚拟增强现实技术应用于专业课教学的优势及虚拟增强现实技术在专业课教学中的应用的相关分析，指出虚拟现实教育是促进现代旅游教育发展的必然选择。结合虚拟现实技术的研学产品不断创新，如 VR 角色扮演、AR（增强现实）寻宝等。这些产品将虚拟现实技术与实际场景相结合，为游客提供丰富多样的互动体验。例如内蒙古珍爱防灾 VR 科普馆，引进了银河幻影 VR 安全教育主题设备。在寓教于乐的同时，让学生学习到在学校无法学到的知识。

同时，我国虚拟现实技术在研学旅行中的研究正逐渐深入和多元化。这些研究主要聚焦于通过 VR 技术提升教育质量、增加学习互动性，以及探索其在多个教育领域（如历史、文化和科学）的应用。通过虚拟平台，来自不同社会经济背景的学生都能够接触到丰富的教育资源，享受相同的学习体验。这种技术的普及有望缩小城乡教育资源的差距，使得优质教育资源的分配更加均衡。随着 VR 技术的持续进步和教育应用的深化，预期未来我国的教育系统将更加依赖这种创新技术来实现教育目标，为学生创造更加多样化和动态的学习环境。国家政策的支持也为技术的推广和研究提供了助力。因此研究者致力于将 VR 技术普及至更多教育机构，并通过跨学科合作，评估 VR 在增强学生学习体验方面的效果。

三、南京研学旅行的发展

南京,这座历史文化名城,自古以来便是文人墨客、学子们争相向往的求学之地。近年来,随着研学旅行的兴起,南京凭借其深厚的文化底蕴和丰富的旅游资源,其研学旅行市场也蓬勃发展,逐渐展现出独特的魅力。全国旅游监管服务平台数据显示,2023年上半年南京市旅行社接待研学旅游为40万人次,较2019年增长15%,接待研学旅游量居全省第一,数据表明南京研学旅行市场规模恢复性增长态势良好。

(一)资源基础

南京研学旅行市场的资源基础得天独厚。南京拥有丰富的历史文化遗产。从六朝古都的遗址,到明清时期的园林建筑,再到民国时期的建筑风貌,南京的历史脉络清晰可见,为研学旅行提供了丰富的历史教育资源。同时,南京还是中国近现代教育的重要发祥地之一,拥有众多高等学府和科研机构,为研学旅行提供了优质的学术资源。此外,南京的自然风光也十分秀美。紫金山、玄武湖、中山陵等自然景观与人文景观交相辉映,为研学旅行提供了丰富的自然教育资源。学生们可以在这里亲近自然、感受自然之美,同时学习自然科学知识。

(二)产品特质

南京研学旅行产品具有鲜明的城市特质。首先,产品主题丰富多样。既有以历史文化为主题的研学旅行产品,如"金陵寻根""博物馆纪念馆之旅"等;也有以自然科学为主题的研学旅行产品,如"探索紫金山生物多样性""玄武湖环保科普之旅"等。这些产品主题鲜明、内容丰富,能够满足不同年龄段、不同学科背景学生的需求。其次,产品体验性强。南京研学旅行产品注重学生的亲身体验和实践探索。在研学旅行过程中,学生们可以通过实地考察、现场教学、互动体验等方式,深入了解南京的历史文化、自然风光和科技发展等方面的知识。这种体验式的学习方式能够激发学生的学习兴趣和求知欲,提高他们的学习效果。最后,产品安全性高。目前南京市场上的研学旅行产品均十分注重学生的安全保障,在产品设计、行程安排、安全管理等方面,都严格遵循国家相关标准和规定,头部研学旅行机构在确保学生研学旅行安全方面经验丰富。

随着研学旅行市场的不断发展,南京的研学旅游产品也在不断提升品质。例如,南京市文化和旅游局在长江江豚科教中心举办了"研学南京 成长旅行"2023年度南京秋季亲子研学旅游产品发布会,发布了50余个内容新颖、主题鲜明的秋季亲子研学旅游产品,涵盖生态保护、人文艺术、非遗传承、文博探索等多个领域,为南京研学旅行产品提质升级创造了良好环境。

(三)市场特征

第一,市场需求旺盛。随着教育改革的不断深入和人们教育观念的转变,越来越多的家长和学生开始关注研学旅行这种新型的教育方式。南京作为历史文化名城和教育资源丰富的城市,其研学旅行市场需求十分旺盛。

第二,主题创新能力强。南京研学旅行机构在产品设计上不断创新,推出了一系列具有南京特色的研学旅行产品。这些产品不仅具有教育意义,还具有很强的趣味性和互动性,能够吸引更多学生的参与。

第三,产业融合度高。南京研学旅行市场与旅游、文化、教育等相关产业深度融合,形成了以研学旅行为核心的产业链。这种产业融合的模式不仅能够促进相关产业的发展,还能够为研学旅行市场提供更多的资源和支持。

第四,政策支持力度大。南京市政府高度重视研学旅行市场的发展,出台了一系列政策措施来支持研学旅行机构的发展和创新,如"博物馆+"战略和"文化小店"计划等,这些政策为研学旅行的发展提供了良好的环境和条件。

总体而言,南京研学旅行市场以其丰富的资源基础、鲜明的产品特质和独特的发展特征,正在逐步成为文旅行业的重要支柱之一。根据研学旅游企业的反馈,2023年暑期,南京研学机构接待人次相比2022年大幅增长,且客源市场距离半径明显扩大,品质型产品受到来自多个省份的广泛关注,这表明南京的研学旅行产品得到了市场的认可和好评。

四、虚拟现实技术在南京研学旅行产品中的应用

为进一步了解虚拟现实技术在南京研学旅行产品中的应用情况,笔者对南京多家研学旅行活动相对集中的景区进行了调研,代表性景区情况如下。

(一)夫子庙景区

夫子庙景区已开展的传统研学旅行活动充分结合了其丰富的研学旅行资源,如"状元养成记"之"小状元下江南"、"拼经济、看秦淮"研学打卡金陵站

等热门的研学活动多会选择夫子庙景区作为研学线路中的主要组成部分,夫子庙景区的研学产品设计方案也因其丰富的研学资源而更加多元化。虚拟现实技术在夫子庙景区的应用主要集中在增强游客体验和互动性方面。例如,一些应用允许游客通过虚拟现实头盔观看历史事件的重现,从而增强游客的参与感和教育性体验。此外,虚拟现实技术还被用于提供导览服务,游客可以通过VR设备获得更多关于景区的详细信息,包括建筑历史、文化意义等,这不仅增强了游客的学习体验,还提高了游览的效率和质量。在技术革新方面,夫子庙景区利用虚拟现实技术开发了虚拟导游服务,游客可以通过佩戴VR设备,跟随虚拟导游游览景区,了解景区的历史文化背景和景点介绍;利用虚拟现实技术举办了多场虚拟展览,如"夫子庙历史文化展""秦淮风情展"等。游客还可以通过VR设备身临其境地参观展览,了解景区的历史文化,此外,景区开展了一些虚拟教育活动,如"夫子庙VR课堂""秦淮VR实验室"等,游客可以通过VR设备参与这些活动,学习景区的历史文化知识和科学知识。

(二)南京博物院

作为南京历史文化和博物馆研学的重要接待地,南京博物院也长期致力于提供多样化的研学旅行产品。近年来,随着虚拟现实(VR)技术的不断发展,南京博物院开始探索将其应用于研学旅行产品,以提供更加生动、直观的学习体验。主要的应用情况包括:①3D虚拟博物馆。南京博物院在2011年便建成了3D虚拟博物馆,游客通过轻点鼠标即可"触摸"到金蝉玉叶、竹林七贤与荣启期砖画、银缕玉衣等18件"镇馆之宝"。这种技术让游客足不出户就能欣赏到珍贵文物,为研学旅行提供了便捷的线上学习途径。②三维文物体验设备。南京博物院在展馆内引入了全新的三维文物体验设备,将主题创意、空间设计与数字展示技术相融合。这种设备允许游客在虚拟背景中,通过光影明灭展现文物的绝妙之处,提供鲜活、丰富、多元的深度沉浸式观展体验。③线上三维文物展示。南京博物院还推出了线上三维文物展示系列,如明洪武釉里红岁寒三友纹梅瓶等。游客可以通过手机或电脑等设备,全方位、多角度地观察文物的细节,如同置身于博物馆之中。

虚拟现实技术的应用效果主要包括:①提升参观者学习体验。虚拟现实技术使文物"活起来",为研学旅行提供了更加生动、直观的学习体验。游客可以通过互动操作,深入了解文物的历史背景、制作工艺等方面的知识。

②拓展研学团学习空间。线上虚拟博物馆打破了时间和空间的限制,使研学旅行不再受地域和时间的限制。游客可以随时随地通过虚拟现实技术参观博物馆,拓展学习空间。③有效保护文物资源。通过虚拟现实技术对重要文物进行建模和数字化保护,可以在一定程度上减少对实体文物的损毁和破坏。同时,数字化资源也为文物的传承和研究提供了更多的可能性。

五、虚拟现实技术在南京研学旅行产品中的应用前景

(一)面临的主要问题

目前,虚拟现实技术在南京主要景区的研学活动中虽然提供了许多创新的教育方式和体验,但也存在一些不足和挑战。笔者的访谈和调查数据,能够反映出一定的问题,主要包括如下方面。

1. 技术接入和成本问题

虚拟现实技术的引入需要相对高昂的初始投资,包括设备采购和软件开发。此外,维护和更新这些技术系统也需要持续的财务支出,这对于资源有限的教育机构来说是一个挑战(见表1)。调查结果显示,52.6%的受访者认为新技术实现过程中遇到的最大挑战可能是硬件成本。

表1 虚拟现实技术接入和成本问题的关键点

成本类型	描述	考虑因素
设备采购成本	购买VR头盔、传感器、计算机等设备	设备质量、持久性、升级频率
软件开发成本	创建定制的虚拟环境、互动功能和内容	开发复杂度、持续更新与支持
维护和更新成本	定期维护设备和升级软件,以保持系统功能正常和最新	长期维护合同、技术支持的可用性
技术人员培训成本	培训员工操作和维护VR设备,或聘请技术专家	员工技能水平、培训资源、持续教育
基础设施要求	建设和维护强大的计算机和网络基础设施	初始投资、运营成本、升级频率

2. 技术适应性和用户体验

目前,虚拟现实技术在夫子庙景区中的应用还存在一些用户体验方面的问题,如画面清晰度不够、交互方式不够自然等。这些问题可能会影响游客的使用体验和满意度(见表2)。调查数据显示,大部分用户(56.49%)表达了增加互动体验的需求。用户希望通过更多的互动功能,如虚拟互动导览、角

色扮演游戏等,来提高学习和体验的趣味性和参与感。

部分受访者表示,夫子庙虚拟研学产品在增强用户的文化学习体验和满意度方面具有巨大潜力,因此为了更好地满足用户需求,产品开发团队需要考虑以上反馈,特别是在互动体验、内容丰富性和技术优化方面进行改进。这不仅能提升用户的整体满意度,还可以增强用户对夫子庙文化的深入了解和兴趣。

表2 虚拟现实技术适应性和用户体验的问题类别

问题类别	描述	考虑因素
设备适用性和舒适度	确保VR设备适合各种头型和视力条件,避免长时间使用引起的不适	设备设计、重量、材料、可调节性
技术易用性	用户界面应简洁直观,易于操作,适应技术不熟悉的用户	界面设计、用户指导、操作简便性
生理和心理反应	避免晕动病和减少长时间使用造成的眼睛疲劳或其他生理不适	画面更新率、用户环境控制、适应性反馈
技术的普及和接受度	影响因素包括成本、文化差异及用户对新技术的开放程度	成本效益、文化适应性、教育推广
无障碍设计	设计应考虑所有用户的需求,特别是有特殊需求的用户	用户界面可访问性、功能调整、多样化输入支持

3. 内容的局限和更新

在景区研学活动中,虚拟现实(VR)技术的内容更新和局限性是其应用面临的重要问题之一。调查显示,高达87.66%的受访者表示新技术实现的过程所要克服的最大挑战是内容创新的问题。虚拟现实内容的制作成本较高,同时更新周期也较长。这会导致夫子庙景区采用的VR内容无法及时反映最新的历史研究成果或景区内的展览变化。当前提供的VR内容相对单一,难以满足不同游客的需求和兴趣。例如,博物馆研学旅行涵盖了丰富的历史文化内容,但VR技术目前可能无法全面呈现这些内容的多样性,如果游客对特定历史时期或文化方面感兴趣,但VR内容中未涵盖相关内容,这会降低游客的参与度和体验感。同时VR技术本身的局限性也可能影响到内容的更新速度和多样性。例如,制作高质量的VR内容需要专业的团队和技术支持,而这些资源可能有限。一些复杂的历史场景或文化遗迹可能难以用VR技术全面还原,导致内容的局限性。

解决这些问题的关键在于加强技术开发和内容制作团队的合作,提高内容更新的效率和速度。此外,还需要不断探索新的 VR 技术应用方法,以丰富夫子庙景区等研学活动中的虚拟体验内容,满足不同游客的需求和兴趣。

4. 物理与虚拟环境的脱节

虽然 VR 可以模拟历史场景,但它不能完全替代在现场实地学习的历史氛围和文化底蕴。VR 主要依赖视觉和听觉,其他感官体验如嗅觉和触觉无法通过当前的技术得到有效模拟。尽管 VR 技术为许多历史文化类景区的研学活动带来了新的发展可能,但上述问题和挑战需要得到妥善解决,以充分发挥其教育潜力。未来的发展需要关注成本效益、用户体验、内容丰富性和技术可靠性等关键方面,以提高这项技术在教育领域的应用效果和普及度。

(二)载体创新设计

结合虚拟现实技术的创新性设计方案的重点在于贴合用户期望,符合市场需求,依据调查数据和现有案例分析,笔者提出如下可行设计方案。

1. 教育游戏

根据调查数据,教育游戏受到游客较高的关注和兴趣,70.78%的受访者对其表示了兴趣。这一数据反映出,将教育游戏融入虚拟研学产品是满足用户期待和提高体验满意度的有效策略。通过设计并实现具有教育价值、互动性、历史文化准确性和用户友好性的教育游戏,夫子庙景区的虚拟研学产品不仅能提高用户的满意度和体验感,还能有效地传承和普及中国传统文化,符合用户的期望和需求。

2. 历史场景再现

从调查数据中可以看出,用户对夫子庙景区等虚拟研学产品中历史场景再现的需求非常高,90.26%的受访者表示希望改善或增加这一体验。这一高比例反映了用户对深入了解夫子庙等景区及其历史文化背景有着强烈的兴趣,同时也显示了用户对于教育内容的丰富性和有趣性有很高的期望。依据历史资料和考古发现,借助虚拟现实技术精准再现夫子庙及其周边历史建筑的外观、内饰以及周边环境,围绕夫子庙的历史事件和文化特色,设计富有教育意义和趣味性的故事情节,能够提高用户的学习兴趣,同时结合通过虚拟导游或解说系统,为用户提供历史背景、文化知识和场景介绍,可以帮助用户更好地理解和吸收信息。

用户对于夫子庙景区虚拟研学产品中历史场景再现的需求明确且迫切,这要求产品设计者在保证历史准确性的基础上,通过创新的交互设计和丰富的故事情节,提升研学活动中的沉浸式体验和学习兴趣,从而满足用户的期望并增加产品的吸引力。

3. 互动性的儿童探索活动

通过互动和游戏化的元素,引导儿童学习夫子庙的历史和文化。主要面向年龄在 6 至 12 岁之间的儿童,适合家庭一同参与。例如,寻找历史上失落的宝物或帮助历史人物解决问题,故事情节需要能够让孩子们通过角色扮演进入游戏,提高参与感和兴趣。在活动过程中需要一定的任务和奖励机制,包括寻宝任务、解谜游戏和小型挑战,这些都与夫子庙的文化和历史知识相关;同时为了提高活动开展对象的广泛性,要设计多级任务,任务难度应适合不同年龄层的儿童,鼓励他们探索和学习。在技术层面上,要充分利用移动应用或网页平台结合集成 AR 技术,使活动中的任务与实际景点虚拟互动,如使用设备扫描真实景物来解锁游戏内容。考虑到互动性元素,游戏中可以加入角色对话和选择题或设计点对点挑战或合作任务,增加教育内容的互动性,鼓励家庭成员或朋友间的互动。

这种互动式儿童探索活动不仅提供了一种新颖的学习方式,还能够促进家庭互动和跨代间的文化传承,为夫子庙景区的文化教育带来更多可能性;不仅提供了儿童友好的娱乐方式,还能有效地传递夫子庙的历史和文化知识,培养孩子们对中国传统文化的兴趣和理解。

(三) 内容创新思路

1. 基于技术融合的内容设计

技术融合上的创新是指在教育游戏设计和历史场景重现时不再使用单一的虚拟现实再现,而是通过活动形式的创新在产品设计中实现增强现实(AR)技术与虚拟现实(VR)技术的融合。创新性的虚拟研学产品在开展时可以更好地体现出教育与体验的深度融合,在运用 AR 技术增强现实导览的同时,结合 VR 技术重现重要的历史场景和历史事件,使得学生在夫子庙实地访问时可以通过手机或 AR 眼镜扫描特定标识,即刻观看相关历史故事或文化解说,如动画、3D 模型展示等。这种即时的信息叠加,不仅丰富了参观者的体验,还加深了对夫子庙文化的理解和记忆。在虚拟环境中,用户可以与其他用户一起参与某些活动或游戏,如在线答题、角色扮演等,这不仅增强了用户的参与感,还提供了一种新型的社交方式。这种活动形式更加注重个性化与参与度,用户可以根据自己的兴趣选择不同的历史场景体验或参与不同的互动活动,从而获得个性化的学习体验。这种方式可以满足不同年龄层和不同兴趣用户的需求。

为了保证良好的活动体验,这种活动形式也面临着一些技术挑战和内容创新上的风险。一方面,需要解决 VR 技术可能带来的眩晕问题,以及提高 AR 技术的识别精度和响应速度,这需要通过优化软件算法和提升硬件性能来实现;另一方面,持续更新和丰富虚拟内容是提升用户黏性的关键,需要结合历史学家、文化专家与技术开发人员的共同努力,不断创新和完善内容。通过增强现实与虚拟现实技术的创新融合,景区虚拟研学产品不仅能够提供传统的文化教育内容,还能通过新技术增强用户的体验感、互动性和参与度,从而实现更加生动和有效的学习体验。

2. 基于协同产业链的内容设计

(1) 跨界合作与资源共享。虚拟研学产品的开发需要高质量的 VR 及 AR 技术支持,通过与技术供应商合作,可以确保技术的先进性和稳定性。同时,技术供应商也可以通过这种合作获取实际应用场景,促进技术的优化和升级。与历史学家、文化学者、艺术家等内容创作者合作,共同开发丰富、准确、吸引人的教育内容和故事线,能够提高产品的教育价值和吸引力。

(2) 文化旅游产业与教育业的融合。景区虚拟研学产品与学校、教育机构合作开展研发,将虚拟研学产品纳入教育课程或活动,促进传统文化教育的创新。这种合作不仅能扩大产品的用户基础,也有助于提升学生的学习兴趣和效率。

(3) 产业链的上下游整合。文创产品的兴起代表着可以利用虚拟研学产品中的内容和技术,开发相关的文化创意产品,如 AR 书籍、VR 体验盒等,丰富文化消费市场,形成文化产业链的新增长点。建立以景区虚拟研学产品为核心的数字化服务平台,整合酒店、餐饮、交通等相关服务,为用户提供一站式文化旅游解决方案,增强用户体验,促进相关产业的发展。

通过产业链协同,景区虚拟研学产品不仅能提升自身的竞争力和市场影响力,也能带动相关产业的发展,形成文化旅游、教育、技术、文创等多产业的协同效应,共同推进传统文化的传承与创新。

(作者:汤澍、张维亚)